图像、观念与仪俗
元明时代的族群文化变迁

Images, Thought and Custom
The Yuan-Ming Racial and Cultural Transition

张 佳 著

图书在版编目（CIP）数据

图像、观念与仪俗：元明时代的族群文化变迁 / 张佳著. —北京：商务印书馆，2021（2021.11重印）
ISBN 978-7-100-19549-2

Ⅰ.①图… Ⅱ.①张… Ⅲ.①中华文化—研究—元代、明代 Ⅳ.①K203

中国版本图书馆 CIP 数据核字（2021）第033702号

权利保留，侵权必究。

图 像 、观 念 与 仪 俗
元明时代的族群文化变迁
张 佳 著

商 务 印 书 馆 出 版
（北京王府井大街36号　邮政编码100710）
商 务 印 书 馆 发 行
浙江海虹彩色印务有限公司印刷
ISBN 978-7-100-19549-2

2021年5月第1版　　　开本 710×1000　1/16
2021年11月第2次印刷　印张 19¼

定价：88.00元

目 录

导 言 / 1

第一章 宋元明番族类题画诗中的国家与族群观念变迁

引言 作为思想史史料的题画诗 / 11
一 笔端神妙：北宋"番族"画目的确立与画作鉴赏 / 12
二 开卷见寇雠：南宋的番骑图创作与观感 / 19
三 四海尽臣：元代"大一统"与番族类绘画的新观感 / 29
四 重界华夷：明代"中国"观念下的番族类题画诗 / 37
结语 观看"他者"——番族类题画诗反映的族群与国家观念变迁 / 44

第二章 "胡元"考：元代的夷夏观念潜流

引言 现有元代思想史脉络下的突兀文本 / 49
一 宋金季年的夷夏论述 / 51
二 政治压力与元初遗民话语的抑制 / 58
三 元代汉人的族群意识与夷夏观念伏流 / 71
四 元季"夷夏"语境与《谕中原檄》的思想源流 / 87
结语 作为元代思想潜流的夷夏观念 / 98
附录一 元刊史书讳阙举例 / 100
附录二 本章引据史料版本异文举例 / 103

第三章　景教西来：元代济宁路的一个也里可温家族

引言　新材料的发现 / 107

一　碑刻所见的家族世系 / 108

二　按檀不花家族的景教信仰 / 115

三　按檀不花家族的华化 / 123

四　岳出谋与伏羲庙 / 132

结语　隐入历史 / 140

第四章　"深簷胡帽"考：一种女真帽式盛衰变异背后的族群与文化变迁

引言　从一则史料的校勘说起 / 145

一　正名：元代"瓦楞帽"考误 / 147

二　马上"胡风"：帽笠考源 / 150

三　荡决藩篱：蒙古征服与帽笠在亚洲的传布 / 156

四　重划疆界：帽笠的淡出与东亚"夷夏"意识的消长 / 163

结语　小物件与大历史 / 167

附录　说"钹笠" / 170

第五章　衣冠与认同：明初朝鲜半岛袭用"大明衣冠"历程初探

引言　"大明衣冠"何所来 / 177

一　"胡化"与"复古"：蒙古风下的中国与高丽 / 178

二　拟之亲王：恭愍王时期的明朝赐服 / 183

三　曲折与反复：丽末"大明衣冠"的行废 / 191

| 四 | 一代之制：朝鲜王朝对明朝服饰的沿用 / 199
| 结语 | 作为文化符号的"衣冠" / 202

第六章　朝鲜通信使礼仪交涉发微：兼论明代礼仪的东亚影响

| 引言 | 礼仪与"国体" / 207
| 一 | 隆杀之等：朝日双方有关拜礼的争议 / 208
| 二 | 辞受之间：通信使对日方私赠礼物的态度 / 213
| 三 | 平阙之式：癸未使行的国书格式问题 / 219
| 结语 | 通信使礼仪交涉背后的中国影响 / 223

第七章　以礼制俗：明初礼制与墓室壁画传统的骤衰

| 引言 | 壁画发展史上的谜题 / 227
| 一 | 传统的中断：明代墓室壁画的骤衰 / 228
| 二 | "逾制"：墓室绘饰与明代房舍制度的冲突 / 232
| 三 | 罪坐工匠：明初对服器逾制的惩罚方式 / 240
| 结语 | 礼制约束与习俗变迁 / 246
| 附录 | 陕晋冀豫鲁五省宋金元明壁画墓统计表 / 248

图版目录 / 283
参考文献 / 287
后　记 / 301

导 言

十二到十四世纪，也即从北宋末到明初的三百年，随着女真、蒙古两大北方族群的迭次兴起，中国历史进入了第二次族群秩序大变动时期。虽然和辽（契丹）一样属于"征服王朝"，但金朝的统治已经深入汉族文明的腹地，而蒙元更是建立起一个囊括巨大疆域与众多族群的亘古所无的庞大帝国。伴随着各族群与政治体力量的消长，以及新文化因素的不断冲击，这一时期士人的国家与族群观念，处于复杂的动态变化过程之中，出现了不少值得探析的问题。

本书主要讨论两个方面的内容。首先是在这一族群秩序大变动时期，汉族士人国家与族群观念的复杂变迁。与中原皇帝被周边族群推尊为"天可汗"的初盛唐不同，两宋立国始终面临强邻环伺的国际态势。北宋在军事失利之余，尚能勉力与北方的辽朝维持兄弟对等关系，而在宗社覆亡、故土沦丧之后建立的南宋，则称臣称侄，长期以一种卑微的姿态，生活在金朝的巨大阴影之下。[1]在中原国家与北族政治体长期的实力消长过程中，这是汉族王朝威权步步失坠的时代。士人的国家与族群观念，也因之发生巨大变化，日益趋向封闭与保守。这有多方面的表现。以石介《中国论》、苏轼《王者不治夷狄论》为代表，北宋士人已经倾向

---

[1] 这种不平等关系在南宋一侧的史料中，表现得并不明显；但在《大金吊伐录》《金史》等北方史料中，有淋漓尽致的展现。

于构建一个在疆域和文化上边界明晰且内容有限的"中国"[1];降及南宋,甚至连是否真的要"恢复中原",都成为一个有待考量的问题。[2]盛唐时代"天可汗"一般恢宏的国家气度,已经荡然无存,甚至越来越受到后人非难。[3]迥异于汉唐开土拓疆的扩张论调,这是一种新的、保守内敛的国家观。这种有限国家的理念,对后来明朝初年的国家设计,产生了深刻的影响。

士人国家与族群观念变化的另一表现,是在社会文化与日常生活领域,强调"夷夏之防"。儒家士大夫对"胡风"的警惕,安史之乱后即已开始,但在宋代,尤其是南宋时表现得更为明显。宋代士大夫对儒家经典中"内夏外夷"等传统理念进行了新的阐释,并被政府当作文化抵抗的工具。以胡安国《春秋传》的出现及其在士人中的流行为标志,"华夷之辨"成为士人看待族群问题的基本立场。"华夏"与"夷狄"之间的文化差异,被人为地强化和放大了。随着蒙元大一统时代的到来,上述日趋狭隘的国家与族群观念,发生了颠覆性的改变。在公开的

---

[1] 有关宋人"中国"观念的讨论,参看葛兆光:《宋代"中国"意识的凸显——关于近世民族主义思想的一个远源》,《文史哲》2004年第1期。

[2] 这里面当然要面对国力与防守等现实困难,但还有一个原因,是南宋对中原的看法在发生变化。诸如"遗民泪尽胡尘里,南望王师又一年",南宋前期对中原有许多"民心思汉"的想象;然而到宋末,许多人对北方已不作如是观。宋末金蒙兴替之际,幸元龙即称,"中原沦陷,悠悠百年,先民遗老,凋亡殆尽。茕茕之氓,熏染腥膻,深入肌骨,但知有夷狄,不复知有华夏",认为北方归正人,"非我族类,其心必异"(参看幸元龙:《论国是疏》[宝庆二年],《重编古筠洪城幸清节公松垣文集》卷一,《续修四库全书》第1320册,上海古籍出版社,1996年,第6页下)。中原之民已被视为夷狄之人,中原之地也被看作夷狄之区。当然,幸元龙建议收复中原,但并不认为要像北宋那样将中原作为直接统治的核心区域,而是主张封建军阀,将中原当作宋蒙之间的缓冲区。

[3] 例如,朱熹影响深远的《资治通鉴纲目》,便援引北宋史家范祖禹(1041—1098)的话,对唐太宗接受"天可汗"的称号大加挞伐:"太宗以万乘之主,而兼为夷狄之君,不耻其名,而受其佞,事不师古,不足为后世法也。"(参看朱熹:《资治通鉴纲目》卷三九,《朱子全书》第10册,上海古籍出版社,2010年,第2204页)这本是唐人引以为荣的事例,但宋以来的史论却大多遵此基调,对唐太宗去"华夏"之称而就"夷狄"之号,进行非难。这个例子极好地显示了唐宋间汉族士大夫国家观念的转变。

话语里，元代士人很多倾向于认同一个多文化、多族群的国家体系，而不再拘执于"华夷之分"。元代族群与地域的空前一统，成为许多士人眼中蒙元得"天命"的表征；在当时的主流论调当中，元朝的立国合法性，即建立在"大一统"之上。不过元代刻意维持的征服体制，决定了其无法实现真正的族群融合。作为宋代思想的遗响，华夷观念在元代汉人社会中是一股长期蛰伏的思想潜流；到元末时，其又重新爆发并成为元明易代的思想背景。继元而起的明政权，其统辖的疆域和人口基本局限于汉族核心地。[1]明代的国家意识形态又回归宋代故辙，重弹"内夏外夷"的旧调，试图以此为基础构建元明易代的合法性。族群与地域的"大一统"，非但不被认为是蒙元的功业，反而被当作淆乱华夷的罪责。从南宋到明三百年间，这种近乎圆周运动的思想变迁过程，显示了现实政治变动在观念世界引发的波澜，也展示了宋明两个汉族王朝在思想文化上的强烈延续性。[2]

本书第一、二章，从具体的文化现象切入讨论。在中国传统绘画题材当中，"番族"是与族群和政治都有密切关联的特殊门类。对于汉人而言，观看这类作品，意味着与异族他者纸上相逢，不同时代的士人对此有迥然不同的心态和观感。宋元明三代番族类作品创作的盛衰以相关题咏基调的变化，直观地展现了汉族士人有关国家与族群观念的变迁。第二章尝试发掘史料，勾稽有元一代汉人族群意识隐而复显的历史过程。面对北方的压力，宋金季年都曾以儒家的夷夏理论

---

[1] 这更多地与明初的开国设计有关，与当时的军事实力关系不大。明朝在开国过程中，从未展示出要继承蒙元时代的疆域与族群的意图。不同于蒙古帝国征服世界的理想，朱元璋早期所属的红巾军政治诉求是"复宋"，明初北伐中原的诉求也仅是"恢复中华"，并无对外征服的设想。相反的，朱元璋在《皇明祖训》里曾特别告诫子孙对外扩张的风险。明初所着意塑造的，正是宋人反复论述的边界清晰而有限的"中国"，而非一个蒙元式的无边帝国。

[2] 关于宋明之间的思想关联，参看葛兆光：《"唐宋"抑或"宋明"——文化史和思想史研究视域变化的意义》，《历史研究》2004年第1期。这个问题尚未受到足够关注，其中有诸多待发之覆。学界习惯于将明清并称甚至等量齐观，但无论是政治文化还是士人思想，宋明之间的延续性，要远强于明清。

作为文化抵抗的工具,士人都曾笼罩于夷夏话语之下。入元之后,这类论调在文献中骤然消退,但这并不表明士人的观念随着王朝易代即刻发生转向,而是反映了元初政治压力导致的遗民话语抑制。作为思想潜流,元人的夷夏观不仅反映在文字上,也体现在行为上。坚持故国衣冠、不从北俗,或者身为元人而眷念宋朝,都是这一思想潜流的体现。由于政治压力,元代夷夏论调的文字表达大多是隐性的,大多包裹于典故隐喻等修辞伪装之下,需要在特定语境中方可理解。直到元季,这股思想潜流才再度凸现,并成为元明易代的思想基调。蒙元不仅是多族群,也是多种宗教流行的时代。第三章以碑刻材料为中心,尝试恢复元代济宁地区一个来自西域的也里可温家族的文化面貌,讨论在多元环境下外来文化与中国本土文化的互动与交融。值得回味的是,元明易代之后在"用夏变夷"的浪潮之下,元代济宁地区这一显赫的家族连同他们的宗教,迅速地隐没到了历史深处。

　　观念的变迁,必然会反映在社会生活上。在蒙元时代,宋时强调的"一道德、同风俗"的理学思想,并非居于主导地位的国家意识性形态。元人揭傒斯曾经坦言:"自我元有天下、君中国,凡所与共治者,皆群方万国之人,知佛而不知孔氏者十八九。"[1] 面对复杂多元的族群,除去征服战争早期,元朝基本奉行"因俗而治"的政策,强调"各从本俗",并不追求社会文化的同一性。入明后,在"用夏变夷"的旗号下,形势发生了根本性的逆转。依据从儒家意识形态中衍生出的各类标准,民间礼俗被赋予了华夷文野等级之别。这些文化等级的判别标准,也在东亚世界产生影响。本书第二部分,探讨十二到十四世纪中国的礼俗变化及其影响。第四章以幔笠为例,探讨北族风俗在汉地经历的,由拒斥到受容再

---

[1] 揭傒斯:《三教堂记》,收入氏著,李梦生标校:《揭傒斯全集》,上海古籍出版社,2012年,第513页。

到排斥的曲折过程。幔笠本是金代女真服饰，后来被蒙古人接受，并在蒙古征服的裹挟下遍及中国、高丽、中亚乃至波斯地区，使用人群亦遍及各个社会阶层。元明鼎革之后，它被明朝和朝鲜儒家士大夫视作蒙元"胡化"的重要象征，从而淡出历史舞台。幔笠在东亚流行与消亡，见证了煊赫一时的"蒙古风"的兴衰，以及东亚儒家知识分子"华夷"意识消长的历史。

蒙元时代以降，东亚（中国—朝鲜半岛—日本）历史展示出相当的联动性，中国的政治变动，大多会在周边邻国引发波澜。笔者还尝试探讨这一时期中国族群政治与文化变迁，对周边国家历史的影响。众所周知，明清易代之后坚持"大明衣冠"，是朝鲜自居"中华"的重要理据。然而朝鲜半岛最初如何接受明朝服饰，却少有讨论。第五章探讨明初朝鲜半岛政权接受明朝服饰体系的过程，以及"衣冠"在丽末鲜初中韩关系中的角色。作为蒙元驸马之国的高丽，曾与中国一样笼罩在游牧文化之下；而且在本国政令强制下，高丽服饰蒙古化的程度甚至要超过中国。然而随着中国内部政治格局的变动，与明初的"去蒙古化"运动遥相呼应，丽末鲜初的朝鲜半岛也发生了类似变革。明初建立的"大明衣冠"体系，被丽末士大夫视作"华夏"文化复兴的表征；而接受明朝衣冠，则在高丽自身的历史脉络里被赋予了"追复（高丽）祖宗之盛"的特殊意义。"衣冠"成为构建明朝与朝鲜半岛关系的重要媒介。第六章将以朝鲜通信使的礼仪交涉为例，讨论明代文化标准在东亚的影响。因为诸多风俗类似，朝鲜早期使臣如宋希璟（1420年出使日本），对日本礼俗并没有特别的关注。然而朝鲜后期"理学化"或者说"明朝化"之后的通信使，却用明朝的文化标准，对诸如薙发、火葬、近亲婚姻等日本风俗大加挞伐，并在外交礼仪中坚持明代的通例。

明初文化变革不仅强调华夷之别，也重视用礼仪规范来凸显等级身份的区隔，纠正元代所谓的"宽纵"之失。以丧葬礼俗为例，壁画墓是中国具有悠久历史的墓葬形式,然而进入明代后,壁画墓的数量却骤然衰减,成为艺术史上的一道谜题。第七章以此为切入点,讨论明初礼制干预民间生活的深度。在礼制重建的背景下,明初颁行了大量的建筑规范,涉及房舍形制、装饰等各个方面。它们不仅适用于地上建筑,也影响到作为"阴宅"的墓室。壁画墓所表现的重檐斗栱、藻井彩饰等内容,均在礼制严禁之列。为从根本上防范"逾制"现象的发生,明初还确立了"罪坐工匠"的处罚原则。严格的礼制规范与社会监控,是导致墓室壁画传统衰落最为直接的原因。这是明初国家权力干涉社会生活的生动体现。

在史料选择上,本书使用了较多的图像、碑刻以及墓葬考古材料。就中国近世思想文化史而言,以往研究大多倚重传世文字史料,对上述材料的挖掘和利用,还有相当大的空间。[1]

和文字材料相比,图像资料有其相当的优势。它们不仅在视觉上更为直观、更容易将研究者带入历史语境,而且其所能承载的信息量,往往超越文字资料。一个著名的事例是,出于恢复"三代之制"的理想,从宋代的司马光、朱熹到清代的黄宗羲、江永、戴震,大批学者都对《礼记》中的深衣之制,作过文本考证和式样复原,然而诸家皆各执一词、彼此龃龉。直到现代有关深衣的图像与实物资料被发现,《礼记·深衣》篇才获得正确的解读。[2] 另外,在传统文字史料当中,作为社会文化史研究对象的庶民阶层,往往扮演失语者的角色,大多处于被描述的地位。而墓室壁画等考古资料,某种意义上可以视作这些失语阶层的"自我呈

---

[1] 葛兆光教授已经指出拓展思想史研究对象的必要性,参看《什么可以成为思想史的资料?》《近年来的考古发现与思想史研究》《关于图像的思想史研究》,收入葛兆光:《思想史研究课堂讲录》(增订版)初编,生活·读书·新知三联书店,2019年,第96—156页。

[2] 参看沈从文:《中国古代服饰研究》,上海书店出版社,2011年,第184页;孙机:《汉代物质文化资料图说》,上海古籍出版社,2011年,第277—279页。

现",很大程度上弥补了传统史料的不足。正如第四章所示的那样,单凭文字史料,我们无法考证"深簷胡帽"到底是一种什么样的帽式,更无法了解其在元代曾经跨越南北地域、跨越胡汉族群,流行于从帝王到仆役的各个阶层。同样的,如第七章所示,如果没有墓葬考古资料,也不容易发现明初的礼制规范,竟在平民日常世界中产生了如此直接的影响。需要说明的是,虽然使用了不少的图像与墓葬资料,但笔者的立意并非要进行艺术史或考古学的研究,而是要通过这类之前关注较少的资料,来论证或回应一个社会文化史的问题。这是笔者在史料利用上跨学科的初步尝试,希望读来不至于有"种瓜得豆"的倒错感。至于材料与方法的恰当与否,还期待读者的指正。

第一章

宋元明番族类题画诗中的
国家与族群观念变迁

引言 作为思想史史料的题画诗

唐末五代以降,随着中原地区与北方游牧族群交往的不断密切,一类以描绘北方草原民族游牧、射猎为主题的绘画作品逐渐繁盛,出现了诸如胡瓌、胡虔、李赞华等诸多擅长番骑、番马类作品的名家。[1]这类在汉地民众看来颇具异族情调的画作,在北宋以及游牧族群主导的金元时代,都甚为流行,涌现出不少绘画名家。而针对特定画作进行题咏的题画诗,自宋代以来随着文人画的兴起,也开始大量出现。作为文学与艺术的交汇,题画诗在文学史、艺术史研究中的价值,备受学界关注。[2]这类或是描摹画面内容、评述画家笔法,或是抒发个人观感的诗文,表面看来内容仅限于文艺领域,似乎与社会历史的宏大变迁没有太多关涉,但实际上题画诗中的许多主题,也可以是观察思想史和政治史演进的重要史料。纵览

---

1 这类作品不仅是美术史研究的对象,近年来也受到民族史学者的关注。陈晓伟《图像、文献与文化史:游牧政治的映像》(河北大学出版社,2017年),便是利用游牧图像研究辽金元北族制度与文化的新尝试。
2 基于文学史和艺术史的题画诗研究,二十一世纪以来大量出现,主要集中于讨论文学与艺术、图像与文字的关系,审美风格的演变,等等。参看孙小力:《元明题画诗文初探——兼及"诗画合一"形式的现代继承》,《上海大学学报》2005年第1期。萧启庆先生曾利用题画诗文,勾勒元代不同族群士人交往的社会网络,参看萧启庆:《九州四海风雅同:元代多族士人圈的形成与发展》第四章《文化互动》,联经出版事业股份有限公司,2012年。

图像、观念与仪俗：元明时代的族群文化变迁

宋元明时代的番族类题画诗文可以发现，面对同样类型的作品，不同时代的读者却有着截然不同的观感。这些基调不断变化的题画诗，形象地展示了十二到十四世纪在族群关系剧烈变化的冲击下，汉族（主要是江南）文士有关国家和民族观念的演变；也从一个侧面反映出政治变迁对艺术创作和鉴赏看似隐微难察、实则直接而深刻的影响。

一 笔端神妙：北宋"番族"画目的确立与画作鉴赏

在中国绘画史上，唐代就已经出现了齐皎、李渐等擅长图绘"外番人马""骑射射雕、放牧川原"的画家，[1]但是，明确地将"番族"作为一个独立的绘画门类，始自宋徽宗下令编纂的《宣和画谱》（宣和二年［1120］成书）。在这部皇帝敕纂的画谱当中，历代画作被依次分为"道释、人物、宫室、番族、龙鱼、山水、畜兽、花鸟、墨竹、蔬果"十门。《宣和画谱》开篇之次《叙目》，简要解释了每一个门类的内容及设立的缘由，并表示这种分类法"非私淑诸人也"[2]，也即不是秉承前人成法，而是有编者自己的依据和思考。美国学者伊佩霞（Patricia Buckley Ebrey）在比较了画史上顾恺之、张彦远、刘道醇、郭若虚等人的图画分类法后指出，《宣和画谱》的创新之处在于将"道释"（也即宗教人物画）从人物画中析出，并新创了"番族""龙鱼""墨竹"和"蔬果"四个门类；此外还有一个较大的变化是，"宫室"一门，在此前的画目排序中比较靠后，而《宣和画谱》将其提前到了第三的位置。伊佩霞从徽宗本人的宗教信仰出发，解释了"道释"

---

1 张彦远：《历代名画记》卷一〇，于安澜辑：《画史丛书》第1册，上海人民美术出版社，1963年，第119、124页。
2 《宣和画谱·叙目》，《宣和画谱》卷首，《画史丛书》第2册，第6页。

与"龙鱼"两个门类出现的原因。[1]

正如许多研究已经指出的,《宣和画谱》的编纂深受徽宗时代政治文化的影响,和徽宗本人的理念有着密切关联。例如,《宣和书谱》《宣和画谱》表彰蔡京、童贯等"新党"的艺术成就,而"旧党"苏轼的作品却不被提及,便是一个显例。[2] 同样的,"番族"被《宣和画谱》确立为一个独立门类,这不仅和胡汉文化的接触融合、特定画家群体的形成有关,[3] 更是徽宗时代的政治理想和边疆政策,在艺术领域的反映。

关于设置"番族"一目的理由,《宣和画谱·叙目》谓:

> 天子有道,守在四夷,或闭关而谢质,或贡琛而通好。以《雅》以《南》,则间用其乐;来享来王,则不鄙其人。故以番族次之。[4]

上面的这段文字,实际上依据儒家理念,描述了"天子"视野下的理想的夷夏秩序。虽然宋徽宗具有深厚的艺术修养和造诣,但他绝非一个文弱的艺术皇帝。徽宗继承了其父神宗的理想,在政治上极富进取精神。按照儒家观念,"修文"同样可以体现天子的权威,例如《论语》将"礼乐征伐自天子出"视作天下有道的表征,而《礼记》更将"议礼""制度"与"考文"当作天子的特权。[5] 研究者已

---

1 参看 Patricia Buckley Ebrey, *Accumulating Culture: The Collections of Emperor Huizong*, Seattle and London: University of Washington Press, p. 276。《宣和画谱》将"道画"置于"佛画"之前,更直接反映了徽宗本人的宗教信仰,参看谢一峰:《"佛道"与"道释"——两宋画目、画论中佛道次第之变迁》,《二十一世纪》第150期(2015年8月)。
2 参看韩刚:《〈宣和画谱〉宣和二年成书补证》,《美术学报》2016年第2期。
3 参看陈晓伟:《图像、文献与文化史:游牧政治的映像》,第16页。
4 《宣和画谱·叙目》,《宣和画谱》卷首,《画史丛书》第2册,第5页。
5 参看《论语·季氏》、《礼记·中庸》("非天子不议礼、不制度、不考文"),阮元校刻:《十三经注疏》,中华书局,1980年,第1634、2521页。

经注意到，无论修举礼乐、提倡艺术，还是自任教主、崇道抑佛，这些"文"的措施，其实都是徽宗塑造和彰显"天子"形象的工具。[1] 在宋人的观念里，正如"阴"与"阳"不可分离一样，"夷狄"与"华夏"都是天下必然的组成部分；[2] 只是作为主宰的天子，必须要为包括四夷在内的世间事物，安排一套合理的秩序。《宣和画谱》中"道释""人物""宫室""番族"的门类与排序，实际上反映了一套先神后人、内夏外夷的理想秩序。《画谱》中"宫室"门的超前位序，为这种秩序提供了很好的说明。按照古人的观察，长城以南的汉地，"耕稼以食，桑麻以衣，宫室以居，城郭以治"，而北方则"畜牧畋鱼以食，皮毛以衣，转徙随时，车马为家"，[3] 因此"宫室"和"城郭"常被当作华夏文明区别游牧文化的符号。《宣和画谱》也把"宫室"视作摆脱巢居穴处原始状态的"圣人制度"，[4] 将其置于"番族"之前，正是所谓"内夏外夷"的价值顺序的体现。

《宣和画谱·番族叙论》，让我们更真切地感受到"番族"门类的确立，与徽宗时政治环境的关系：

> 解缦胡之缨而敛衽魏阙，袖操戈之手而思秉正朔。梯山航海，稽首称藩，愿受一廛而为氓；至有遣子弟入学，乐率贡职、奔走而来宾者。则虽异域之远、风声气俗之不同，亦古先哲王所未尝或弃也。此番族所以见于丹青之传。[5]

检阅《宋史·徽宗本纪》可知，上文有关周边族群"敛衽魏阙""稽首称藩"的

---

1 Patricia Buckley Ebrey and Maggie Bickford eds., *Emperor Huizong and Late Northern Song China: The Politics of Culture and the Culture of Politics* (Cambridge, MA: Harvard University Asia Center, 2006) 第五章"The Emperor and the Arts"。
2 参看钱云：《阴阳与华夷：宋代中国对外关系理论的嬗变与展开》，待刊稿。
3 《辽史》卷三二《营卫志》，中华书局，1974年，第373页。
4 《宣和画谱·叙目》，《宣和画谱》卷首，《画史丛书》第2册，第5页。
5 《宣和画谱》卷八《番族叙论》，《画史丛书》第2册，第85页。

描述，半是理想、半是徽宗时代的现实，并非纯属文学夸饰。史称"崇宁以来，开边拓土之议复炽"[1]，徽宗继承了其父神宗的开边政策，除对辽国较为审慎外，对西夏尤其是西南地区都展开了攻势，并且取得显著的效果。《宋史·徽宗本纪》里的开边"武功"，几乎俯拾皆是。例如仅在大观年间（1107—1110），便有西南"涪州夷骆世华、骆文贵内附"（元年），"涪夷任应举、杨文贵，湖南徭杨再光内附"（二年），"播州杨文贵纳土""泸州夷王募弱内附"（三年），"南丹州首领莫公晟内附"（四年）。[2] 在1105—1114年的十年之间里，北宋政府先后在贵州地区开设了溱、播、珍三个州和遵义军；在广西新设平、庭、孚、隆、兑五州；在四川地区新设承、纯、滋、祺、亨五州。西南酋长纳土归附、"愿受一廛而为氓"的事例，在这一时期几乎史不绝书。而向来困扰宋人的对夏作战，也取得了显著战果。崇宁二年（1103）以来，宋军先后恢复或夺取了湟州、廓州、银州、洮州和积石军等战略要地，并在崇宁四年和宣和元年（1119），两度迫使夏人纳款请和。而一度奉辽正朔的高丽也连年遣使贡献，并在政和五年（1115）"遣子弟入学"[3]。《番族叙论》所谓"至有遣子弟入学，乐率贡职、奔走而来宾者"，所指的便是高丽此举。在军事和外交胜利的刺激下，徽宗信心极度膨胀，不惜冒险与女真达成"海上之盟"。《宣和画谱》成书之日，即徽宗联金灭辽、收复燕云的美梦正酣之时。"番族"作为一个独立的绘画门类，正是在这一政治和军事背景下出现的。"番族"类的设置，出于徽宗对自己作为抚驭四夷的"天子"的角色设定的需要，也是徽宗的政治理想在艺术领域的投射。

前文已经提到，唐末五代北方民族与中原的接触与融合，是番骑类作品大量出现的原因。进入北宋之后，在前代胡瓌、李赞华等画家的示范性影响下，这

---

[1] 《宋史》卷四九三《西南溪峒诸蛮上》，中华书局，1974年，第14182页。
[2] 参看《宋史》卷二〇《徽宗二》，第379、381、382、385页。
[3] 《宋史》卷二一《徽宗三》，第395页。其后政和七年三月，"高丽进士权适等四人，赐上舍及第"。

一　图像、观念与仪俗：元明时代的族群文化变迁

类描摹异域、异族生活的绘画依然流行，出现了高益、张戡、赵光辅、李成、李公麟、张翼、陈用智、吴元瑜等一大批擅长番马题材的画家（参看表1–1）。上述画家当中，高益系由辽入宋，张戡生长燕山边地，绘制此类作品占据天然的地利优势；然而更多的北宋番马画家，像赵光辅（耀州华原人）、李公麟（舒城人）、吴元瑜（开封人），都是生长于内地的汉人，他们学习绘制此类并不熟悉的游牧图像，反映出此类题材在北宋的流行程度。这与宋辽间的长期和平，有直接的关系。宋人称"皇朝与大辽国驰礼……继好息民之美，旷古未有"[1]，宋与契丹虽然南北分立，但澶渊之盟后两国维持了一百多年的和平交流。庆历年间（1041—1048），辽兴宗（耶律宗真，1016—1055）曾将御制《千角鹿图》赠给宋朝，宋仁宗"命张图于太清楼下，召近臣纵观"，甚至还召请臣僚女眷入宫观看，事后"藏于天章阁"[2]。对于这些番族类绘画，北宋士人大多并不排斥，而能平心静气地鉴赏其中异域风物。北宋时代的番族类题画诗，基本都是描述绘画呈现的异域风情，称赞画家的高妙手笔，很少流露出激烈的敌对情绪。例如文学家梅尧臣（1002—1060）的长诗《元忠示胡人下程图》，便是典型的例子：

单于猎罢卧锦红，解鞍休骑荒碛中。苍驹骊骆六十匹，隐谷映坡分尾鬃。
九驼五牛羊颇倍，沙草晚牧生寒风。贵贱小大指五百，执作意态皆不同。
二鹰在臂二鹰架，骏犬当对宁争功。毡庐鼎列帐幕拥，鼓角未吹惊塞鸿。
土山高高置烽燧，毛囊贮获闲刀弓。水泉在侧把其上，长河沓沓流无穷。
素纨六幅笔何巧，胡瓌尽妙谁能通。今日都城有别识，别识共许刘元忠。[3]

---

[1] 郭若虚：《图画见闻志》卷六《近事·大辽》，《画史丛书》第1册，第85页。
[2] 郭若虚：《图画见闻志》卷六《近事·大辽》，《画史丛书》第1册，第85页。
[3] 梅尧臣：《元忠示胡人下程图》，朱东润编年校注：《梅尧臣集编年校注》卷二六，上海古籍出版社，2006年，第907页。

梅尧臣用舒缓从容的笔调，描述了画面呈现的异域风情：单于猎罢卓帐休憩，他的部族驼马壮盛、族人众多。诗的最后，称赞作者刘元忠能得名家胡瓌画笔之妙。这是北宋番族类题画诗最常见的内容与结构；[1] 诗人只是平实地描述图画呈现的内容，完全没有强敌犯境的联想与危机感，也未生成一种"胡汉"对立的文本语境。而这幅《胡人下程图》的作者刘元忠，从梅尧臣的其他诗文可以推知，应是宰相刘沆（995—1060）之子刘瑾。[2] 刘瑾并非专业画家却以擅画番族而获得声誉，显示了这类画作在士人中的流行。番族类作品展现的都是弓马强盛的北方部族，然而在宋辽和平的背景下，士人大多并不觉得绘制或者欣赏这些画作有何不妥，[3] 这与稍后的南宋时代截然有异。

对于徽宗年间京师番曲、番画、番物、番服的流行，吴曾（1112—1184）《能改斋漫录》"禁番曲毡笠""诏禁外制衣装"等条，也有类似的记载。[4] 而在朝廷设立的宣和画院当中，更出现了黄宗道、李迪、朱锐等一批专长番马的职业画家。[5] 可以说，在北宋时代，前期宋辽的百年好合以及末期徽宗开疆拓土、统驭四夷的天子心态，使得番族类作品的绘制与鉴赏，达到了一个高峰。

---

1 类似的例子还可参看梅尧臣：《观韩玉汝胡人奉贡图》，《梅尧臣集编年校注》卷二七，第979页；沈遘：《七言得胡瓌马》，《沈氏三先生集·西溪集》卷一，《四部丛刊三编》影印本，第5b—6a页。
2 刘瑾传记参看《宋史》卷三三三《刘瑾传》，第10703页。
3 当然，北宋也有人不太喜欢这类题材的画作，如米芾认为胡瓌和东丹王的番马，"虽好，非斋室清玩"。这应该和米芾对于文人清赏"雅"与"俗"的界定有关，未必是出于对异族事物的抵制，因为在他看来，"士女、翎毛"类作品，同样"不入清玩"。参看米芾：《画史》，收入卢辅圣主编：《中国书画全书》（修订本）第2册，上海书画出版社，2009年，第260、267页；孔齐（即孔克齐）：《至正直记》卷一《米元章画史》，《宋元笔记小说大观》第6册，上海古籍出版社，2007年，第6569页。
4 参看吴曾：《能改斋漫录》卷一、卷一三，上海古籍出版社，1979年，第16、383页。
5 参看夏文彦：《图绘宝鉴》卷三、卷四，《画史丛书》第2册，第87、101页。按照彭慧萍的研究，台北"故宫博物院"藏旧题胡瓌《出猎图》《回猎图》（参看图1-1、图1-2），从人物服饰、绘画笔法等方面来看，很可能是宣和画院的作品。参看彭慧萍：《台北"故宫"藏〈出猎图〉〈回猎图〉之成画年代暨意涵析探》，台湾师范大学美术研究所2001年硕士学位论文。

一　图像、观念与仪俗：元明时代的族群文化变迁

图1-1　旧题胡瓌《出猎图》

图1-2　旧题胡瓌《回猎图》

二　开卷见寇雠：南宋的番骑图创作与观感

女真铁骑踏破了徽宗君臣的美梦，宋金"海上之盟"最终以徽钦二帝被俘、中原沦陷收场；只身逃脱的康王赵构，躲过了多次命悬一线的金人追击，才勉强在江南站住脚跟。对宋人来说，靖康之变无疑是一部国恨与家仇交织的血泪史，产生了诸如《裔夷谋夏录》《孤臣泣血录》《痛定录》等一大批私人记录。[1]甚至直到南宋末年（1267），还有像《靖康稗史》这类专门汇集靖康亡国见闻的丛书出现，[2]可见这段创巨痛深的历史，始终是宋人难以抚平的心理创伤。

南宋士大夫对北宋覆亡的原因有许多反思，阴阳灾异也是一个重要的角度。灾异理论在中国源远流长，一旦国家发生重大变故，便会左右人们的思维。还在北宋天下太平的时候，孔平仲（1046—1103？）在观看根据契丹起源故事"阴山七骑"改编的杂戏时，[3]便曾有过一丝不安："世人见识无百年，追欢取快贵目前。当时被发祭于野，自非辛有谁知者。"[4]——东周太史辛有，看到伊川野人仿效胡人披发祭祀，预言百年后此地将沦于戎狄；[5]孔平仲也担心这类番戏的流行，并非吉兆。

---

1 两宋之际记载靖康亡国、赵构南渡的稗史，数量极多，流传甚广，南宋陈振孙《直斋书录解题》卷五《杂史类》（上海古籍出版社，1987年，第152—156页），自《北征纪实》至《绍兴讲和录》共著录三十三种。

2 参看确庵、耐庵编，崔文印笺证：《靖康稗史笺证》，中华书局，2010年。

3 胡瓌开创、北宋流行的番画中有《阴山七骑图》，但据任爱君考证，孔平仲这里看到的，应该是其出使契丹时辽人表演的"偶像、傩戏或舞蹈的场面"，而不是图画（任爱君《契丹史实揭要》，哈尔滨出版社，2001年，第38页）。根据诗中"问胡何为乃至此？象胡之人假为之"，笔者赞同这个考证。不过，从前句问答以及诗尾"辛有"典故所表达的"夏变于夷"的忧虑来看，孔氏观看这一场景应该是在宋地，而不是在北国。南宋佚名《西湖老人繁胜录》所载杂戏，有"阴山七骑"，中国商业出版社，1982年，第1页。

4 孔平仲：《朝散集》卷二《阴山七骑》，《丛书集成续编》第179册，上海书店出版社，1994年，第429页。按，孔氏此诗亦被四库馆臣收入宋人郭祥正《青山续集》，不确。相关考订参看毛建军：《〈青山集〉版本及其〈续集〉辨伪考》，《郴州师范高等专科学校学报》2003年第6期。

5 《春秋左传正义·僖公二十二年》，阮元校刻：《十三经注疏》，第1813页。

孔氏不幸而言中，而在靖康之后，胡风流行便被南宋人坐实为亡国先兆和招祸缘由。例如，江万里（1198—1274）《宣政杂录》一书专门辑录北宋覆亡前的种种异象，其"词谶"条云：

> 宣和初，收复燕山，以归于朝。金民来居京师，其俗有《臻蓬蓬歌》。每扣鼓和"臻蓬蓬"之音为节而舞，人无不喜闻其声而效之者。其歌曰："臻蓬蓬，外头花花里头空，但看明年正二月，满城不见主人翁。"词本虏谶，故京师不禁。然次年正月，徽宗南幸。次年，二圣北狩……此亦虏谶，而召祸可怪。[1]

上文引述的《能改斋漫录》等南宋笔记，不惜笔墨铺叙番曲、番画、番物、番装的流行，其实也是基于同样的逻辑，为靖康之变寻求解释。在这种逻辑之下，北宋一度流行的番画，被视作了招致亡国的不祥之物。

在宋金关系极度紧张的背景下，南宋政府也多次下令禁番族风物的传播。例如，绍兴二十一年（1151）高宗就"念境土未复，将用夏变夷"，禁止市井百姓"群吹鹧鸪笛，拨葫芦琴，效胡乐、胡舞"。[2] 类似的禁令，此后在孝宗乾道、淳熙年间（1165—1189），屡次重申。其中淳熙时袁说友（1140—1204）的上疏，表达最为激切：

> 臣窃见今来都下年来衣冠服制，习为虏俗……乌有堂堂天朝，方怀雠未报，恨不寝皮食肉，而乃使犬戎腥膻之习，以乱吾中国之耳目哉！[3]

---

[1] 江万里：《宣政杂录》，收入上海师范大学古籍整理研究所编：《全宋笔记》第7编第8册，大象出版社，2015年，第5—6页。

[2] 马端临：《文献通考》卷三一〇，浙江古籍出版社，2000年，第2436页。

[3] 黄淮、杨士奇编：《历代名臣奏议》卷一二〇《礼乐》，上海古籍出版社，1989年，第1591页。

而描绘异族生活的番族类绘画，受到士大夫排斥，自然也在情理之中。刘克庄（1187—1269）《跋石虎〈礼佛图〉》便是一个例子：

> 石氏自勒已敬重澄公，至虎尤加崇奉。澄公坐磐石假寐，一胡合爪致恭，二胡雏一持香合一持帨巾……合爪者当是季龙，二雏当是宣、韬兄弟。狂羯罪当万段，果有佛教必堕恶趣……此画乃夹漈公旧物，聊存之。[1]

从跋文来看，这幅画描绘的是后赵君主石虎带领诸子礼拜佛图澄的故事。刘克庄诅咒"狂羯罪当万段""必堕恶趣"，而且文末特别声明，这幅画因为是著名学者郑樵（1104—1162，夹漈先生）的旧物，才姑且存留。生活在北方巨大阴影之下的南宋，恢复中原、复仇雪耻，始终是政治主流话语。在紧张的族群关系和强烈的夷夏情结影响下，番马画的创作在南宋衰落了。[2]

元人夏文彦《图绘宝鉴》卷四《宋南渡后》，著录了陈居中等七名有番马作品传世的画家（参看表1-1），然而仔细考察却可以发现，他们多数成长于番马画盛行的北宋末期。例如，李迪和朱锐曾任职于宣和画院，绍兴时复职；绍兴待诏马兴祖为河中人（今山西永济）、武克温为上京人（辽金地名），应当是南渡或者由金投宋的画家；陆琮和王木里籍生平无考，南宋时代成长起来的番马画名家，

---

[1] 刘克庄：《后村题跋》卷四《跋石虎〈礼佛图〉》，收入卢辅圣主编：《中国书画全书》第1册，上海书画出版社，2000年，第954页。

[2] 曾经专研番马画的美术史家余辉指出："南宋社会发达的商品经济和儒雅之风，只能刺激与尚武精神无关的风俗画和表现士大夫、贵族游乐的人物画，北宋末李公麟盛传的人马画受到一定的阻断，鲜有人马画家，唯有陈居中声名鹊起。"参看余辉：《金代人马画考略及其他——民族学、民俗学和类型学在古画鉴定中的作用》，《美术研究》1990年第4期。薛松年先生亦指出："此一时期（南宋）表现番骑的绘画作品遗留至今数量甚少"，薛松年：《番骑图史，边地状情——南宋摹本〈四猎骑〉赏析》，《人民日报》2010年5月9日副刊第008版。

似乎仅有嘉泰画院待诏陈居中一人。

表1-1　画史文献著录的辽宋金元明番马画家

时代	番马画家	备　注
辽	胡瓌、胡虔、李赞华、萧瀜、耶律题子、杜锜、王仁寿	王仁寿系由后晋入辽
五代	赵嵓、周行通、赵幹、房从真、蒲师训、李玄应	
北宋	高益、赵光辅、张翼、陈用智、张戬、李公麟、吴元瑜、黄宗道	高益系由辽入宋
金	虞仲文、完颜允恭、耶律履、黄谒、李早	
南宋	李迪、朱锐、武克温、马兴祖、陆琮、王木、陈居中	（1）李迪、朱锐皆先供职于宣和画院 （2）武克温为上京人，当系由金入南宋 （3）马兴祖山西人，当系南渡画家
元	颜辉、朱德润、赵孟頫、赵雍、刘贯道、王振鹏、任仁发	
明	仇英、张龙章	

※资料来源：陈晓伟：《图像、文献与文化史：游牧政治的映像》下编《游猎图像文献的研究与辑佚》。

现存古代番族类绘画，有很多作品托名于陈居中。[1]然而画史关于他的记载非常有限，仅仅知道他在南宋宁宗嘉泰年间（1201—1204）担任画院待诏，1207年前后有一段入金的经历，曾经亲见北方风物，这可能是他以番马画驰名的原因。[2]然而作为宫廷画师，陈居中的作品在当时流传很少（笔者尚未读到宋人的相关题咏）；

---

1 参看彭慧萍：《南宋宫廷画师外转使臣之身份变换机制：以陈居中为例的个案研究》，《艺术史研究》第5辑（2003年），第399页。
2 参看余辉：《金代人马画考略及其他——民族学、民俗学和类型学在古画鉴定中的作用》之《陈居中入金考》，《美术研究》1990年第4期。

图1-3 陈居中《观猎图》(局部)

其创作的番马作品,也并非为了流通鉴赏,而是别有用途。

台北"故宫博物院"收藏有署名陈居中绘制于嘉泰元年(1201)的长卷《观猎图》(本幅52.2×1042.5厘米,图1-3),卷后的两则元人跋语,为我们提供了这方面的重要信息。元世祖至元己丑(1289)邓文原(1258—1328)跋称:

> 陈居中以写照名庆元间,曾写宁宗御容,称旨,遂召时誉。然国亡,遗迹流传人间者,不过残缣片幅耳。[1]

另一则元人杨泰的跋语,也指出陈居中画作世间罕传:

> 居中画悉入内府,吾友傅希岩以善价购得其《戏婴图》一帧,寻为丘长

---

[1] 台北"故宫博物院"藏《宋陈居中观猎图》跋,http://painting.npm.gov.tw/Painting_Page.aspx?dep=P&PaintingId=14133,2018年4月17日检索。台北"故宫博物院"藏有《宋陈居中出猎图》《宋陈居中观猎图》《宋陈居中文姬观猎图》三轴内容基本相同的画卷,其中前两幅落款"嘉泰元年臣陈居中奉敕画",而后两幅皆有元人邓文原、杨泰跋(跋文亦基本相同)。本文跋语据《宋陈居中观猎图》录文。

— 图像、观念与仪俗：元明时代的族群文化变迁

> 睿攫之。旧日曾见《永平画志》，有《文姬观猎图》，乃赐韩侂胄之物。考其年月，亦正相似，疑即此也。不入内帑，安得完好如斯。[1]

杨泰跋文提供的另一个重要信息是，他根据落款年代与图画内容判断，陈居中嘉泰元年绘制的这幅《观猎图》，应该就是《永平画志》（已佚）提到的、宋宁宗赐给韩侂胄的《文姬观猎图》。韩侂胄（1152—1207）是宁宗时代抗金主战派的领袖，著名的"开禧北伐"（1206）便是在他的鼓动和领导下进行的。一直梦想北伐复仇的宋宁宗，将描绘胡人射猎场景的《文姬观猎图》赐给主战派首领韩侂胄，显然不是为了让他欣赏异族风情，而是有军事目的。

对于北方游牧族群而言，狩猎不仅是谋生和娱乐的手段，还是常用的军事训练方式。辽金时代都有春水秋山、以围猎练习骑射的传统。[2] 孛朮鲁翀（1279—1338，女真人）题《李早寒林猎骑图》云"圣人修文未忘武……犹于农隙事搜猎，用合三驱严部伍"[3]，说的就是金人以狩猎演武的传统。南宋人当然明白金人狩猎的军事意味，女真人"或以观兵较猎，或以省方巡狩为名，悉其国众进压我境"[4]，还曾"阳为出猎"，趁西夏不备夺取了天德军。[5] 美术史家余辉指出，南宋部分番马画，带有觇视敌情的"谍画"性质。[6] 在古代，图像除去具有审美功能，还是传递信息

---

[1] 台北"故宫博物院"藏《宋陈居中观猎图》跋，http://painting.npm.gov.tw/Painting_Page.aspx?dep=P&PaintingId=14133，2018年4月17日检索。

[2] 参看刘浦江：《春水秋山——金代捺钵研究》，收入氏著《松漠之间——辽金契丹女真史研究》，中华书局，2008年，第320页。

[3] 孛朮鲁翀：《李早寒林猎骑图》，收入杨镰主编：《全元诗》第29册，中华书局，2013年，第421页。"用合"原误作"用舍"。

[4] 杨时：《枢密曹公墓志铭》，收入曾枣庄主编：《全宋文》第125册，上海辞书出版社，2006年，第119页。

[5] 李心传编撰，胡坤点校：《建炎以来系年要录》卷一八一，中华书局，2013年，第3490页。

[6] 参看余辉：《南宋宫廷绘画中的"谍画"之谜》，《故宫博物院院刊》2004年第3期。

24

的重要方式。宋代通过绘画来了解敌国情形,并非无据之谈。《宋会要辑稿》就收录了相关事例:

> (嘉祐六年三月)以北人武珪为下班殿侍,以上所画《契丹广平淀受礼图》。武珪本镇州人,陷虏多年,颇知虏中之事,为沿边安抚司指挥。至是,因献图,特录之。[1]

广平淀是辽朝皇帝冬季捺钵和接见外国使臣的场所,[2]《契丹广平淀受礼图》描绘的很可能是辽人"受南宋及诸国礼贡"[3]的场景,其中透露的契丹情报受到宋人重视,绘图人武珪因此被授予官职。另外,在宋辽交聘过程中,使团夹带画工,描摹对方山川形势以及重要人物的形象,也是常见现象。例如宣和年间(1119—1125),主管画学的官员陈尧臣,即曾受命携带两名画学生使辽,"图其山川险易以上",并带回了天祚帝的画像。这些图像所提供的情报,一定程度上坚定了徽宗联金灭辽的信心,"上大喜,即擢尧臣右司谏,赐予巨万"[4]。同样的,辽朝也曾令人"窃写"宋帝"天表"[5]。借由图像获取情报,在南宋时代依然如此。南宋了解北方情况的重要资料、由金朝降人张棣撰写的《金虏图经》,即包含文字和图像两部分(图像部分今已不传)。从上面这些事例可以推知,宋宁宗在筹备对金作战时,赐给统帅韩侂胄《文姬观猎图》,不是让他欣赏金人的武威,而是借此熟悉敌情。

---

[1] 刘琳等校点:《宋会要辑稿·蕃夷二》,上海古籍出版社,2014年,第9749页。
[2] 傅乐焕:《辽代四时捺钵考五篇·广平淀考》,《史语所集刊》第十本(1948年4月),第247页。
[3] 《辽史》卷三二《营卫志》,第375页。
[4] 王明清:《挥麈后录》卷四,上海古籍出版社,2001年,第98页。
[5] 《宋会要辑稿·蕃夷二》,第9748页。

一　图像、观念与仪俗：元明时代的族群文化变迁

图1-4　陈居中《柳塘牧马图》

陈居中的番马画，并不是为了给士人流通鉴赏，而是带有军事实用目的。他的另一幅传世作品《柳塘牧马图》（参看图1-4），表现的是女真人进行骑马渡江训练的情景，其中人物衣装与渡水方式，与史籍的记载若合符节，[1]是南宋"谍画"的典型代表。

在南北敌对的情况下，不仅番马画的创作进入低谷，士大夫的鉴赏热情也逐

1　徐梦莘：《三朝北盟会编》卷三，上海古籍出版社，1987年，第17页。

渐冷却。目前能够见到的南宋番族类画作题跋很少。清代康熙皇帝，曾命人仿效宋人孙绍远编纂的题画诗集《声画集》，辑成《御定题画诗》一百二十卷，[1]其卷五七《羽猎类》，仅辑录到南宋番马题画诗两首。[2]这些为数不多的诗作，都营造出一种胡汉对立的紧张氛围，与北宋诗作所传达的从容不迫的鉴赏心态大相径庭。例如朱熹（1130—1200）的《题蕃骑图》谓：

传闻姑妲欲南侵，愁破雄边老将心。却是燕姬能捍虏，不教行到杀胡林。[3]

辽金时代"春水秋山，秋冬围猎，后妃必随侍于侧"[4]，因此番族游猎图像常常会出现女性（"燕姬"）形象。朱熹所看到的，即是"虏酋与一胡女并辔而语"的图画（如图1-5）。[5]然而，诗中提到的番人意欲南侵、汉关老将忧心不已，这些并不是图画表现，而是朱熹自行联想出来的内容。在南北敌对的背景下，士人本能地将番族图像带入胡汉对立的语境中进行解读，在诗文中流露出强烈的夷夏对立情绪。与朱熹相比，范成大（1126—1193）《题张戡蕃马射猎图》的情绪要激烈得多：

阴山碛中射生虏，马逐箭飞如脱兔。割鲜大嚼饱何求，荐食中原天震怒。

---

[1] 《四库全书总目》卷一九〇，中华书局，1965年，第1726页。
[2] 《御定题画诗》中的"羽猎类"，涵盖了《宣和画谱》的"番族"类，而且范围要更广一些。这两首诗为韩驹（1080—1135）和朱熹的《题蕃骑图》。该卷还收录了南宋有关李公麟人马画的题跋，因不属本文讨论的番族类绘画，故不计入。
[3] 朱熹：《题蕃骑图》，收入氏著《晦庵先生朱文公文集》卷一〇，《朱子全书》第20册，2010年，第548页。
[4] 刘浦江：《春水秋山——金代捺钵研究》，收入氏著《松漠之间——辽金契丹女真史研究》，第322页。
[5] 此诗的创作背景参看《朱子语类》卷一三五，《朱子全书》第18册，第4201页。

一　图像、观念与仪俗：元明时代的族群文化变迁

图1-5　佚名《文姬图》

太乙灵旗方北指，挈辔逃归莫南顾。猖狂若到杀胡林，郎主犹靶何况汝。[1]

此诗除了首句是在描绘图画内容之外，其他部分都是作者基于南北关系，对画面的发挥与想象。作者警告胡人已经引起天怒，宋人正欲北伐，若不趁早逃归，将难免辽主耶律德光的下场。耶律德光曾南下灭亡后晋，最终却因无法立足中原而北归，途中病死于杀胡林。契丹人按习俗"破其尸，摘去肠胃，以盐沃之，载而北去，汉人目为'帝靶'焉"[2]。

范氏看到宋初张戡《蕃马射猎图》，条件反射般地联想起"蛮夷猾夏"、胡汉

---

[1] 范成大：《题张戡蕃马射猎图》，收入氏著《范石湖集》卷二五，中华书局，1962年，第356页。
[2] 《旧五代史》卷一三七《契丹传》，中华书局，1976年，第1836页。

相争的历史。对北宋人来说，番族类绘画描绘的是陌生的北方邻居，他们抱持的基本态度是好奇与欣赏；而对经历家国之痛、时刻面对北方压力的南宋人而言，邻居已经变成了仇敌，他们早已失去了北宋人从容鉴赏的心境，读出的只有夷夏间的紧张与仇恨。开卷如见仇敌，两宋之际族群与国家关系的变动，不仅使得番族类绘画衰落，也带来了观感上的巨大变异。

三 四海尽臣：元代"大一统"与番族类绘画的新观感

元朝是疆域涵括汉地和游牧地区的空前统一的时代，几乎整个东亚大陆都被置于同一个政权之下；唐末五代以来，长期的南北分立格局结束了。原先各个族群、政权之间疆域界线的打破，为不同区域人和物的交流，提供了巨大便利。入元之后，江南地区以其富庶，吸引了大量的北方民众。身经其事的遗民郑思肖（1241—1318）说"鞑人绝望江南如在天上"，"谋居江南之人，贸贸然来"[1]。有相当数量的蒙古、色目人，通过仕宦附籍、随军驻扎、贸易往来甚至因犯罪放逐而定居江南；[2] 他们一同带来的，还有北方的物品和艺术。[3] 宋元之际的文学家和鉴赏家周密（1232—1298），与南来杭州的北方官员多有过从，《志雅堂杂钞》多次提到他到鲜于枢（1246—1302，范阳人）、费万户等人家中赏鉴书画，所见不乏金代明

---

1 郑思肖：《大义略叙》，收入氏著，陈福康校点：《郑思肖集》，上海古籍出版社，1991年，第187页。
2 参看潘清：《元代江南蒙古、色目侨寓人户的基本类型》，《南京大学学报》2000年第3期，第128—135页。
3 元代的南北交流是双向的，也有大量的南方艺术品北传。例如赵孟頫发现，元初北方便有"好事者"，翻刻了绍兴《稽古录》，"近世诸公所收者多在焉"，赵孟頫：《题稽古录》，收入李修生主编：《全元文》第19册，凤凰出版社，2004年，第171页。王恽（1227—1304）详细记录了他所见到的运至大都的南宋内府书画，参看王恽：《玉堂嘉话》卷二《平宋得书画》、卷三《平宋得书画续》，中华书局，2006年，第64—84页。

昌御府故物。[1] 周密的《云烟过眼录》，更收录了鲜于枢、廉希贡（？—1290，畏兀人）、高克恭（1248—1310，色目人）、姚燧（1238—1313，故辽大族、金末迁洛）、"教化参政"等南来官员的书画古玩收藏。[2] 除了北人南下，元代还有南士北上的风潮。元代政治中心处于北方，在科举长期停废的背景下，南方士人为了谋求官职，不得不奔走于蒙古、色目权贵之门。江南文士北游大都，甚至远游塞外的上都，乃是一时风气。[3] 这些士人领略了不同族群的文化风俗，突破了江南乃至汉地的经验局限。例如，对于北方民族的围猎活动，很多江南士人都曾亲眼看见，并留下了大量的诗文。[4] 昆山人朱德润（1294—1365）便参加了皇帝在柳林举行的围猎，绘制《雪猎图》并献长赋，[5] 由此获得元英宗赏识，成为士林佳话。这些南士也将北方的艺术品带回故乡。例如，赵孟𫖯（1254—1322）便从中原携归大量书画，周密曾获邀共观，详细记录了赵氏"自燕回出所收书画古物"[6]。元代江南文人有不少题咏金人李早番马图的诗作，这些画作可能就是此时由北方流入的。

在元代大一统政治格局下，紧张的南北族群对立已经成为历史，南宋时代激越的夷夏情绪也逐渐平复。面对纷至沓来的异族新事物，江南士人的心态大多较

---

[1] 周密：《志雅堂杂钞》卷上，收入上海师范大学古籍整理研究所编：《全宋笔记》第8编第1册，大象出版社，2017年，第193、197、210页。当然，周密所见的某些明昌内府书画，也可能是南宋末通过榷场贸易传入的，参看刘浦江：《文化的边界——两宋与辽金之间的书禁及书籍流通》，收入氏著《宋辽金史论集》，中华书局，2017年，第215页。

[2] 周密：《云烟过眼录》，《全宋笔记》第8编第1册，第21、47、50、64、70、72页。

[3] 参看申万里：《元代江南儒士游京师考述》，《史学月刊》2008年第10期，第41—50页；申万里：《元上都的江南士人》，《史学月刊》2012年第8期，第37—47页。

[4] 如汪元量（1241—1317，钱塘人）《斡鲁垛观猎》《阴山观猎和赵待制回文》，朱思本（1273—1332后，临川人）《观猎》，揭傒斯《天山秋猎》，张嗣德（1305—1352，江西人）《天山秋狝》，参看《全元诗》第12册，第19、23页；第27册，第47、331页；第37册，第330页。

[5] 朱德润：《雪猎赋（并序）》，收入氏著《存复斋文集》卷三，《四库全书存目丛书》集部第22册，齐鲁书社，1997年，第586页。

[6] 周密：《云烟过眼录》卷下，第60页。

为开放。江阴儒士陆文圭（1252—1336）易代后作诗表彰一个蒙古忠孝之家，曾经感慨"王气初不限中华，至性未尝根六籍"[1]——中国之外也可以诞生王者，其他族群不读儒家六经，也可以具备人之至性。这种带有族群平等色彩的观念，已经和传统的夷夏理论大相径庭。在这种开放心态之下，绘制和鉴赏番马画，又成为一时风尚。在已知的七位元代番马画家当中（参看表1-1），颜辉为庐陵人，朱德润昆山人，赵孟頫、赵雍父子吴兴人，王振鹏永嘉人，任仁发松江人，有六位都是南士。这和南宋的衰颓情景，形成了鲜明比照。番马画也再度成为士人热衷鉴赏的对象，产生了大量的题咏诗文。昆山人顾瑛（1310—1369）主持的玉山草堂雅集，是元代持续时间最长、影响最大的江南士人艺术沙龙。[2] 与会士人的唱和集《草堂雅集》，便收录了卢昭《题昭君出塞图》、张雨《金人出猎图》、姚文奂《题张戡瘦马图》、郑东《题张戡瘦马图》、张渥《题昭君出塞图》、郭翼《题张戡画瘦马图》、郯韶《题女真猎骑图》、于立《题胡瓌瘦马图》《题张戡猎兔图》、袁华《题金人较猎图》等十余首题咏，[3] 可见番族类画作在士人鉴赏活动中的位置。元人当中，文学家虞集（1272—1348，崇仁人）南北仕宦，广事交游，留下的番画题咏最多，今日可考见者有《题按弓图》《题射猎图》《题昭君出塞图》《金人出塞图》《金源野人献獐图》等，其中描摹女真人出猎情景的长诗《金人出塞图》，在当时享誉极高，"馆阁推为独步"[4]。这些描摹北方民族风情的画作，不仅在士人圈受到欢迎，甚至在南方民间也有流传。虞集晚年便在南方乡间，看到了描

---

[1] 陆文圭：《察罕不哈忠翊父殁王事、母表门闾、本官弃职奉养、守制三年，一门节孝，人所难能，作诗美之》，《全元诗》第16册，第44页。
[2] 参看谷春侠：《玉山雅集研究》，中国社会科学院2008年博士学位论文。
[3] 顾瑛辑，杨镰、祁学明、张颐青整理：《草堂雅集》，中华书局，2008年，第182、591、688、802、822、880、919、976、987、1097页。
[4] 元人贝阙跋杨维桢《金人击球图》，杨维桢：《铁崖古乐府补》卷二，景印《文渊阁四库全书》第1222册，台湾商务印书馆，1986年，第87页。

绘蒙古皇室由上都避暑南还的《按弓图》：

> 朔风萧萧沙草枯，避暑南还八月初。贵人退食坐平芜，白日皎皎寒云除。左擎苍鹰右韩卢，手调繁弱矢满壶。马骄不受辔勒拘，奚奴前执奔尘趋。小者伏兔大于菟，上马一击将无余。养勇大发神气舒，徒御远合获不虚。首献上杀当氍毹，连车载橐来徐徐。大庖赐燕日未晡，萧萧笳鼓环周庐，天子万寿臣欢娱。我昔扈从行两都，每欲赋此嗟才疏。江村父老相携扶，数尺茅檐观画图。[1]

沙草荒漠、苍鹰骏犬、走马射猎、草原大宴，这些南方人难以亲历的异域风景，吸引了"江村父老"携扶来观；虞集也不由回忆起自己壮年扈从皇帝出塞入塞、往返于南北两都的情景。甚至连平江女诗人郑允端（1327—1356），也曾在闺阁中观赏过描摹上都秋猎的《将军出猎图》，感慨"短衣匹马"虽非女子之事，但也可以"坐对晴窗看画图"。[2]

　　元代的题画诗和南宋在内容和基调上，有巨大的差异。最大不同是，南宋题画诗激烈的夷夏对抗语境，在元代基本消失了。南宋人看到图画中的番人骑射，便立即唤起了靖康之耻的历史记忆，开卷如见仇敌；而到元代，江南士人的主流话语，已经不再把图画与曾经的族群耻辱联系起来。相反，对于图卷反映出的北族勇武精神，他们往往不吝赞美之辞。吴澄（1249—1333，临江人）观看《女真调马图》，便谓女真"百年盛气豪中区"[3]；傅若金（1303—1342，新喻人）《金人击

---

[1] 虞集：《题按弓图》，《全元诗》第26册，第56页。
[2] 郑允端：《将军出猎图》，《全元诗》第63册，第120页。
[3] 吴澄：《题女真调马图》，《全元诗》第14册，第312页。

鞠图》赞叹"古来北方善骑射,材力往往矜豪雄。吾观金人击鞠图,意气已欲横士中"[1];林泉生（1299—1361,永福人）《张戡猎骑图卷》描绘北人军马之壮盛,谓"鞭梢生风箭飞雨,乌骓如龙犬如虎"[2]。虞集著名的长诗《金人出塞图》则对女真人游猎驰逐、歌舞醉饮的豪放生涯,不胜艳羡。[3]而这些江南士人赞赏的意气飞扬的北族猎手,在不久之前,还是南宋人意欲寝皮食肉的胡虏强敌（图1-6）。

"皇元混一区宇,际天所覆,罔不臣服"[4],生活在胡汉熔铸于一炉的时代,在元代公开的主流话语当中,江南士人大多能超越"夷夏大防"的老调,站在"大一统"国家的立场上看待历史与现实中的族群问题。对于元朝混一南北,后世明代士大夫看来这意味

图1-6 元人《射雁图》

着华夏正统断绝,是天地开辟以来前所未有的巨变。然而元代江南士人,却恰恰

---

[1] 傅若金:《金人击鞠图》,《全元诗》第45册,第46页。
[2] 林泉生:《张戡猎骑图卷》,《全元诗》第41册,第166页。
[3] 虞集:《金人出塞图》,《全元诗》第26册,第244—245页。
[4] 朱德润:《资善大夫中政院使买公世德之碑铭》,收入氏著《存复斋文集》卷一,《四库全书存目丛书》集部第22册,第574页。

用"大一统"为元朝的立国合法性辩护,认为这种亘古未有、无以复加的统一,正是蒙古统治者得"天命"的表征,甚至连明初开国之时,也延续了元代的思维惯性,承认蒙元"四海内外,罔不臣服,此岂人力,实乃天授"[1]。类似的表述,在元人文字里几乎俯拾即是。例如,元代的普及性地理读物《大元混一方舆胜览》,开卷即谓:

> 唐虞三代以来之州域,北不逾越幽并,南不越岭徼,东至于海,西被于流沙,其间蛮夷戎狄之地,亦有未尽启辟者。方今六合混一,文轨会同,有前古所未尽之天下,皇乎盛哉![2]

这类感慨,几乎是元人的共识。朱德润在观看了《贞观西域图》后,也不由做了一番古今对比:

> 宏矣大元,覆天无际,怀柔百蛮,莫不来王……昔效贡职,今入王赋;昔为外臣,今则内附。声教所被,远迈汉唐。[3]

三代与汉唐都是古人认为的盛世,然而论疆域却远不如元。这种"四海一家""(至)大无外""通迈五帝超三王"的"皇元一统"[4],是元人认为的本朝超越

---

[1] 《明太祖实录》卷二六,史语所校印本,1962年,第401页。

[2] 刘应李原编,詹有谅改编,郭声波整理:《大元混一方舆胜览》卷前牌记,四川大学出版社,2003年,第1页。

[3] 朱德润:《贞观西域图赞》,收入氏著《存复斋文集》卷七,《四库全书存目丛书》集部第22册,第614页。

[4] 以上诗句参看张伯淳:《送吴石塘赴海南宪幕》,《全元诗》第11册,第210页;释宗衍:《岱宗歌为日本僧齐岳赋》,《全元诗》第47册,第322页。

往古之处，也是本朝立国的基础。江南士人观看番族类作品，也往往不自觉地归拢到大一统的主题。虞集看到画卷中的胡商在荒城下安睡，感叹"太平疆宇大无外，外户连城无闭夜；不然安有独行人，怀宝安眠如画者"[1]，对大一统政权下的安宁秩序，大加称赞。揭傒斯《题胡虔汲水番部图应制》感慨，这些昔日只见于《王会图》中的异族人物，今天都成为皇帝的臣民，"圣德只今包宇宙，边庭随处乐农耕"，在大一统政权下族群间的战争消失了，烽火边地也变为农耕乐土。[2]元遗民李祁（1299—？，茶陵人）看到《金人出塞图》，不由想起自己在元朝全盛时出塞北游的经历，"当时皇风淳，声教浃遐裔。雕题与被发，商贾罔不至"，而战乱以来"舟车断往来，榛莽极荒秽。邂逅见此图，俯仰今昔异"。[3]

边塞题材诗文和画作乐于表现的昭君出塞故事，在宋代一直被看作昭君的悲剧与国家的耻辱。[4]然而，到了蒙古人主导的大一统的时代，调子也有了新的变化。虞集《题昭君出塞图》评论说，"天下为家百不忧，玉颜锦帐度春秋。如何一段琵琶曲，青草离离咏未休"[5]，表面上对前人把昭君出塞视作悲剧表示不解，实际上是将往昔天下中分、胡汉对立与今日天下一家、胡汉一体进行对比，歌颂元代一统之盛。丁复（1274—1345，天台人）的长诗《题昭君图》在铺叙了昭君思汉的旧调之后，结尾笔锋忽然一转，"千年世运天所移，声教所被穷海涯。男尽为臣女尽妾，琵琶处处民熙熙"[6]——当年的边地今日尽为王土，昔日的异族于今尽为

---

[1] 虞集：《金马图》，《全元诗》第26册，第251页。
[2] 揭傒斯：《题胡虔汲水番部图应制》，《全元诗》第27册，第220页。
[3] 李祁：《题金人出塞图》，《全元诗》第41册，第133页。
[4] 参看漆永祥：《"一样心事的为谁"：宋人咏王昭君诗论析》，《宋代文化研究》第16辑（2009年），第549—593页。
[5] 虞集：《题昭君出塞图》，《全元诗》第26册，第197页。
[6] 丁复：《题昭君图》，《全元诗》第27册，第386页。

图1-7　宫素然《昭君出塞图》

王臣；昭君如果生活在胡越一体的元朝，当不复有离愁别恨（图1-7）。

　　超越夷夏之防、华夷之辨的局限，以一种开放的心态和平等的眼光看待异族的习俗与文化，这是元代番族类题画诗的主流基调，也是元代大一统格局下发生的突破传统的新变。当然要说明的是，南宋时代在外患刺激、政府引导下高涨起来的族群情绪，在元代江南仍然有余音遗响，不过已经沦为一种非主流的隐性话语；较之南宋，其表达要温和而隐晦得多。例如陈旅（1288—1343，莆田人）的《题金人射猎图》，便依然对金人亡宋抱持一种"蛮夷猾夏"的旧史观：

　　　　肃慎川原尽海隅，秋风臬骑日驰驱。空闻陈国铭金楛，竟向梁园用石砮。[1]

和南宋人直白的仇恨笔调相比，陈旅将自己的情绪用层层典故包裹起来，显得隐晦而含蓄。根据《国语》，陈人曾在鸟身上发现一支奇异的楛矢，孔子称其来自北方的肃慎氏，当年周武王招致远人朝贡，"肃慎氏贡楛矢、石砮"，武王将其赐

---

[1] 陈旅：《题金人射猎图》，《全元诗》第35册，第17页。

给了陈国先妣太姬；听了孔子的话，陈人果然在故府金椟中找到了类似的楛矢。[1] 按照儒家华夷理论，作为远夷的肃慎，本应居于外藩以奉中国；然而千年之后却夷夏易位，以当年的贡品为武器南侵中原。陈旅的诗，反映的依然是传统华夷观下以汉族为本位的历史观，然而诗中并不出现"夷狄胡虏"等激烈的词语，而是用历史典故暗示出来。元代江南汉人的族群情绪表达，大多这样含蓄而隐晦，而且在当时的话语中，它们只是一股沉抑的潜流，并不占据主导。[2]这种话语在文学艺术领域再度成为主流，要到元明革命、再次夷夏更迭之后。

四 重界华夷：明代"中国"观念下的番族类题画诗

和蒙古人消除此疆彼界建立的"至大无外"的元朝不同，由朱元璋汉人集团建立的明朝，是一个政治和文化疆界都相当明确的有限国家。搁置军事实力不论，以"驱逐鞑虏，恢复中华"为号召的朱明统治集团，在最初的开国设计里，就没有打算继承元代疆域、建立一个涵容各个族群的无边帝国。明初所力图恢复的"中华"，是以族群（汉族）和文化（儒家文明）来界定的，基本限于传统的汉族文化地区。[3]朱元璋先后写给退归草原的元顺帝和北元昭宗的信，就明白地宣称"中国实汉朝之故地""方今中国封疆，尽为我有"[4]。明代立国时所追求

---

[1] 徐元诰：《国语集解·鲁语下第五》，中华书局，2002年，第204页。
[2] 杨维桢的《昭君曲二首》《大唐公主嫁匈奴行》是笔者读到的特例。这两首诗表现出极为强烈的胡汉对立意识，如谓"胡酥入饮馒损汉食，胡风中人裂汉衣，胡音不通言语译"，"如何异类待同匹，丹凤下与枭为巢"（参看《全元诗》第39册，第12页），不仅在元代诗歌中少见，而且和杨氏类似题材的《出猎图》《金人击球图》等诗相比，也有较大反差。
[3] 参看郭嘉辉：《明洪武时期"朝贡制度"之研究（1368—1398）》，香港浸会大学2016年博士学位论文，第53—57页。
[4] 朱元璋：《与元幼主书》《致元主书》（洪武二年），收入钱伯城主编：《全明文》第1册，上海古籍出版社，1992年，第356页。

的，也不是元朝那种"四海内外，殊方异类，尽为土疆，亘古所无"[1]的夷夏一体，而是《春秋公羊传》等儒家经典描述的夷夏有别、内外有分的族群秩序。吴元年（1367）北伐檄文宣称的"自古帝王临御天下，皆中国居内以制夷狄，夷狄居外以奉中国"[2]，就是这种华夷秩序的最好表达。一个可资对比的有趣的例子是，元人许有壬（1287—1364）在《大元本草序》中，曾经盛赞蒙元遐迩一体的统治：

> 唐虽一天下，其訾朔漠，一时怀柔，不能一家也……开辟以来，幅员之广，莫若我朝。东极三韩，南尽交趾……西逾于阗，北逾阴山，不知各几万里。驿传往来，不异内地，非与前代虚名羁縻，而异方物产邈不可知者比。[3]

然而在明初的政治设计里，许有壬以为不足称道的"虚名羁縻"，却被当作驾驭异土远人最好的方法。朱元璋在《皇明祖训》的首章，便详细开列了高丽、安南、日本等十五个"不征之国"，谆谆告诫子孙：

> 四方诸夷，皆限山隔海，僻在一隅；得其地不足以供给，得其民不足以使令。……吾恐后世子孙，倚中国富强，贪一时战功，无故兴兵，致伤人命，切记不可。[4]

这与蒙古兴起时试图征服世界的立国精神相比，无疑有天壤之别。明初的国家设

---

1 朱元璋：《与元主书》（吴元年），《全明文》第1册，第303页。
2 《明太祖实录》卷二六，第401页。
3 许有壬：《大元本草序》，收入氏著《至正集》卷三十一，《元人文集珍本丛刊》第7册，新文丰出版公司，1985年，第166页上。
4 朱元璋：《皇明祖训·祖训首章》，《四库全书存目丛书》史部第264册，第167—168页。

计,是基于汉地和以儒家为代表的汉文化建立的。在此背景下,元代已经被突破的胡汉疆域,乃至文化和心理上的界限,又被重新构建起来。[1]

昔日的国土化为异域、王臣化作异类,明初国家与族群观念的变化,迅速地反映到艺术鉴赏领域,在纸面上也筑起了"夷夏之防"的藩篱。与南宋类似的"胡—汉"对立结构,再次出现在这一时期的题画诗当中。例如钱宰(1299—1394,会稽人)的《题雪猎图》:

> 胡儿善骑射,出猎古战场……小队出汉南,大骑如龙骧。前驱逐猛虎,后骑接飞獐。翻身激羽箭,叠中两羚羊……自谓足驰骋,意气何扬扬。宁思汉廷将,英勇际武皇。去年出云中,置郡定朔方。今年战高阙,夜围右贤王。小勇何足矜,万里开边疆。[2]

诗歌前半部分铺叙胡人之骁勇,笔调无异于元人;然而后半部分却笔锋一转,说中国正当汉武之世,军事上高歌奏凯,告诫胡人不要自恃"小勇"——这部分反映的正是明初对北元作战节节胜利的背景。元代四海一家的天下,被分隔成了胡汉对立的两方。这种对立,在沈梦麟(1308—1400,归安人)《金人出猎图》中表现得更为截然:

> 燕然山前沙草黄,天垂四野秋风凉。当时金人意气扬,马上为家弓矢强。中原鹿走秦之失,臂鹰牵犬争先得。风毛雨血洒穹庐,杀气腾腾日无色。忆昔经界分中边,百年化为犬羊天。只今舆地复故步,我愿开荒种禾黍,

---

[1] 参看张佳:《新天下之化——明初礼俗改革研究》,复旦大学出版社,2014年。
[2] 钱宰:《题雪猎图》,《全元诗》第41册,第183—184页。

— 图像、观念与仪俗：元明时代的族群文化变迁

> 千秋万岁供王赋，吁嗟诸羌孰敢侮！[1]

诗歌的前半部分，营造了一种相当阴惨的沙漠景象，而且不自觉地联想起金人亡辽灭宋、逐鹿中原的战争历史。诗歌后半部分体现的华夷有别（"经界"）、内夏外夷（"中边"）的族群秩序观念，与前文所引的吴元年北伐檄文桴鼓相应。元代文士身为大一统帝国臣民的自豪感，至此已荡然无存。破除族群间的"此疆彼界"，元代文士视为蒙古人的不世之功，此时却成为淆乱华夷的罪责。因此，重建华夷秩序，便成为明朝开国者拨乱反正的功绩。沈梦麟另一首《单于夜宴图》的结尾，对此有更激烈的表达：

> 当时汉家兵力虚，和亲夷狄非良图。可怜廷议得下策，至今志士犹唏嘘。**大明天子御神器，天生威武肃纲纪**。麾叱四夷如犬豕，腥风一洗中国耻，千秋万岁称勇智！[2]

沈氏批评汉代和亲政策，对"大明天子"重界华夷、"一洗中国耻"大加颂扬；其中的夷夏情绪是如此激昂，以致《文渊阁四库全书》本《花溪集》将本诗全篇抽毁。沈梦麟是不肯出仕的"明初三老"之一，他曾被聘为科举考官，《四库提要》谓其出处虽比元遗民"当降一格"，但仍高于"改节"者，因此仍将他算作

---

[1] 沈梦麟：《金人出猎图》，《花溪集》卷二，《丛书集成续编》第110册，影印《枕碧楼丛书》本，第213页。"忆昔经界分中边"，"经界"即边界，典出《孟子》；"中边"即中央与边缘，典出佛教《四十二章经》。本句意谓元代之前，夷夏之间有疆界区隔、存在内夏外夷的秩序，而一百年的蒙古统治，打乱了这种族群界限与秩序。

[2] 沈梦麟：《单于夜宴图》，《花溪集》卷二，《丛书集成续编》第110册，影印《枕碧楼丛书》本，第215页。

元代人，以"曲谅其本志"[1]。然而，从沈氏入明后的这两首诗来看，跻身元人之列，恐怕未必真是其"本志"。

另一个罕见的现象是，对于和亲牺牲者王昭君，历代诗人除了哀怜，多无贬词。然而，明初在整肃异族习俗的背景下，昭君竟沦为众矢之的。按照史书记载，昭君在呼韩邪单于死后，遵从北俗，嫁给了呼韩邪之子雕陶莫皋。这是北方民族盛行、元代在汉人中也颇有影响的收继婚俗。而在明初，其被视作有违儒家伦理的典型"胡俗"，受到严厉的清整。[2]元明之际，针对昭君再嫁出现了众多非议之声，高明（1308—入明后，永嘉人）谓"一从雕陶莫皋立，回首不念稽侯狦。纲常紊乱乃至此，千载玉颜犹可耻"[3]；谢肃（1329—1384，绍兴人）谓"胡天苍茫岁月促，夫死毡城更从俗。一寸良心不自持，安用红颜美如玉"[4]。诸人当中，王彝（？—1374，嘉定人）的批评最为尖刻："杀身善胡俗，汉道有余辉……名姬苟再偶，微命安可怀。生为粪上荣，死为粪卜菱。"[5]这类前所少见的批评，[6]在元明之际大量涌现，无疑和当时在政治和文化上重划夷夏疆界的背景，有着直接关联。

有明一代，蒙古与满洲迭代而兴，"北虏"始终是最严重的威胁，出现了土木堡之变（1449）、庚戌之变（1550）等数次军事危机，而明末的辽东大溃败，

---

1 《四库全书总目》卷一六八，第1461页。
2 参看张佳：《再叙彝伦：洪武时期的婚丧礼俗改革》，《史语所集刊》第八十四本第一分（2013年3月），第88—99页。本文使用的"胡俗""胡服""华夷""夷夏"等词汇，均系为便于表达而沿用的历史惯称，并不包含价值倾向。
3 高明：《昭君出塞图》，《全元诗》第46册，第426页。
4 谢肃：《题王昭君图》，《全元诗》第63册，第405页。
5 王彝：《续王昭君词》，《全元诗》第62册，第460页。
6 前揭漆永祥文谓，"对于昭君再嫁之评论，宋人以此题作诗者不多"，并引两宋之际朱翌的批评"当时夫死若求归，凛然义动单于府。不知出此更随俗，颜色如花心粪土"，谓为"宋诗中对昭君斥詈最严重的一首"（第586页）。笔者在检读《全元诗》时，亦未发现元代前中期有这方面的批评。

— 图像、观念与仪俗：元明时代的族群文化变迁

更直接威胁到明朝的存亡。现实中的南北对峙，以及日益高涨的夷夏情绪下思想的重归保守，使得番族题材绘画，在明代彻底衰落了。明代有番族类作品传世的知名画家，似乎只有仇英（1498—1552）和张龙章（生卒年不详）寥寥数人。[1] 宋金元三代，各有表现当代北方民族生活的画作，例如南宋陈居中的番骑射猎，人物都作金代衣装；前文提到的元代《按弓图》、朱德润《雪猎图》以及最负盛名的刘贯道《元世祖出猎图》等，描绘的都是当时蒙古人的游猎生活情景。然而，现今传世的明代绘画作品中，尚未发现有明代蒙古人的形象。有番族类作品传世的仇英，生长于吴门，并无边地生活经验。仇氏以擅长临摹古画著称，"凡唐宋名笔无不临摹"，"其规仿之迹，自能夺真"[2]，从传世《回纥游猎图》《单于射雁图》等画作的名目，以及图卷中人物服饰的混乱来看，[3] 仇

图1-8 仇英《秋原猎骑图》

---

1 蓝瑛《图绘宝鉴续纂》卷一："张龙章，吴人，善人物及马。"《画史丛书》第2册，第7页。今所见张龙章传世番族类画作有《番马》（藏台北"故宫博物院"）、《胡人出猎图》（私人收藏）。
2 姜绍书《无声诗史》卷三，《画史丛书》第3册，第41页。
3 例如仇英的《秋原猎骑图》（图1-8，朵云轩1961年木板水印本）中的人物为金代发式，却穿着元代才出现的腰线袄、比甲，说明这类情景并非仇英亲眼所见，是他凭借对古代番族类作品的印象来摹写的。

英这类画作当系临摹或者仿作，并不是对明代塞北人物的真实摹写。

在收藏者中流传的番族类画作，大多沦为明人联系时局、抒发夷夏情怀的引子，较少有观者抱着赏鉴的心情进行品读。例如，明初詹同（生卒年不详）观看《出猎图》，感到的不是北人之英武，而是其暴虐不仁，"暴殄天物焚咸丘，画师之笔学《春秋》"[1]，反谓画师意在讥刺。李东阳（1447—1516）看到《胡马图》，便联想到时局"去年铁骑闻深入，我士虽强马不给"[2]，对明代马政忧心不已。即便身为艺术家的文徵明（1470—1559），在展阅陈居中名作《出猎图》时，也不由自主回忆起当年韩侂胄北伐失利、函首于金的历史，感慨"龙城飞将自古难，展卷不禁三叹息"[3]。而在边事急如星火的晚明，傅汝循（生卒年不详）和冯时范（生卒年不详）看到张龙章的《番骑》（1589年绘），自然联想起边情时事："汉家自失李将军，单于公然来牧马"，"匈奴牧马到甘泉，羽檄如飞集控弦"。[4]在保守的华夷观念影响下，绘制和欣赏番族类作品，甚至可能会面临道德谴责。赵孟頫以故宋王孙的身份绘画番马，明人题咏便多有微词。黄公泽（生卒年不详）谓赵氏"伤心忍见胡儿马，何事临池又写真"[5]，李东阳讥讽"吴兴王孙燕蓟客……忘却河山限南北"[6]，沈周（1427—1509）更讽刺说"千金千里真龙种，可惜胡儿买去骑"[7]。甚至有

---

[1] 詹同：《出猎图》，收入朱彝尊：《明诗综》卷三，中华书局，2007年，第120页。
[2] 李东阳：《题胡马图赠杨都宪应宁》，收入周寅宾点校：《李东阳集》第1册，岳麓书社，1984年，第485页。
[3] 文徵明题《宋陈居中出猎图》，台北"故宫博物院"藏，http://painting.npm.gov.tw/Painting_Page.aspx?dep=P&PaintingId=14132，2018年5月7日检索。文氏诗中谓"（胡主）雄才何必主中夏，横鹜阴山志亦张"，表达的也是"裔不谋夏，夷不乱华"的老调。
[4] 傅汝循、冯时范题张龙章《番骑》，台北"故宫博物院"藏，http://painting.npm.gov.tw/Painting_Page.aspx?dep=P&PaintingId=11459，2018年5月8日检索。
[5] 徐炖：《榕阴新检》卷一六《松雪画马》，《续修四库全书》第547册，第782页。
[6] 李东阳：《题赵孟頫射鹿图》，收入周寅宾点校：《李东阳集》第1册，第488页。
[7] 徐炖：《榕阴新检》卷一六《松雪画马》，《续修四库全书》第547册，第782页。明人对赵孟頫"忘仇事房"的非议，还可参看陶元藻辑：《全浙诗话》卷二三，浙江古籍出版社，2015年，第525—526页。

人将描摹和欣赏"猎马胡乐",视作"中华之耻"。[1]在这种背景下,唐以来历朝名家辈出的人马画,在明代变得最为衰落;[2]和唐韩幹、宋李公麟、元赵孟頫等前代名家相比,"明画以此(按,画马)入微者益少"[3],这些都显示了政治格局与思想背景的变迁对于艺术创作的影响。

结语 观看"他者"——番族类题画诗反映的族群与国家观念变迁

放牧、游猎,是北方草原民族千百年来惯常的生活方式,然而对于汉地农耕民众,却是相对新奇的情景。随着绘画艺术的发展,唐末五代在南北往来、番汉杂处的背景下,以描绘北方民族生活为内容的番族类画作兴盛起来。到北宋徽宗时代,在开疆拓土的边疆政策和抚驭华夷的帝王心态影响下,《宣和画谱》中确立了"番族"这一独立的绘画门类,宣和画院也培养出黄宗道等一批番马画家。对于汉地士人来说,观看这类画作,意味着与异族他者纸上相逢;因此探究读者的观感和心态,也就成为一个值得探讨的话题。宋辽间的长期和平,使得士人能以一种从容平和的心态,欣赏番族类画作所描绘的异族、异域风情。靖康之变后南北关系急转直下,在北方压迫下艰难立国的南宋,士人"夷夏大防"的观念日益强烈,心态也渐趋保守。[4]士人对这类画作的鉴赏热情退去,南宋时代为数不多的番族类题画诗,都表现出强烈的"胡—汉"对立的叙事模式。番画创作群体也

---

[1] 叶廷秀:《诗谭》卷六,《续修四库全书》第1696册,第555页。
[2] 参看余辉:《人马画史刍议》,《美术》1993年第5期。翁佩群:《论中国古代鞍马画的发展与特点》,上海师范大学2012年硕士学位论文,第41页。
[3] 徐沁:《明画录》卷五《兽畜》,《画史丛书》第3册,第71页。
[4] 关于两宋士人思想基调的差异,参看刘子健:《中国转向内在——两宋之际的文化内向》,江苏人民出版社,2002年。

大为萎缩，陈居中等画院画家的作品，不是为了给皇帝或士人赏玩，而是有军事实用目的。

蒙元的兴起，消除了各族群与政权间的界限，建立起一个近乎无界状态的大帝国。随着各族群之间地理乃至文化、心理隔阂渐趋消解，番画重新成为士人乐于创作和鉴赏的对象。在元代汉族士人眼中，他们津津乐道的"大一统"，乃是本朝的合法性根基；而描绘众多族群不同生活样貌的番画，恰好成为本朝无远弗届、天下尽臣的见证。和蒙元的国家与族群结构大相径庭，建立在儒家意识形态基础上的明朝，是一个疆域集中于汉地、地理和文化边界都相当清晰的有限国家。明代开国，用所谓"用夏变夷"的文化政策来宣示自身的正统性，元代已渐模糊的族群地理和文化边界，又被着意刻画出来。明中后期以降，随着边疆危机的不断刺激，"夷夏之防"再度成为挑动士人神经的观念。对异族事物的抵制和警惕，使得番族类绘画的创作再度衰落；明代的题咏诗文，也重弹南宋的旧调，感慨时局、抒发华夷对立情绪再度成为主流。

不同于山水、花鸟等绘画主题，番族类绘画，是与族群和政治都有紧密关联的特殊题材。从北宋到明代，其创作的盛衰起伏，见证了南北族群关系的疏密离合。四百年间，由同类画作引发的迥然不同的观感，直观地反映了汉族文士国家与族群观念的巨大变迁。作为政治与意识形态的投影，番族类绘画创作与鉴赏的盛衰历程，也极好地展示了艺术史与政治史、思想史之间的互动与纠葛。

第二章

"胡元"考：元代的夷夏观念潜流

引言　现有元代思想史脉络下的突兀文本

吴元年（1367，元至正二十七年）明军北伐发布的标举"驱逐胡虏，恢复中华"的《谕中原檄》，因其强烈的夷夏观念（或曰"原始民族主义"，proto-nationalism）色彩以及其对清末民族革命的影响，而备受关注。然而，对于《谕中原檄》的思想源流，及其赖以生成的社会与文化背景，尚未有充分的讨论。无论从清修《明史》所着意凸显的元末群雄起事背景，还是从现有的元代思想研究揭示的脉络来观察，《谕中原檄》都是一份相当"突兀"的思想史文献。《明史》将元末动荡归因于宗教狂热，无关乎族群矛盾；[1]而元代思想文化史的诸多研究指出，尽管生活在蒙古与色目贵族的联合统治之下，元代汉族士大夫的夷夏意识甚为淡薄，并没有想象中的族群观念自觉，[2]宋元之际生活在战争杀掠与族群压迫之下的

---

[1] 清修《明史》对元末战乱历史背景的曲讳，参看张佳：《元明之际"夷夏"论说举隅：兼说清代官修书籍对明初史事的隐没与改篡》，《中国典籍与文化》2013年第4期。

[2] 关于元代尤其是元末汉族士人的族群观念，有四篇重要研究。宫崎市定认为，"元明革命中的'攘夷'思想淡薄"，并非"一开始就有革命意识的民族革命"，只是其结果被后人理解为民族革命而已（氏撰《从洪武到永乐——明朝初期政权的性质》，收入氏著《宫崎市定亚洲史论考》下册，张学锋、马云超等译，上海古籍出版社，2017年，第1061—1079页）。钱穆认为元末汉族士人夷夏观念淡薄，

（转下页）

南方士人，似乎也并未表现出特别的抵抗意识。[1]如果从上述研究脉络观察，《谕中原檄》强烈的华夷观念便成为无源之水，宛如凭空而起的平地惊雷，无从追溯其得以生成的思想渊源和历史语境。

将元朝视作异族他者（也即明人常称的"胡元"），是否明初才突然迸发的一种观念？笔者近年阅读元代史料发现，虽然称颂蒙古统治者主导的"大一统"是元代士人的主流话语，然而作为宋代思想基调的"华夷之辨""夷夏之防"，[2]入元后无论在士人当中还是在民间，都有余音遗响，只不过沦为被遮掩与抑制的思想潜流。从元初到元季，汉族士人的夷夏观念经历了从蛰伏到苏醒的过程，最终成为朱明得以取代蒙元的重要思想资源。本章尝试勾稽各类史料，梳理和讨论元代夷夏观念从潜伏到凸显的历史过程。

（接上页）

对元明鼎革并无"华夏重光"的喜悦（氏撰《读明初开国诸臣诗文集》《读明初开国诸臣诗文集续篇》，收入氏著《中国学术思想史论丛》[六]，生活·读书·新知三联书店，2009年）。刘浦江以钱穆和宫崎市定等人的研究为基础，考察了从明朝中叶到晚清时代，元明易代在何种背景下被"想象"成民族革命、朱元璋如何被塑造成民族英雄（氏撰《元明革命的民族主义想象》，《中国史研究》2014年第3期）。不过，也有学者不完全赞同上述结论。萧启庆先生认为钱穆"元季汉族儒士并无强烈的夷夏之辨思想，而且对元朝并无恶感"的说法"并不全面"，认为"元朝的族群关系甚为紧张"，到元末群雄起事时"民族主义更成为唯一号召"（氏撰《内北国而外中国：元朝的族群政策与族群关系》，收入氏著《元朝史新论》，允晨文化实业有限公司，1999年，第58—59页）。不过，对元代汉族士人的族群意识，萧先生未有详细的专门研究。笔者同意"华夷之辨"并非元代汉族士人的思想主流，但对宫崎市定、钱穆、刘浦江诸先生关于元明易代不具备"族群革命"色彩的论断，并不赞同。正如后文将要指出的，上述结论的得出，很大程度上归因于史料检读的疏漏、元代的文字抑制以及清人改窜史料的误导。

1　陈得芝：《论宋元之际江南士人的思想和政治动向》，《南京大学学报》1997年第2期，第151页。
2　参看葛兆光：《中国思想史》第二卷《七世纪至十九世纪中国的知识、思想与信仰》，复旦大学出版社，2010年，第266—269页；葛兆光：《宋代"中国"意识的凸显——关于近世民族主义思想的一个远源》，《文史哲》2004年第1期。

第二章 "胡元"考：元代的夷夏观念潜流

一　宋金季年的夷夏论述

辽夏金蒙四个北族政权次第兴起、与中原王朝鼎足而立，是九到十三世纪所呈现的基本国际格局，以致有学者将这一时段，称作中国历史上的第二次"南北朝"[1]。两宋立国，都面临北方强邻的巨大威胁；而南宋更长期以屈辱的姿态，生活在北方游牧政权的阴影之下。在强敌环伺的国际环境下，强化内部认同、凝聚民心一致对外，成为宋代的紧迫问题；[2]而亡国之忧屡次迫在眉睫的南宋，对此则更为关切。传统儒学当中强调胡汉有别、应当各安其分的夷夏理论，恰为建立内部认同、划定彼我界限，提供了理论工具，故此受到南宋政府与士大夫的格外关注。宋元之际的戴表元（1244—1310），回忆其早年在南宋太学受到的教育时说：

> 咸淳（1265—1274）中，余备员太学。博士弟子见学官月讲必以《春秋》，窃怪而问诸人。曰："是自渡江以来，为复仇之书，不敢废也。"夫复仇之说，非《春秋》本旨。中兴初，胡康侯（按，胡安国，1074—1138）诸公，痛数千年圣经遭王临川禁锢，乘其新败洗雪而彰明之，使乱臣贼子者增惧，使用夏变夷者加劝。[3]

《春秋》是后儒阐发夷夏理论最为倚重的经典。牟润孙先生已经指出，南宋初年学者基于时政的需要，对《春秋》进行了新的诠释；以胡安国《春秋传》为代表，春秋学的阐释重心，由北宋时代的"尊王"，转移到了"攘夷"。[4]胡传不仅

---

[1] 参看李治安：《两个南北朝与中古以来的历史发展线索》，《文史哲》2009年第6期。
[2] 参看前揭葛兆光：《宋代"中国"意识的凸显——关于近世民族主义思想的一个远源》，《文史哲》2004年第1期。
[3] 戴表元：《剡源戴先生文集》卷七《春秋法度编序》，《四部丛刊初编》，影印万历刊本，第1a页。
[4] 牟润孙：《两宋春秋学之主流》，收入氏著《注史斋丛稿》，中华书局，2009年，第69—87页。

是南宋科举必读书，而且根据戴表元的回忆，还是南渡以来太学月讲的必讲题目，原因即在于其高举的"攘夷""复仇"旗号，紧密契合了南宋时代的政治需求。不仅在经书讲义当中，这类号召排外的夷夏宣传，在一般的士人读物里也有很多体现。南宋人欧阳起鸣（嘉熙二年［1238］进士），曾经编纂过多种科举读物。他的《欧阳论范》，是一部教导士人写作策论的教材，颇可以反映南宋后期国势日蹙情势下的思想氛围。《欧阳论范》开卷首篇即为《帝王以全取胜》，申说汉人赵充国抵御羌戎的经验，主张先保全自身而后再伺机而动，讲述的是御夷军事策略。[1] 第二篇论题为《中国帝王所自立》，意图论证南宋立国的文化合法性。这一篇意在回答当时面临的现实问题：南宋丧失了中原，是否还为"中国"？该篇的论述策略，对"中国"进行文化与种族的双重定义，强调只有得"古今正统之传"、有"衣冠礼乐"者方为中国，夷狄（诸如五胡）即使"尝腥吾中原"、占据了地理意义的"中国"，也终为"异类"，不能视为正统。[2] 这个论题，反映了南宋士人对偏安可能造成文化正统丧失的焦虑——其实也正如作者所担心的，占据中原的金人（以及后来的蒙古），正是借助地理优势与南宋进行正统竞逐，[3] 鄙称南宋为"淮夷""岛夷"[4]。面对沦陷的故土，作者一再强调中原是华夏立足之地，"中

---

1 欧阳起鸣:《欧阳论范》卷一,《四库全书存目丛书》集部第23册，影印明刊本，第37—38页。该论题与南宋内部是否要趁蒙古亡金收复中原的争论，有直接的关联。本章研究要注意史料版本问题，故特别标注了影印史料之版本，下同。

2 欧阳起鸣:《欧阳论范》卷一,《四库全书存目丛书》集部第23册，第38—39页。

3 关于金人"中原即中国"的观念，参看赵永春:《试论金人的"中国观"》,《中国边疆史地研究》2009年第4期。蒙元初期的金源遗士，依然保持这一观念。

4 这是金人贬抑南宋常用的修辞，如赵秉文（1159—1232）《宣宗哀册》描述金朝对宋蒙南北两面的战争，云"降房孝顺而革心，岛夷畏威而献諴"，《平章授左副元帅谢表》云"王气已吞于吴会，而天诛未即于淮夷"，参看赵秉文:《闲闲老人滏水文集》,《四部丛刊》，影印汲古阁钞本，卷一〇，第14a页；卷一八，第5a页。

国者，中国之中国也"，夷狄必然会蹈"忽强而遽弱，方盛而复衰"的历史覆辙，不能与华夏并立。[1]这两篇策论虽然都由历史典故引出，实际却是对南宋军事与文化处境的响应。作为科举范文，它们既体现了南宋政府的文化导向，也反映了南方士人的思想关切。

宋金对峙时期，南宋通过夷夏理论贬抑金人，已经为人熟知。然而出于后文将要论述的原因，宋蒙对立时期南宋的夷夏宣传，却相对少见。其实在南宋人眼中，蒙古和女真并无二致，夷夏理论依然是南宋进行文化抵抗的工具。这在今天能见到的、未经改窜的宋末史料中依然可以看到。咸淳十年（1274）元军大举南下，危急时刻南宋朝廷下诏抵抗，称："愤兹丑虏，闯我长江……古未有纯是夷虏之世，今何至泯然天地之经"，号召各地"体上天福华之意，起诸路勤王之师"。[2]后世明人将蒙古灭宋，视作天地开辟以来未曾有的巨变，认为中国从此进入有夷无华的"纯阴之世"[3]；其实这种预感宋人即已产生，只是他们不相信这种前所未有的事情真会发生，从历史经验推断危机依然有缓解的余地。德祐二年（1276），南宋流亡朝廷下诏褒扬文天祥"适裔虏之猾夏，率义旅以勤王"，任命文氏为丞相，协助朝廷修政"攘夷"。[4]在这些诏书里，蒙元攻宋即被视为"蛮夷猾夏"。太

---

1 欧阳起鸣：《欧阳论范》卷一，《四库全书存目丛书》集部第23册，第38—39页。
2 《哀痛诏》，《全宋文》第347册，第162页。
3 这是明人的普遍观念，丘濬（1421—1495）为典型代表。丘氏《世史正纲》论南宋之亡，谓"胡元入主中国，则又为夷狄纯全之世"，在书写体例上，特意在元朝国号、年号之上标以黑色的圆圈，"以见为纯阴之世"。丘氏认为，宋元之变"天翻地覆，夷狄反为华夏之主，自大地开辟以来，未始有也"。参看丘濬：《世史正纲》卷三一《元世史》，《四库全书存目丛书》史部第6册，影印嘉靖刊本，第600页。
4 陆秀夫：《授文天祥通议大夫右丞相枢密使都督诸路军马诏》。"裔虏之猾夏"，清道光五柳堂刊本《宋左丞相陆公全书》改作"北兵之奄及"。参看《全宋文》第359册，第312—313页。

— 图像、观念与仪俗：元明时代的族群文化变迁

学生区仕衡（1217—1277）在家乡顺德起兵，檄称"毡裘之众虽悍，然舟楫非其鏖战所便……夷氛纵恶，宋运未终"[1]，将蒙元军队看作毡裘异类。直到崖山战败，南宋遗臣梁起（生卒年不详，广州人）依然不愿承认亡国的事实，还在联络友人伺机起事，理由是：

> 或者天地有知，必不忍以<u>帝王万世之统</u>没于旦夕；祖宗有灵，必不忍以<u>中州亿万姓</u>之命陷于腥膻……<u>倒其首</u>而加之足，兽不甘心；<u>服左衽</u>而言侏离，谁肯屈膝？[2]

从上面这些例子不难看出，南宋抵抗蒙古，依然延续了对金使用的夷夏理论。蒙古与女真一样，都被宋末人视作夷狄，而"首足倒置""陷于腥膻"便是他们对宋元易代的定位。

金朝虽然是女真政权，但入主中原之后便开始迅速汉化，并以中国正统自居。[3]值得玩味的是，当蒙古南下攻掠、金军节节溃败之时，金朝士大夫也以夷夏理论自卫，做法一如南宋之抗金。端平元年（1234），南宋北伐占领彭城，意外得到了"亡金人手抄诗册"，里面有两首有关蒙金战事的长诗，其中咏赞殉国金将的《哀王旦》篇云：

> 八月风高胡马壮，胡儿弯弓向南望……

---

[1] 区仕衡：《九峰先生集》卷一《纠集乡兵书》，《续修四库全书》第1320册，影印清刻本，第625页上。按，该文已将元军称作"北兵"，似乎已经后人讳改。

[2] 梁起：《与马南宝书》，《全宋文》第359册，第295—296页。

[3] 参看刘浦江：《女真的汉化道路与大金帝国的覆亡》《德运之争与辽金王朝的正统性问题》，收入氏著《正统与华夷：中国传统政治文化研究》，中华书局，2017年，第7—16、235—273页。

第二章 "胡元"考：元代的夷夏观念潜流

> 将军尽出兵如水，烧胡之车破胡垒……
> 叛臣暗作开门策，一虎翻为群犬获……[1]

虽然是金朝士人所作，诗中却径直将蒙古军队称作"胡儿""胡马""胡车""胡垒"[2]。宋人的记载或许未可尽信，幸运的是，我们从金代遗留的金石资料中，依然可以发现类似的表述。金贞祐二年（1214），成吉思汗幼子拖雷南下掳掠山东郡县，官员李演因济州城破，不屈而死。金宣宗命立碑表彰（参看图2-1），碑文称李演被俘后：

> 虏喜，使之跪，曰："大官可得也。"公（按，李演）曰："我进士第一人，重有禄位，汝何禽畜，吾岂为汝使哉！"[3]

文中径称蒙军为"虏"[4]。有意思的是，清人张金吾（1787—1829）《金文最》中的

---

[1] 陈郁：《藏一话腴》甲集卷下，《丛书集成新编》第87册，影印《适园丛书》本，第5页中。《豫章丛书》本《藏一话腴》（《丛书集成续编》第88册），此条被删去。

[2] 称蒙古为"胡"之例，还见金兴定二年（1218）立《增修云山崇庆院记》，收入胡聘之：《山右石刻丛编》卷二三，《续修四库全书》第907册，影印光绪刊本，第551页下。

[3] 崔禧：《大金故应奉翰林文字赠济州刺史李公碑铭并序》，收入王昶：《金石萃编》卷一五八，《续修四库全书》第891册，影印嘉庆刊本，第64页下。关于蒙军攻克济州的背景，亦见碑文所附王昶之考证。本碑亦收入毕沅：《山左金石志》卷二〇，《续修四库全书》第910册，影印嘉庆刊本，第84页上，文字与《金石萃编》无异。按，本例及下文《大金河中府重修玄武殿记》《泽州图记》两例，熊鸣琴《金人"中国"观研究》（上海古籍出版社，2014年）已先于笔者检出。关于金末的"中国"认同与"夷夏"语境，可参看该书第237—244页。

[4] 称蒙古为"虏""虏寇"之例，还见贞祐五年立《乾州刺史抹撚公德政碑》，收入崇祯《乾州志》卷下，《美国哈佛大学哈佛燕京图书馆藏中文善本汇刊》第15册，广西师范大学出版社，2003年，第176—177页。本碑亦收入张金吾《金文最》卷四一，但对蒙军之称讳改为"敌""敌寇"（《续修四库全书》第1654册，影印光绪江苏书局刻本，第540页上）。

55

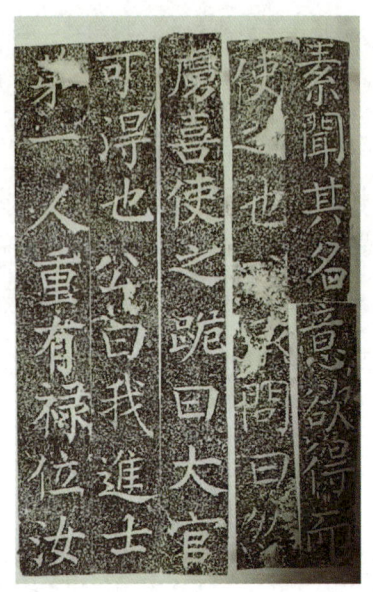

— 图像、观念与仪俗：元明时代的族群文化变迁

图2-1 《李演碑》拓片

本碑录文，不仅将"虏"改为"敌"，还通过加字的办法，将"汝何禽畜，吾岂为汝使哉"一句，改读为"汝何禽畜吾，吾岂为汝使哉"[1]。借由清人的讳改可以确证，原碑文所要表达的，正是"夷狄禽兽"这一最为严厉的诟辱。让人惊异的是，如此极端的夷夏情绪表达，居然出自金朝文臣之手。

类似的表述，在金代碑刻中并非孤例。金正大六年（1229），河中府重修供奉战神的玄武殿，碑记祷辞部分有云：

> 今也胡运告终，王师屡捷，行将尽复旧疆，神必有知之……下民厌乱

---

[1] 张金吾：《金文最》卷四五，《续修四库全书》第1654册，第587页上。

56

久矣，神必有察之，必能请命于天，攘斥丑虏，阴有以相之也。将见召呼风云、扫清妖氛、洗涤山川、复还旧观，神之力居多焉。[1]

"胡运告终""尽复旧疆""攘斥丑虏""洗涤山川"，碑文的语气竟与宋人如出一辙，若不了解写作背景，极可能被误解为南宋对金的作战宣言。金人依据华夷观念贬抑蒙古的文字，在传世文献当中，亦见于赵秉文的《闲闲老人滏水文集》。赵氏指斥外敌不遗余力，对蒙古以"胡""夷""虏"相称，而自居为"华"、为"中国"。他回顾蒙古崛起的历史，便称：

大安失驭，不蠲厥政；胡马南牧，华风不竞。[2]

在他看来是卫绍王时期驭外无方，才导致蒙古兴起，此后的结果便是国势日蹙，"华风不竞"。正如研究者指出的，上述言论反映了金人的汉化以及汉族士人对金政权的认同，[3]同时也向我们展示了一个不太为人所知的事实：和自认为延续了中国正统的南宋一样，金朝末年也用儒家的夷夏观念，作为抵抗北方侵略的理论工具。

从上面分析的各类史料可以看到，南宋甚至金末，士人都曾笼罩在夷夏话语当中；华夷理论，是宋金抵抗蒙古的重要思想资源。然而从现存文献看，宋金士

---

[1] 李献能：《大金河中府重修玄武殿记》，收入胡聘之：《山右石刻丛编》卷二三，《续修四库全书》第907册，第554页上。

[2] 赵秉文：《宣宗哀册》，收入氏著《闲闲老人滏水文集》卷一八，第4b页。元人苏天爵（1294—1352）谓"赵秉文文集乃国初刻本，亦多回护，民间恐有别本"（参看氏著，陈高华、孟繁清点校：《滋溪文稿》卷二五《三史质疑》，中华书局，1997年，第423页）。今天所见的赵氏文集当中（如汲古阁抄本、《石莲庵汇刻九金人集》本），此类指斥文字多有，祖本可能就是苏氏所说的"民间别本"。

[3] 陶晋生：《金代的中国知识分子》，收入氏著《宋辽金史论丛》，联经出版事业股份有限公司，2013年，第465—466页。

人笔下的这类论调，进入蒙元之后骤然消歇；随着朝代改易，华夷观念似乎从南北士大夫的思想世界中即刻淡出。思想潮流的变迁，理应有一个较长的过程；而金蒙/宋元之际的思想转换，为何会显得如此迅速？这是值得追索的问题。

二 政治压力与元初遗民话语的抑制

检读元初文献，会发现一个令人不解的现象：即使在华夷观念长期浸淫的南宋旧地，原先充斥在士人当中的夷夏论述，也变得难以寻觅；即便在坚定的宋遗民那里，这类文字也寥若晨星。宋遗民面临的是种族与政权的双重更迭，然而"华夷之辨"与"君臣大义"两个思想维度，他们表现出来的似乎只有后者。[1] 细绎各类文献可以发现，其实这并不意味着元初士人与政权更迭同步发生了思想转向。文献记载的"反常"，其实是政治压力的结果。

学者蓝文征（1901—1976），曾对元代的"思想言论著作自由"给予很高评价，很能代表学界对此的一般看法：

> 元代八九十年间，汉人之衣冠礼乐，悉仍旧贯，未曾薙发易服。思想言论著作亦自由，一任谢皋羽《西台恸哭》，郑思肖唱《元鞑败北歌》，王伯厚寄故国忧思于《困学纪闻》，胡三省申民族大义于《通鉴》注中，迄未兴文字之狱。[2]

---

[1] 姚大力教授曾以谢枋得和文天祥为例，讨论过这一问题。参看姚大力：《面对故国的忠诚》，收入氏著《追寻"我们"的根源——中国历史上的民族与国家意识》，生活·读书·新知三联书店，2018年，第324—326页。

[2] 蓝文征：《孙克宽先生元代汉文化之活动序》，收入孙克宽：《元代汉文化之活动》，台湾中华书局，1968年，第3页。

蓝氏这段评述，对相关史事多有误解，并不允当。诚然，元代法网并无明初严密，文网更不能望清人之项背，然而这不意味着元代没有言论管控，或者士人不会面临政治压力。

与残酷的金蒙战争相比，蒙古征服南宋的过程较为平和，基本保留了南方长期积累的经济与文化成果，这是学界共识。然而这种相对的平和，却是以屠戮作为威胁手段才实现的。[1]元军南下过程中，先后屠樊城[2]、屠沙洋[3]、屠常州、屠兴化、屠潮州[4]、屠上饶[5]，人心震恐。尤其是元至元十二年（1275）惨烈异常的常州屠城[6]，给宋人造成了极大的心理恐慌，成为许多南宋州县望风而降的原因。时人刘壎（1240—1319）回忆说，"德祐乙亥（1275）冬，毗陵以不屈屠，苏湖风靡，明年孟春，行都震动"[7]；方回（1227—1307）献严州，亦以保全百姓为说，谓"合众官吏军民，一口同词，惟恐有如常州之难，议定归附"[8]。值得玩味的是，常州屠城

---

[1] 这一点陈得芝先生已经指出，参看氏撰《论宋元之际江南士人的思想和政治动向》，《南京大学学报》1997年第2期，第154页。

[2] 事在咸淳九年（1273）正月。郑思肖谓元军"尽杀樊城军民，积迭骸骨，架为高山，使襄阳望见，胁吓其心"，氏著《郑思肖集》，第160页。

[3] 事在咸淳十年（1274）十月，参看程钜夫：《楚国文宪公雪楼程先生文集》卷八《梁国何文正公神道碑》，《元史研究资料汇编》第26册，影印陶氏涉园影洪武刊本，中华书局，2014年，第333页。

[4] 兴化、潮州两屠，在景炎二年（1277）十月、三年（1278）二月，参看陈桱：《续资治通鉴》卷二四，《域外汉籍珍本文库》第5辑史部第17册，影印元刊本，西南师范大学出版社，2011年，第442页上、第443页上。

[5] 事在己卯（1279）三月十五日，上犹"一千四百一十六家之生灵，玉石俱焚"，"万有余人，同日而死"。参看黄文杰：《上犹县治记》，《全元文》第46册，第129—130页。

[6] 屠城之后，常州几为空城。《泰定毗陵志》称"本郡兵火后，至元十二年冬，招到在城土居人户仅数十家"。参看王继宗：《〈永乐大典·常州府〉清抄本校注》卷四，中华书局，2016年，第164页。

[7] 刘壎：《赵道深墓志》，《全元文》第10册，第419页。

[8] 方回：《桐江集》卷八《先君事状》，《续修四库全书》第1322册，影印宛委别藏抄本，第489页下。方回多次提及蒙古屠城的威慑，如记金朝邳州之降，谓蒙军威胁"不好投拜，破城之日，无男女豁龁不留"，金将遂降（氏撰《元兀林答碑》，《全元文》第7册，第399页）。

震动极大，然而其在元代却长期是一个禁忌话题，鲜少有人提及。与屠城相比，士人反而更热衷赞颂元军统帅伯颜（1236—1295）之"不杀"[1]。即便为掩埋常州遇难者而作的《义冢记》，也要首先称颂"大元以神武不杀一区宇"[2]。江南附元之初极不稳定，各地民众起事不绝，[3]元军对此采用了残酷的镇压手段，元朝廷臣、北人胡祗遹（1227—1295）谓江南"自收附以来，兵官嗜杀"，"一县叛则一县荡为灰烬，一州叛则一州莽为丘墟"。[4]

除去屠戮恐吓之外，元廷也非常注重在文化上树立征服者形象，削弱南人的抵抗意志。至元十四年（1277），元世祖"命中书省檄谕中外，江南既平，宋宜称曰'亡宋'"[5]，以此显示宋统已绝；又施行厌胜之术，命僧人"建塔于宋故宫"[6]。元廷对于南人是否思宋，非常在意。忽必烈听说江南道观依然供奉宋朝皇帝，大怒，"言僧当致之大辟"，虽经文臣劝止，[7]但元贞元年（1295），元成宗还是下令江南诸路道观，"毁所奉宋太祖神主"[8]。元初的舆论环境，也非常敏感，并不如后人

---

[1] 元人对伯颜以"不杀"平江南的赞颂甚多（如邓锜《平宋录序》即称伯颜平江南非用计谋，而"以仁义不杀为主"，《全元文》第36册，第238页）。然而实际在灭宋战争中，伯颜并没有放弃遇抵抗则屠城的做法。元人程钜夫记"南征，丞相伯颜令军中'敌我者屠之'，多杀戮"，部将何玮劝谏不及，遂有沙洋之屠（程钜夫：《楚国文宪公雪楼程先生文集》卷八《梁国何文正公神道碑》，《元史研究资料汇编》第26册，第333页）。这些屠戮给宋人带来了巨大的心理震慑，多数地区因此放弃抵抗。"不杀"与其说是元军的政策，不如说是宋人望风归降导致的结果。

[2] 萧瑜：《义冢记》，收入王继宗：《〈永乐大典·常州府〉清抄本校注》卷一七，第1107—1108页。

[3] 参看黄清连：《元初江南的叛乱（1276—1294）》，《史语所集刊》第四十九本第一分（1978年3月）。

[4] 胡祗遹：《民间疾苦状》，《全元文》第5册，第604—605页。

[5] 《元史》卷九《世祖本纪》，中华书局，1976年，第193页。

[6] 《元史》卷一四八《董俊传》，第3499页。

[7] 萧㪺：《元故特授大司徒赠太师开府仪同三司上柱国冀国公推诚宣力保德翊戴功臣谥忠宣石公神道碑铭》，《全元文》第10册，第758页。

[8] 《元史》卷一八《成宗本纪》，第396页。

想象的宽松。时人周密记下了一个因文获罪的例子:

> 盐官县学教谕黄谦之,永嘉人,甲午岁(1294)题桃符云:"宜入新年怎生呵,百事大吉那般者。"为人告之官,遂罢去。[1]

"怎生呵""那般者"是元代硬译体公文的常用语,作者写入对联以为文字游戏,未必另有深意,然而竟因此获罪去官。在这种敏感微妙的文化环境下,许多士人感受到压力,不仅讳言先朝之事,甚至努力迎合新朝的立场。元人周霆震(1292—1379),曾读到宋元之际王炎登(生卒年不详)所著《江南野史》,其书"不录文丞相、以吕文焕卖降为不得已"。王氏不记载文天祥抗元事迹,并且为降臣吕文焕开脱,周霆震不由感叹"古今兴废之际,谈者惟务趋时,讳称先代",遂致历史失真。周霆震甚至发现,江南"自革命以来,学校碑刻悉刊去宋年号"。[2] 虽然没有政府的直接指令,但学校"刊去宋年号",无疑是在政治压力下的举动;宋元易代之际"讳称先代"的程度,也于此可见一斑。

在严厉而敏感的文化环境下,宋遗民对故国之思的表达,也变得委曲甚至隐秘。钱塘人汪元量,宋亡后随幼君一同北上,写作了大量诗歌。汪氏南归后,其诗集曾在遗民中广泛传阅。遗民周方读汪氏之诗,"至丙子以后,为之骨立,再嫁妇人望故夫之垄,神销意在而不敢出声哭也"[3],委屈抑郁之情,溢于言表。遗民的故国之思无法明白宣示,大多只能委曲暗喻,甚至需借助廋辞隐语。明初胡翰

---

[1] 周密:《癸辛杂识》续集下,"桃符获罪"条,中华书局,1988年,第195页。
[2] 周霆震:《阅晏彦文所论王生江南野史》,《全元文》第39册,第162页。
[3] 周方:《跋》,收入汪元量:《湖山类稿》卷五,《丛书集成续编》第107册,影印《武林往哲遗著》本,第495页上。

(1307—1381)评论遗民谢翱(1249—1295)之诗文:

> 其辞隐,其指微,大要类其(按,谢翱)行事。是时元新有天下,士大夫于宋事多讳书之。[1]

"隐晦",是宋遗民在政治压力下写作的特点,这并非明朝人的偏见。元人任士林(1253—1309)评谢翱之诗,亦云"其称小、其指大,其词隐、其义显"[2]。而同为遗民的郑思肖,在公开语境下,书写更为怪异:

> (郑氏)扁其室曰"本穴世界",以"本"字之"十"置下文,则"大宋"也……尝著《大无工十空经》一卷,"空"字去工加十,宋字也,寓为《大宋经》,造语奇涩如廋词,莫可晓。[3]

郑氏不敢直书"大宋"而将其拆解为"本穴""大无工十空",著书却"造语奇涩如廋词",这种怪异的书写方式,只有在元初政治压力的背景下,才能得到解释。

在公开文字里,遗民的故国之思尚不能直抒胸臆,而与本朝有关的"华夷之辨",更是禁忌。元代士人讨论经史时提到"夷""狄""胡""虏"等字样,并不

---

1 胡翰:《胡仲子集》卷九《谢翱传》,《丛书集成初编》据《金华丛书》排印本,中华书局,1985年,第128页。
2 任士林:《谢翱传》,《全元文》第18册,第431页。
3 佚名:《郑所南小传》,收入程敏政辑:《宋遗民录》卷一三,《四库全书存目丛书》史部第88册,影印明嘉靖刊本,第532页下—第533页上。

算违禁，但若用以指称本朝，却是大忌。例如元刊本《宋史全文》，在记载宋辽金交涉时，并不避讳上述字样；而在记载宋理宗之后的宋蒙交涉时，便出现了大量的黑方阙字；与其他版本对勘可知，元刊本所阙多是"虏"字[1]（参看本章附录一图2-6）。元刊本胡三省（1230—1302）《资治通鉴注》，不仅将"我朝""国朝"等带有遗民口吻的字样改为"宋朝"，还把胡三省将元灭宋与辽灭晋、金破宋一并评论的文字铲去（参看本章附录一图2-4、图2-5），[2] 因为这有将元朝与辽金等量齐观、同视为夷狄的嫌疑。

在元初紧张的政治氛围里，士人著述多所避忌，夷夏情怀自然无法畅言。今天还能看到宋元之际不少因为政治压力而隐晦变形的文本。与宋遗民一样经历了夷夏更迭的顾炎武（1613—1682），敏锐地指出过这种文本变形现象。《日知录》"古文未正之隐"条云：

> 文信国《指南录序》中"北"字皆"虏"字也。后人不知其意，不能改之。谢皋羽《西台恸哭记》，本当云"文信公"，而谬云"颜鲁公"，本当云"季宋"，而云"季汉"。凡此皆有待于后人之改正者也。[3]

后世所见到的文天祥《指南录》前后序，多用"北"指称元军，如"北兵""北

---

[1] 参看汪圣铎点校的《宋史全文》的《点校说明》，中华书局，2016年，第4页。点校者推断"空铅处大约原来都是蒙古统治者最忌讳的'鞑'字或含'鞑'的字词"。需要说明的是，元代"鞑"字作为族名并无贬义，当时并不避讳（参看蔡美彪：《元代文献中的达达》，收入氏著《辽金元史考索》，中华书局，2012年）。正如点校者后文将元刊本与文海本比勘后发现的，元刊本中的阙文，多是"虏"字。

[2] 参看陈垣：《通鉴胡注表微·本朝篇第一》，收入氏著《陈垣全集》第21册，安徽大学出版社，2009年，第1—17页。

[3] 顾炎武著，黄汝成集释，栾保群、吕宗力校点：《日知录集释》卷一九，上海古籍出版社，2006年，第1114页。

营"之类，顾炎武认为这非文氏本意。他援据郑思肖的说法，认为这是"传书者所改"的结果。郑思肖称，他原先见到的"旧本"《指南录序》，与后来流传的本子颇有不同：

> 公（按，文天祥）自序本末，未有称贼曰"大国"、曰"丞相"，又自称"天祥"，皆非公本语。旧本皆直斥虏酋名，不书其僭伪语。观者不可不辨，必蔽于贼者畏祸易为平语耳。诗之剧口骂贼者，亦以是不传。[1]

也就是说，元初流传的只存忠君之心而无华夷之见的《指南录序》，其实是在压力之下改造变形的结果，并非文天祥之本意。文氏《指南录》今有宋元之际刊印本，先后经毛晋（1599—1659）汲古阁、陆心源（1838—1894）皕宋楼收藏（今存静嘉堂文库，参看本章附录一图2-2、图2-3）。陆心源《宋椠〈指南录〉跋》称其版式特征为：

> 《序》中"北兵""虏帅""吕师孟""北虏"，"误吾国"之"误"字，"陷吾民"之"陷"字，"骂逆贼"之"逆贼"字，及"文天祥"三字，皆挖空。诗中挖空处甚多，当是景炎（1276—1277）中刊本，入元后挖去者。此

---

[1] 郑思肖：《心史·文丞相叙》，收入陈福康点校：《郑思肖集》，第129页。郑思肖看到的这种讳改本，今天已不可见。文天祥之全集，最早刊刻于元贞二年（1296），但仅收录"宝祐乙卯至咸淳甲戌（1255—1274）"之间的作品，而从起兵抗元到被俘入燕期间诸作，"如《年谱》《集杜》《指南录》，则甲戌已后之笔，不在此册"（元贞二年道体堂刊本《文山先生集》序，收入国家图书馆藏明景泰刊本《文山先生文集》卷首。上述内容选择，无疑也是政治忌讳的结果。今日所见的文氏全集，内容来源复杂，有些来自文氏原稿（如《指南录》，故今传文氏全集本《指南录》，并没有郑思肖所说的讳饰现象），有些则来自元人加工过的各种本子。相关研究参看近藤一成：《文天祥的"自述"与"他述"——以文天祥全集的编纂为中心》，《暨南学报》2018年第10期。

则元时印本也。[1]

1929年傅增湘（1872—1949）至日本访书，也曾在静嘉堂目验此本，称：

> 此本卷中，凡"虏帅""逆贼"及"文天祥"字，又诗中避忌处，皆成空格。盖板刻于宋末，元初乃挖板印行耳。[2]

陆心源和傅增湘根据铲板的内容推断，这个版本的《指南录》应当是宋末刊刻、元初印行的本子。宋末刊刻时可以肆言无忌，而一旦入元，许多内容就变得不合时宜。"虏帅""北虏"等带有夷夏色彩的指斥词首当其冲；降元宋将此时已经成为炙手可热的新贵，"逆贼""吕师孟"等词也应回避。而作为宋末抵抗派的代表，文天祥身份敏感，元初为人讳言。前文所引宋元之际王炎登著《江南野史》不载文氏事迹，而这个版本的《指南录》，也将文天祥的名字一并挖去，以掩人耳目。根据这些铲板避讳的细节，我们不难体味元初江南紧张的政治与文化氛围。对于时局之变，士大夫或掩口噤声，或支吾其词，由此也便可以理解了。

元初因忌讳而变形的文本，并不止《指南录》。顾炎武所指出的宋遗民谢翱名作《登西台恸哭记》，也是显著的一例。谢翱早年曾入文天祥幕府，文氏被杀之后，至元二十七年（1290）谢氏约集友人在子陵台下祭奠文天祥。《登西台恸哭记》便是对此事的记录，然而文字极为压抑，"多忌讳隐语"[3]。例如，文中不称"文丞相"，而假托为"唐宰相鲁公"（颜真卿）；与祭友人不称真名，而记作"友

1　陆心源：《仪顾堂续跋》卷一二，收入氏著《仪顾堂书目题跋汇编》，中华书局，2009年，第424—425页。
2　傅增湘：《藏园群书经眼录》卷一四，中华书局，2009年，第1067页。
3　黄宗羲：《西台恸哭记注》，收入氏著《黄宗羲全集》第2册，浙江古籍出版社，2012年，第243页。

人甲乙若丙"，读来令人费解。元明之际的张孟兼（1338—1377）、明清之际的黄宗羲（1610—1695），都曾为之作注，试图阐发其中幽隐。有意思的是，与张孟兼同时的浙人徐尊生（号赘民，1320—？），称其家"有先子手抄谢皋羽诗文一编"，这个抄本的文字，与张孟兼本颇多不同：

> 先子所载本篇，首称"丞相信公"（按，即文天祥），不称"故人唐宰相鲁公"，篇中又无"榜中人始惊"以下至"移榜中流"数语。余亦有数十字不同，似为善本。恨不得见张君，相与考其异同而定其句读也。[1]

徐赘民看到的抄本《登西台恸哭记》，是以近乎"明码"的形式呈现的，张本的一些隐语并不见于其中，因此徐氏认为此本"似为善本"。《登西台恸哭记》的这两种本子，很可能反映了抄本与刻本的文化差异。私人传抄的文本流通范围有限，因此较少顾忌，有时能保留文献的原貌。[2]而文本一旦刊印，便从隐秘的私人话语转变为公开话语，不管作者还是刊行者都会承担压力，因此文本也不可避免地因忌讳发生变异。[3]王汎森曾将权力压迫下的文献自我抑制现象，细分为写作时的抑制和出版流通时的抑制等类型，[4]《登西台恸哭记》隐语的产生，很可能是出于后者，用以防范在公开传布时贾祸。

虽然某些细节依旧晦涩，依据张孟兼和黄宗羲的注释，《登西台恸哭记》已

---

[1] 徐赘民跋：《释登西台恸哭记》，收入张孟兼：《白石山房逸稿》卷二，《四库全书存目丛书》集部第26册，影印清乾隆十四年承启堂刻本，第204页上。

[2] 王汎森：《权力的毛细管作用：清代的思想、学术与心态》，北京大学出版社，2015年，第436页。

[3] 抄本与刻本的差别，在《日知录》流传过程中即有体现，参看陈垣：《通鉴胡注表微》，收入氏著《陈垣全集》第21册，第15—16页；王汎森：《权力的毛细管作用：清代的思想、学术与心态》，第383—385页。

[4] 王汎森：《权力的毛细管作用：清代的思想、学术与心态》，第379—400页。

经基本可以读通。不过,有些文献却没有如此幸运。元初西僧杨琏真伽发掘南宋六陵,是引起宋遗民强烈震动的事件,林景熙(1242—1310)、唐珏(1247—?)、谢翱等人都有诗文记其事。然而事涉敏感,诸家诗文只能隐约其辞。例如,曾经参与重葬宋陵遗骨的林景熙,便"不敢明言其事,但以《梦中作》为题"[1]来暗喻。因此,究竟何人何时将宋陵遗骨安葬在何处,明清五百年间聚讼纷纭,莫衷一是。[2] 造成这一现象的原因,正如清人万斯同(1638—1702)所言,当时身经其事者"或时有所忌,故紊其词"[3],给后人的解读造成了莫大的困扰。

元代文人所面临的政治压力,以及由此产生的文献抑制现象,并不仅限于元初,到元代后期依然如此。婺州人方凤(1241—1322)和谢翱是好友,国亡后"遇遗民故老于残山剩水间,往往握手歔欷"[4],遗诗三千余篇。[5]文学家黄溍(1277—1357)所作的《方先生诗集序》,称其师诗歌"其语多危苦激切",家人"惧时无知先生者,不敢辄以遗稿示人"。直到若干年后,才由另一门人柳贯(1270—1342)从中删汰出"五七言古律诗三百八十篇",刊刻行世。[6]方凤遗稿十遭删九的经历,曾引起清初读者张燧的强烈感慨:

(柳氏刊方集)乃何仅摘诗篇,止取十一,尚惧无知辄难传示?嗟夫,予知之矣。大抵先生所遭,既变出未经,而先生所怀,尤愤懑特过。其情旨

---

[1] 林景熙《梦中作四首》元人章祖程注语,参看氏著,陈增杰补注:《林景熙集补注》,浙江古籍出版社,2012年,第317页。
[2] 参看《林景熙集补注》附录三《收葬宋陵遗骨事及梦中作诗辨录》所收诸家意见,第525—583页。
[3] 万斯同:《书林唐二义士诗后》,收入林景熙:《林景熙集补注》,第560页。
[4] 黄溍:《金华黄先生文集》卷一六《方先生诗集序》,《四部丛刊初编》,影印元刊本,第4a页。
[5] 宋濂:《浦阳人物记》,收入氏著,黄灵庚编辑校点:《宋濂全集》卷九六,人民文学出版社,2014年,第2266页。
[6] 黄溍:《金华黄先生文集》卷一六《方先生诗集序》,第4b页。

之激切，音调之凄怆，当有不止于是者。当代公卿，不免嫌疑避忌。故遗编久秘，即出难全录，即锓难久传，往往然矣。以至世远人更，遗音尽绝、百仅一存者，又安知不经改削者欤？[1]

方氏家人"不敢辄以遗稿示人"，遗诗刊行时遭到大幅删汰，毫无疑问是政治压力下"嫌疑避忌"的结果。和名儒王应麟（1223—1296）相比，方凤别集的出版还算幸运。王应麟以饱学著称于世，留下了大量的学术和诗文作品。王氏身后《困学纪闻》《玉海》等学术著作，都曾在官方支持下刊行，唯独其别集《深宁集》没有刊刻，[2]以致其在元代散佚。后人辑佚，仅得五卷之数。对于王氏别集之不传，民国学者张寿镛（1875—1945）推测说：

（王应麟）文集凡百卷，世传元时析产，割裂散佚。颇疑其间必多忌讳之作，而子孙毁之耳。不然，百卷之集仅存五卷，二十而存一，无是理也。[3]

今天残存的王应麟宋末草拟的诏敕，径称蒙人为"丑虏""逆虏""鞑寇"，号召"攘夷"。王氏别集在元代不得刊行，是必然之事，张寿镛"其间必多忌讳之作""子孙毁之"的猜测是有道理的。这里需要说明的是，不仅元初遗民面临文字压力，即便到元代中后期，文人也不能毫无避忌地写作。王应麟的学生袁桷

---

[1] 张遂：《序》，收入方凤：《存雅堂遗稿》卷首，《存雅堂遗稿集成》第6册，影印《续金华丛书》本，学苑出版社，2015年，第577—578页。
[2] 参看熊燕军：《宋季忠义的历史书写研究》，《历史人类学学刊》第16卷第2期（2018年10月），第11页。
[3] 张寿镛：《四明文献集序》，收入王应麟：《四明文献集》，《丛书集成续编》第106册，影印《四明丛书》本，第995页下。

（1266—1327）是著名文学家，且曾长期担任史官，他主持修纂的《延祐四明志》，是方志史上的名作。然而这部书在元代却遭人告讦，"或有谗于签事苦思丁，将毁其版"，经人劝解后才得以继续印行。[1]《延祐四明志》获谗的具体原因已不可考，但从这个例子可以看到，元代的言论与写作空间，实非如后人想象的宽松。

在政治与文化压力之下，宋遗民的话语受到了极大抑制，连表达对故国旧君之思都要小心，更何况公开表述夷夏观念。只有在这个背景下，我们才可以理解为何郑思肖要满怀悲愤，将倾注了一腔热血的《心史》封藏井中。[2] 如果没有《心史》在晚明的发现，单凭其传世的诗文集来分析，郑思肖将只是一位温和型遗民，无从想象其有如此极端的族群意识。今天郑思肖因其种族观念之激烈，而被视作宋遗民中的特例。[3] 然而，考虑到元初遗民话语抑制的情形，郑思肖的思想在遗民群体中可能未必另类。有些遗民行为之极端不亚于郑氏，如四明人许月卿（1216—1285）效仿司马氏专权后"足不履地""不言三十六载"的曹魏忠臣范粲（202—285），[4] 宋亡"深居一室，但书'范粲寝所乘车'数字，于是不言五年矣，又如是而卒"。[5] 许氏足不出户，大概与郑思肖画兰"不画土，根无所凭借"异

---

1 贝琼：《清江贝先生文集》卷三〇《故福建儒学副提举王公墓志铭》，《四部丛刊初编》，影印明初刊本，第6a页。
2 参看陈福康：《井中奇书考》，上海文艺出版社，2001年。
3 萧启庆先生将宋遗民分为"激进型""温和型""边缘型"三种类别，认为郑思肖是"宋朝遗民中最具种族意识的"，认为郑氏"以严格华夷区分正统与非正统的思想，当时并不多见"（参看氏撰《宋元之际的遗民与贰臣》，收入氏著《元朝史新论》，第104—111页）。但萧先生似乎没有考虑到，郑思肖其实是南宋夷夏思潮影响的结果，入元后有类似观念的人不应该是少数。
4 《晋书》卷六四《范粲传》，中华书局，1974年，第2432页。
5 许飞：《宋运幹山屋先生行状》，参看许月卿：《先天集》附录下，《四部丛刊续编》，影印明嘉靖刊本，第6a页。

曲同工，都是暗喻"地为番人夺去"，[1]无处立足。然而与郑思肖不同的是，许氏入元后行为怪异，但他的别集中却未留下任何与之相关的文字自述。这类"行"与"言"的脱节，应当归因于元初政治环境对遗民话语的抑制。

北方金源遗士在蒙元初期遭受的政治压力，应当与宋遗民类似，只是因为文献较少，难以如南方一般细致讨论。不过依然有若干痕迹可寻。金末文宗赵秉文别集《闲闲老人滏水文集》中，有大量涉及金蒙交涉的内容。该集在元代曾经刊行，苏天爵谓"赵秉文文集乃国初刻本，亦多回护"[2]，可以想象刊行时应有不少内容遭到改窜，以致修《金史》时苏天爵建议访求民间别本。今天所存的金源遗士文集，依然能看出某些讳改的痕迹。泽州地区在金代号称繁华，蒙元初创残已甚，七县之民不足千户。乡人李俊民（1176—1260）回顾泽州由盛转衰的历史，不胜悲悼，称"金国自大安之变，胡骑入中原，北风所向无不摧灭"[3]。前文已经提到，所谓"胡骑入中原"，视蒙古为胡人，是金末以来士人的普遍看法。然而就在同一篇文字当中，却又用称颂的语气，称蒙方为"大兵""大朝"，与作者的情感迥然不侔。毫无疑问，这些褒扬性的词汇是文集在元代刊行时的讳改，而"胡骑"则是侥幸的漏网之鱼。[4]从上述例子来看，蒙元初期北方士人的文化环境，也并不算宽松；遗民话语的抑制，当是南北方共同的现象。

1　佚名：《郑所南小传》，收入程敏政辑：《宋遗民录》卷一三，《四库全书存目丛书》史部第88册，第532页下—533页上。

2　苏天爵：《滋溪文稿》卷二五《三史质疑》，第423页。

3　李俊民：《庄靖先生遗集》卷八《泽州图记》，《丛书集成续编》第107册，影印民国《山右丛书初编》本，第686页下。

4　在《文渊阁四库全书》本《庄靖集》中，"胡骑"被改成了没有情感意味的中性词汇"元兵"。参看景印《文渊阁四库全书》第1190册，第644页上。

三 元代汉人的族群意识与夷夏观念伏流 [1]

上文已经指出，宋金末年炽盛的夷夏论述在元初文献中骤然止息，是遗民话语受到抑制的表现，并不意味着士人观念随着王朝更迭而即刻转向。强调汉人与北方民族差异的"华夷之辨""夷夏之防"等思想，入元之后退出了士人的主流话语，成为一种被压制的暗流。不过，即便出于被抑制的状态，文献中也还不时能见到一鳞半爪，并非全然无迹可寻。

（一）"我故国之人也"：江南士人的怀宋现象

蒙元征服江南之初，并未立即被南方士人视作中国之主，许多人依旧将其视为夷狄。1277年，林景熙经过"朔骑压境，所过杀掠，数十里无人烟"的北塘，看到鬼火四起，不禁追思这场巨祸的由来，谓"人失人之常，鬼行其怪；中国失中国之常，夷行其怪"[2]，也即是南宋的内政紊乱，最终造成了元军南下、江南失陷。"以耆年宿德、擅文章之柄而雄视乎东南"[3]的遗民牟𡩋（1227—1311），至大二年（1309）回顾常州陷落的经过，称"咸淳甲戌，大虏自沙武口冒雪迳渡至马洲，遂攻毗陵"[4]，此时入元已三十年，牟氏依然称呼元军为"大虏"。庐陵人邓光

---

[1] 本文称的"汉人"，不是元代习指的曾在金人统治下的中原人群，而是指中原和江南地区讲汉语，或者主要生活在汉文化传统之下的人群。其实，即便在元代，"汉人"也有指代汉文化群体的意味，例如《至正二十六年国子中选生题名记》中的泉州人蔡玄，即被称为汉人。元代政令用"汉人"一词来赅括南北两地的汉语人群，亦为常见。相关例证可以参看萧启庆：《元代进士辑考》，史语所，2012年，第27、460页。

[2] 林景熙：《蕣说》，收入氏著《林景熙集补注》卷四，第396页。

[3] 黄溍：《金华黄先生文集》卷一六《隆山牟先生文集序》，第6a页。关于牟𡩋的简要生平，参看周清澍：《从牟𡩋〈陵阳集〉看南宋的地方官》，《中华文史论丛》2012年第4期。

[4] 牟𡩋：《陈肖梅先生遗文序》，收入王继宗：《〈永乐大典·常州府〉清抄本校注》卷一七，第1108页。按，牟氏《陵阳集》二十四卷，元代即已刊行，但未收入本文；今日所传《陵阳集》各版本，亦不见以"胡""虏"称呼元军者（各版本间的文字对勘，参看《全元文》第7册校记）。

荐（1232—1303）崖山战败投水，被元军救起，后任教于元军统帅张洪范的家塾。文天祥的墓志，即出于邓氏之手。墓志遵循元朝功令，用至元纪年，但在解释文天祥的支持者何以"亡家沉族、折首而不悔"时，认为原因之一是"人心思向中国，未□赵氏"[1]，潜意识里仍不把元朝视作"中国"。作为宋元之变的亲历者，邓光荐晚年"以所见闻集录为野史若干卷，藏不示人"。元末朝廷为修《宋史》征书，其子孙依然迟疑不敢献上。[2] 邓氏野史所书写的，大约都是站在宋人立场、干犯时忌的内容。

元初士人的夷夏观念不仅体现在文字上，更通过某些特殊行为传达出来，例如抵制北方的语言、服饰，坚持南宋旧俗。在中国文化传统里，"衣冠"一直是华夏族群与周边的区别特征，具有特殊的象征意义。面对北族服饰在江南的流行，汪元量作诗说："世变长椎髻，时更短后衣。魏庭翁仲泣，唐殿子孙非。"[3] 诗中虽未明言，但"椎髻"一词抒发的无疑是"华变于夷"的感慨。国变后郑思肖揽镜自鉴，云"所喜不靴笠，巍冠敝屣行"[4]，以坚持南宋衣冠、不从北族风尚为荣，[5] 庆幸时局变幻、年亦渐老，但故国之心犹坚。江西遗民萧立之（1203—?）有感于时俗的变化，作诗云：

东南文物古遗余，不料冠绅忽弃如。门外逢人作胡跪，官中投牒见番书。[6]

---

1 邓光荐：《文信国公墓志铭》，《全宋文》第356册，第420页。《全宋文》本处录文，系依据江西省博物馆藏文氏墓志拓片。
2 刘诜：《题危大朴与邓子明书后》，《全元文》第22册，第73页。邓氏的史著均已不传，参看熊燕军：《邓光荐史学著述杂考》，《元史及民族与边疆研究集刊》2018年第1辑。
3 汪元量：《感怀》，《全元诗》第12册，第8页。
4 郑思肖：《览镜》，收入氏著《郑思肖集》，第78页。
5 关于"椎髻""靴笠""胡跪"等元代服饰与礼仪的北族文化意味，参看本书第三章及张佳《新天下之化——明初礼俗改革研究》第66—68、203—205页。
6 萧立之：《萧冰崖诗集拾遗》卷下《寄罗涧谷》，《续修四库全书》第1321册，影印弘治刻本，第59页下。

北式跪拜称为"胡跪",蒙古文字不称"国书"而称"番书",道出了作者的拒斥态度。鄞县人陈著(1214—1297)入元后为文"以甲子纪年,隐寓不臣之意"[1]。至元三十一年(1294),陈氏见到过一套宋代卤簿图,览毕感情复杂:

> 《景德图》《天圣记》久不在目,今忽而有此本,不暇较其详略,而恍然如复见汉官威仪,当何如其感慨!甲午季夏望日,嵩溪遗老陈某书。[2]

在陈著眼中,宋代的衣冠仪仗代表了汉家威仪,反言之,新朝的文化并不被视作"汉家"的代表。

坚持故宋衣冠这一做法,在元代一些士人当中延续了很久。虞集称,在江西临川,"宋亡,故进士数人,衣冠伟儒(如),为众庶仪表,三四十年而后尽"[3]。当"宋之遗俗,销日尽矣"之时,金华人俞金(1253—1324),"独率其家以礼,深衣峨冠、谈说古道"[4]。抚州人李士华(1266—1351)也以"我故国之人也"为由,坚持深衣幅巾,拒绝更换时装。[5] 天台人卢中(1327—1390)"生元世中,世俗沦为胡夷",却"长衣危帽,徐言雅步,操儒生礼不变"[6]。值得玩味的是,上述俞金、李士华、卢中等,都是成长于元代的下层士人,他们却拒绝遵从北族风俗而执着于

---

1 参看《全宋文》第350册陈氏小传,第111页。
2 陈著:《书卤簿小图后》,《全宋文》第351册,第44页。
3 虞集:《道园学古录》卷四三《临川隐士孙君履常甫墓志铭》,《四部丛刊初编》,影印景泰刊本,第1a页。
4 王祎:《王忠文公文集》卷二四《时斋先生俞公墓表》,《北京图书馆古籍珍本丛刊》第98册,影印明刊本,书目文献出版社,1987年,第433页下。
5 宋濂:《北麓处士李府君墓铭》,收入氏著《宋濂全集》卷六九,第1647页。
6 方孝孺:《卢处士墓表》,收入氏著,徐大光校点:《逊志斋集》卷二二,宁波出版社,2000年,第730—731页。

南宋旧制，这一举动背后，都有族群意识作为支撑。

明清之际有所谓"遗民不世袭"的说法，[1] 只要未曾接受爵禄，就不必对前朝背负道德责任。因此遗民子弟往往不会拒绝科举入仕的诱惑，例如顾炎武坚持反清，并不妨碍外甥徐乾学、徐元文出任清廷高官，这是人所熟知的例子。然而宋遗民的影响似乎特别深远，受他们影响而在新朝成长起来的第二代"文化遗民"，并不鲜见。例如，婺源人汪炎昶（1261—1338），受学于宋遗民孙嵩，并与遗民许月卿的门人交往紧密。汪氏自号"古逸民"，终生以宋人自居。其墓志称：

> 时元有天下已久，宋之遗俗变且尽矣，而先生衣冠动作、语言礼度，犹宋人也。后生小子去宋日远，无从征之，见先生咸以为前代之遗贤，而先生亦曰：吾古逸民也。[2]

与宋亡时已近成年的汪氏相比，天台人潘音（1270—1355）是一个更为典型的例子。南宋流亡朝廷覆亡时，潘音还是一个不到十岁的儿童，然而长大后"见长老谈崖山事，即潸然下泪，有亡国之耻"[3]。因此潘氏"虽长养元世而心犹为宋，凡所服用器食，皆不从胡俗"[4]。从残留下的诗文来看，潘音的确是一位生长于元代却因

---

1 参看赵园：《明清之际士大夫研究》，北京大学出版社，1999年，第321—324页。
2 宋濂：《宋古逸汪先生墓志铭》，收入汪炎昶：《古逸民先生集》附录，《续修四库全书》第1321册，影印清抄本，第650页下。
3 潘日升：《刻待清轩遗稿跋》，收入潘音：《待清轩遗稿》，《宋集珍本丛刊》第88册，影印国家图书馆藏清抄本（原书无卷数、页码），线装书局，2004年，第98页。上海图书馆亦藏有一抄本《待清轩遗稿》，内容与国图本无异。清人顾嗣立（1665—1722）选编《元诗选》时，曾收录潘清包括《待清轩》等诗在内的部分诗作。潘氏别集题为"宋处士待清先生潘音著"，故此被误当作宋人著作收入《两宋名贤小集》。杨镰先生编《全元诗》，亦未据此集录诗。
4 徐云卿：《宋处士待清潘先生遗稿序》，收入潘音：《待清轩遗稿》，第83页。

格于夷夏观念而拒绝认同元朝的"文化遗民"。潘音曾问学于大儒吴澄(1249—1333),但他对吴澄后来接受元朝征聘非常不满,《远游》诗谓:

> 方从草庐公(按,吴澄),共究鹅湖旨……奈何执德偏,一聘翩然起。《春秋》严内外,乾坤定冠履。西蜀已空亭,箕山仍洗耳。[1]

潘音认为吴澄出仕元朝,打破了夷夏内外之防,有违《春秋》之旨。扬雄献赋求官、许由洗耳让国,因为出处不同,他与吴澄分道扬镳。《登楼秋望》谓所见"万里胡尘连大漠,一樽汉月醉高秋",汉时之月未变,而国土已沾染"万里胡尘";《社日》称"自古厌胡尘,从无遍天壤。斗酒桑柘斜,何处同君享",意谓"胡尘"遍满、无处容身,与郑思肖、许月卿同慨。[2]潘音成年之时,江南社会已经平稳安定,然而他却将居所命名为"待清轩"。潘氏《待清轩》自述其意云:

> (前略)况兹黄袍破,我生当其辰。衣冠归左衽,海国陷黄尘。宁有人间世,能逃率土滨。……寤寐祗思晋,幽沉迥避秦。何时启昌运,中国生圣人。愿言同二老,荷杖还归仁。[3]

宋朝发端于陈桥兵变、黄袍加身,"黄袍破"意谓宋亡;"思晋"系借用陶渊明的典故,实指作者不忘故宋。"衣冠归左衽",也即南方华夏地区被左衽之"夷狄"征服。潘氏的诗里也感慨当世之儒"用夏变于夷",不能拨乱反正,空有"王

---

[1] 潘音:《远游》,收入氏著《待清轩遗稿》,第84页。
[2] 潘音:《登楼秋望》《社日》,收入氏著《待清轩遗稿》,第87—88页。
[3] 潘音:《待清轩》,收入氏著《待清轩遗稿》,第84页。

图像、观念与仪俗：元明时代的族群文化变迁

佐"之名。[1] 他要等待"中国生圣人"，也即期待有汉人推翻蒙古统治，实现再次的夷夏反转。他的期待没有完全落空。潘音以八十六岁的高龄，卒于至正十五年（1355），其年韩林儿以"宋徽宗九世嫡孙"之名称帝，朱元璋渡江围攻建康，江南震动，[2] 而在此之前数年，方国珍已横行浙南。在死之前，据说他已经听闻"四方兵起，冀得真主一出，以卒其变夷之志"[3]。潘氏后人所辑《待清轩读书录存遗》最末条云：

> 自古帝王皆起西北，至于胡元，数极矣。楚威时便言金陵有天子气，自此东南当产圣人，以恢复寰宇，气运循环使然也。吾何幸，得身亲见之哉！[4]

如果这条材料未经后人补葺增饰，在笔者所阅读的文献当中，潘音将是直接把元朝称作"胡元"的较早一人。[5] 潘氏文集元代并未刊刻，正德时（1506—1521）后人得旧稿两大卷，"首尾蠹啮，皆不可读，其幸可读者，直百中一二耳"，最终厘定为诗集和读书录各一卷。[6] 潘氏文稿因未曾刊行以致蠹蚀散佚，固然是不幸；但

---

[1] 潘音：《感咏》，收入氏著《待清轩遗稿》，第88页。

[2] 参看俞本撰，李新峰笺证：《纪事录笺证》，"至正十五年"条，中华书局，2015年，第31—44页。

[3] 戴沈：《宋处士待清先生传》（永乐九年撰），收入潘音：《待清轩遗稿》，第95页。

[4] 潘音：《待清轩读书录存遗》，收入氏著《待清轩遗稿》，第94页。

[5] 将元朝称作"胡元"，显示其为与"中国"不同的异族他者，是明代文献的惯例。在笔者所阅读的史料当中，朱元璋的幕僚较早使用"胡元"一词。至正十六年朱元璋攻克金陵，致书礼聘当地名儒陈遇（1313—1384），朱元璋自述其起兵背景为"胡元入驭，海宇瓜分，豪杰兴兵，共争疆域"，意谓元朝以胡人的身份统治中国，导致人心思变。参看陈镐：《陈静诚先生遇传》，收入焦竑：《献征录》卷一一六，《续修四库全书》第531册，影印万历刊本，第552页上。另外，上海图书馆藏《仙华方氏宗谱》附录之《存雅堂遗集》，收有宋遗民方凤的《述志》诗，云："只因生在胡元世，岂将蓝缕换罗衣。"此诗不见于清初重辑刊刻本《存雅堂遗稿》。族谱文献往往来源复杂，姑存以备考。

[6] 徐云卿：《宋处士待清潘先生遗稿序》，潘日升：《刻待清轩遗稿跋》，均收入潘音：《待清轩遗稿》，第83、98页。

若在元代刊行,上述不合时宜的诗文肯定会被剔除,其主要思想也将无由表见。这并非杞人之忧,在《文渊阁四库全书》本《两宋名贤小集·待清轩遗稿》当中,本书序跋以及《远游》《社日》《待清轩》《感咏》等抒发故国之思与夷夏情感的诗作,被悉数删去,[1] 潘音连作为"宋遗民"的形象都模糊不清了。

元代南方士人,尤其是下层士人当中,流行一种怀恋宋朝的风气,潘音并不是其中孤例。潘音毕竟幼年经历过王朝更迭,而吴人张子昭(1293—1356)是彻底的元人,却极端迷恋宋代的文物制度。郑元祐(1292—1364)至正十六年(1356)为他所作的墓志说,张子昭成年时,宋亡已三十年,但他热衷于向"故老遗黎、残校退卒"探问前朝遗事:

> 朝廷宗庙、宫室制度、会同燕享、生杀拜除、车舆服章、征屯讨伐、文辞经术,下至幽人逸士言论出处,虽不能尽得其详,然依约十一于千百。[2]

南宋旧都杭州,张子昭"岁必一往或再往","每游息登眺,必徘徊踟蹰、吁叹感嗟,哀不能已"。郑元祐感慨虽然生长于元代,子昭之怀恋南宋,一如"周之顽有怀于商",可谓宋之"义民"。他感叹说"子昭之心,尤为隐约难见"[3],张子昭对宋代文物的极端眷恋,无疑折射了他对现实的强烈不满;郑氏所谓子昭之心"隐约难见",其实是因忌讳而难言。这些在元朝成长起来的士人,他们对于南宋并不需担负"忠诚"这一道德责任;"怀宋"风气,本质反映的是盛元时代南方士人

---

1 景印《文渊阁四库全书》第1364册。
2 郑元祐:《侨吴集》卷一二《张子昭墓志铭》,《北京图书馆古籍珍本丛刊》第95册,影印弘治刊本,第829页下。
3 郑元祐:《侨吴集》卷一二《张子昭墓志铭》,第829页下—第830页上。

一　图像、观念与仪俗：元明时代的族群文化变迁

无法公开言说的族群意识。

除去前代遗民的影响，元代南方士人夷夏观念的滋生，更来自现实的巨大刺激，即征服者对南方日益深重的经济掠夺与政治压制。这让统治族群与被征服者之间的界限，无法完全消解，无法真正实现彻底的族群融合。尚未引起学界充分重视的是，在"江南重赋"的历史演进过程中，元代其实是一个极为关键的环节。元代主要依靠江南财赋，维持国家运转。征服之初，元朝政府便确立了"取偿于南方"[1]的经济政策。南方民众负担激增，时人吴澄云：

> 至元丙子（1276）以后，（江南）民骇新令，畴昔高闳钜室，不数年间沦为中下户者比比，甚则破灭，靡有孑遗。[2]

类似的记载，在元初文献中比比皆是。在江南核心地区湖州，"自陵谷变迁，田赋皆增粮倍税，有产之家急于脱去"[3]，出现了富户因税重而抛售田地的现象。元初对外扩张结束之后，情形并没有好转，政府对南方的经济依赖反而越来越深。到元代后期，国家"经费所入，江浙独当其十之九，岁给馈饷二百五十余万"[4]。宋禧（1312—1373）对元代江南重赋的演变过程，有清晰的描述。南宋绍熙年间

---

[1] 元初江南行省左丞董士选（1253—1321），解释当时元朝的江南政策说："国家竭中原之力以平宋，不得不取偿于南方。"参看吴澄：《吴文正公集》卷三二《元荣禄大夫平章政事赵国董忠宣公神道碑》，《元人文集珍本丛刊》第3册，影印成化刊本，第542页下。忽必烈对外扩张期间对南方的经济压力，参看黄清连：《元初江南的叛乱（1276—1294）》，《史语所集刊》第四十九本第一分（1978年3月），第45—48页。

[2] 吴澄：《吴文正公集》卷四一《故静乐逸士黄君墓志铭》，《元人文集珍本丛刊》第4册，第12页下。

[3] 陈存：《湖州路报恩光孝禅寺置田山记》，《全元文》第19册，第595—596页。

[4] 朱德润：《平江路问弭盗策》，收入氏著《存复斋续集》，《续修四库全书》第1324册，影印涵芬楼秘籍本，第366页上。引文出自元政府发布的策问题目。

78

（1190—1194），松江秋粮十一万石有奇，此后日增：

> （宋季）有公田之役，而赋以增。国初（按，至元时）理土田，增于宋赋。延祐间（1314—1320），复理而增之。前后以罪人家田没于官，其赋又再增之。盖今（按，至正时）七倍于绍熙者矣，民其困乎！[1]

至正初年松江地区的赋税，较南宋中叶增加七倍之多。这在江南并非个案，常熟租赋"宋时七八万"，元末增至三十余万，较宋代加重四倍。[2] 常州路秋粮，宋末咸淳时（1265—1274）约三十四万，元大德九年（1305）增至四十六万，泰定元年（1324）再增至近五十万。[3] 无锡秋粮宋时不到四万石，延祐经理后增至十九万。[4] 江南民众不堪重负，减税的呼吁，元代后期即已出现。[5] 日益深重的经济掠夺，必然引发南人的不满。叶子奇总结元亡之故，即称有元一代"王泽之施，少及于南；渗漉之恩，悉归于北"，造成南方离心。元末起事的韩山童为争取南方支持，即批评元朝的压榨"贫极江南，富称塞北"[6]。与经济上对江南的倚重形成巨大落差的是，元政府持续压制南人的政治地位，拒绝向南人开放关键政治资源，刻意维持

---

1 宋禧：《送宇文先生后序》，《全元文》第51册，第506页。关于文中提到的元初以及延祐年间（1314—1320）对江南土地的经理，可以参看陈高华：《元朝的土地登记和土地籍册》，收入氏著《元史研究新论》，上海社会科学院出版社，2005年，第31—39页。

2 王宾：《光庵集》卷一《送常熟县丞林公序》，《四库全书存目丛书》集部第28册，影印清抄本，第203页下。

3 相关数据参看王继宗：《〈永乐大典·常州府〉清抄本校注》卷四，第171、174、176页。关于元代的税粮征收，参看陈高华：《元代税粮制度初探》，收入氏著《元史研究论稿》，中华书局，1991年，第1—20页。

4 弘治《无锡县志》卷六，《南京图书馆藏稀见方志丛刊》第46册，第195—196页。

5 如郑元祐：《侨吴集》卷一一《长洲县达鲁花赤元童君遗爱碑》，第810页。

6 叶子奇：《草木子》卷三上《克谨篇》，中华书局，1959年，第55页。

一 图像、观念与仪俗：元明时代的族群文化变迁

一种不平等的族群关系。关于这点，学界已有诸多研究，[1]此不赘言。这种由于现实刺激而萌发的族群身份意识，在许多士人当中都有体现。

越人王冕（1287—1359）不仅是艺术家，也是有鲜明夷夏意识与政治关怀的士人。与南宋科举之盛形成对比，元代后期虽然开科取士，但仅仅是一项政治点缀，南人被录取的几率极小。[2]王冕"屡应进士举不中"，遂"买舟下东吴，渡大江"，开始四处游历。[3]在杭州，他看到南宋故宫倾颓，"行殿白日古磷飞"，不禁"无言泪如水"。[4]王冕北游，感慨"山河犹汉魏，风俗混羌夷"[5]。他曾在大都停留，联想起辽金兴亡、胡来汉往的历史，赋诗"书生慷慨何多恨，恨杀当年石敬瑭"[6]，将辽金元北族王朝的迭次南侵，归罪于石敬瑭（892—942）割弃幽云。对向往"一道德、同风俗"的儒家士人来说，北游所见的胡汉杂糅的习俗，给王冕深刻的刺激。他抱怨元世祖时代的名臣刘秉忠（1216—1274）"但能成事业，不解制纲常"[7]，也就是刘秉忠不解"用夏变夷"，用儒家"纲常"改变蒙元风俗。

---

[1] 参看蒙思明：《元代社会阶级制度》，上海人民出版社，2006年，第37—69页。洪丽珠：《元代镇江路官员族群分析——江南统治文化的一个样本》，《元史论丛》第10辑（2006年）。

[2] 参看姚大力：《元朝科举制度的行废及其社会背景》，收入氏著《蒙元制度与政治文化》，北京大学出版社，2011年，第262—269页；萧启庆：《元代进士辑考》，第28—30页。

[3] 宋濂：《王冕传》，收入氏著《宋濂全集》卷一九，第372页。

[4] 王冕：《竹斋诗集》卷二《钱塘纪行》，《丛书集成续编》第110册，影印《邵武徐氏丛书》本，第984页。

[5] 王冕：《竹斋诗集》卷三《闰七月廿三夜记梦二诗》，第1018页。"风俗混夷羌"，《文渊阁四库全书》本《竹斋集》作"风俗想轩羲"（景印《文渊阁四库全书》第1233册，第40页下）。

[6] 王冕：《竹斋诗集》卷四《南城怀古》，第1038页。《四库全书》的编者，已经体察出本句寓含的激烈夷夏情感，将其讳改为"书生慷慨何多感，转忆轮台汉武皇"，致使本诗意义全非（参看王冕：《竹斋集》卷上，景印《文渊阁四库全书》第1233册，第18页下）。四库馆臣称王冕"行多诡激，颇近于狂"（《四库全书总目》卷一六九，第1476页下），对其诗文颇为留意，诗中"胡儿""胡尘""胡路"，乃至"汉官""衣冠"等稍涉敏感的词汇，均被改窜。参看寿勤泽点校《王冕集》（浙江古籍出版社，2012年）所附校记。

[7] 王冕：《竹斋诗集》卷三《庆寿寺》，第1017页。

作为南人被征服者,王冕时时感觉到政治和经济上受到的压迫。例如,他观看描绘向塞外递运物资的《盘车图》,便大发感慨:

> 汉家封侯已消磨,秦时长城做胡路。天险不设南北通,风俗一混归鸿蒙……滦水城头无苜蓿,马驴尽食江南粟……大车连属小车侣,雪地冰天无险阻。玉帛谷粟取不穷,诛求那信人民苦。……侧身怅望常嗟呼,天子亦念东南隅。[1]

在汉族王朝时代,依照天险而设的长城,被视作区隔华夷的界限。而元代长城失去了限隔南北的作用,成为往来的"胡路"。和元代许多文人不同,王冕完全没有对"大一统"的自豪感,他把南北"风俗一混",视作退归混沌("鸿蒙",文明未开化的状态),言外之意,是他更向往内外有分的华夷秩序。出于南人的敏感,他看到这幅物资转运图,立即想到塞外马驴所食尽是"江南粟",呼吁当局顾念东南民生之苦。[2] 1338年写作的《花驴儿》,更假借杂戏,讽刺色目人在江南擅作威福:

> 花驴儿,渡江踏遍江南土。正值江南无马时,驴儿得志雄威武,况是能解花门语……百姓吞声忍饥苦,驴儿啖粟恬如故……花驴儿,乃奇遇,昨朝方上评事厅,今日又登宰相府,哮吼纵横谁敢侮!老夫平生不信怪,见此怪事欲呕吐。归来十日不食饭,扼腕攒眉泪如雨。[3]

---

[1] 王冕:《竹斋诗集》卷二《盘车图》,第1004页。
[2] 王冕:《竹斋诗集》卷二《盘车图》,第1004页。
[3] 王冕:《竹斋诗集》卷二《花驴儿》,第987页。

图像、观念与仪俗：元明时代的族群文化变迁

元代色目人是蒙古人的政治盟友，二者合力对汉人进行统治。诗中随意出入"评事厅"与"宰相府"的花驴儿，是对色目人权势的暗喻；而诗中"江南无马""驴儿得志"，意谓正因南人受到压制，才使得色目人掌握权力。《猱猴舞》一诗，更以猴戏为言，表达对"匪我类"者的排斥：

> 猱猴本兽属，野性殊不常。俄然脱秽垢，冠盖儒衣裳……终然匪我类，教养徒自伤。不如夺衣巾，弃置山野傍。[1]

蒙古、色目族群进入中原之后，不可避免地受到汉文化的影响，甚至产生出相当数量的士人群体。[2]但在某些汉族士人眼中，蒙古、色目族群始终属于文化上的"异类"，不可与之沟通。元末溧阳人孔克齐称，其父生前"誓不以女嫁异俗之类"，把与外族通婚看作"辱百世之祖宗"，原因是"异类非人性所能度之"，态度不可谓不激烈。而孔克齐本人也表示，"世俗所谓'非我族类、其心必异'，果信然"[3]，足见和蒙古、色目族群在文化和心理上的隔阂之深。王冕虽然是用诗歌暗喻的形式，但其对"异类"的排拒，同样激烈。从这里也便可以理解，后来打着"复宋"旗号的朱元璋进攻绍兴，王冕主动为之出谋划策，其实是一件非常自然的事情。[4]

---

[1] 王冕：《竹斋诗集》卷一《猱猴舞》，第977页。
[2] 参看杨垣：《元西域人华化考》，上海古籍出版社，2008年；萧启庆：《九州四海风雅同：元代多族士人圈的形成与发展》。
[3] 孔克齐：《静斋至正直记》，"不嫁异俗"条，《续修四库全书》第1166册，影印清抄本，第344—345页。
[4] 王冕是否曾入朱元璋幕府，野史记载多有分歧。元末张士诚幕僚徐勉之作《保越录》，称朱军劫掠绍兴城郊，王冕独不入城躲避，"自言善韬略兵机，得以不死"，朱军攻打绍兴城曾"用王冕之计"（《丛书集成初编》本，第11页）。这则记录出自时人之手，最为可信。

（二）典故与比喻：族群观念的隐性表达

王冕在元代被视为"狂士"，以不拘言行而著称。然而正如在《花驴儿》《猕猴舞》等诗中所看到的，王冕的族群意识与夷夏情结，却是通过隐喻的方式，曲折而非直接地表达出来的。在他的文字当中，我们找不到公开直白指斥统治族群的例子。出于环境压力，元代南人的族群观念，大多采用的是类似的隐性表达，借用各种典故与比喻将自己包裹起来，以免直接触犯忌讳。

现存江西人何中（1264—1332）[1]的文集当中，窜入了后至元戊寅年（1338）某位南士写作的《学前潘氏族谱序》[2]，这是一份有意思的文献。《谱序》把当地的现状，与宋末的情形进行了比较：

> 予闻长老言：宋之季年，故家大族屋宇之华、田畴之广、廥庾之积，五桥之花竹、洛阳之园亭、金谷之燕游、梁国之赋咏，盖兼有之。一旦飙回雾塞、雪虐风号，泯尔遗基、寂然行迹，惟见妖狐怪蝎，啸呼出没于荒榛残照之间矣。

---

[1] 何中也是一位有意思的人物。他的父亲和伯父曾与文天祥一道起兵，事败后其父何天声多年隐匿，伯父何时则变姓名为道士。何中幼年"师宋进士张叔方、朱光甫、罗士鼎"，在公开话语里他可以颂扬元朝"列圣继治，际天所覆，仁义渐摩，民俗为变"，然而回到私人语境，却无法忘怀父辈曾经"与虏屡死战"的家族历史；他认为"苟遇知己"，可以"不择胡越"，羡慕苻坚的汉人军师王猛"绌身扶世，用夏变夷"，但其一生都未有这样的机会。以上参看何中：《知非堂稿序》《节妇刘母欧阳氏事状叙》《与罗沧州书》，收入氏著《知非堂稿》，《北京图书馆古籍珍本丛刊》第94册，影印清抄本，卷首，第416页；卷一一，第539页；卷八，第513页。何中人后入《元史·隐逸传》，参看《元史》卷一九九，第4479页。

[2] 佚名：《学前潘氏族谱序》，收入何中：《知非堂稿》卷九，《北京图书馆古籍珍本丛刊》第94册，第526—527页。根据何氏行状和墓志，可以确知其卒于至顺壬申（1332）。因此集中这篇写作于至元戊寅（1338）的文字，肯定不出于何氏手笔（不排除是其家人作品）。

> 愚近贵而已。及夫黄丁茁壮化为蒭荛，聋于礼、瞽于义，以悖为适。楚黑之橐甲、驷丰之相伐，叔遗室孔氏之姑，季肥戕南孺之□，其事之甚庚，变之可骇。族谱引《思亭记》之所言，不足以形容其髣髴。[1]

这段文字情感激烈，但又层层用典，意思晦涩。前半段感慨入元后（"飙回雾塞、雪虐风号"）本地故家凋零、繁华不再。这类内容在元朝的文献里并不鲜见，由此而生的被掠夺感，也是南方士人普遍的感受。后一部分则借用大量典故，批评统治者在伦理道德上与儒家传统的冲突，以及由此导致的社会风气变化。"楚黑之橐甲、驷丰之相伐，叔遗室孔氏之姑，季肥戕南孺之□（疑'子'）"，一气连用了《左传》的四个典故，分别指郑国公孙楚、公孙黑堂兄弟因争妻而互斗，贵族驷氏、丰氏同母兄弟相攻，卫国叔遗继续娶嫂氏孔姑，以及鲁国季康子杀害幼弟篡夺家主。[2]这些贵戚之间争妻夺位的典故，实际在暗讽蒙元历史上屡屡上演的兄弟争位斗争，以及因蒙古统治而盛行的收继婚俗。这类与儒家伦理激烈冲突的现象，是许多士人无法接受的"可骇"之变。[3]因为环境所迫，这位作者只能借助层层典故，激烈而隐晦地批评。有意思的是，同样角度的批评，后来直接出现在明初的《谕中原檄》里：

> 元之臣子，不遵祖训（按，指世祖"用夏变夷"），废坏纲常，有如大德

---

[1] 佚名：《学前潘氏族谱序》，收入何中：《知非堂稿》卷九，《北京图书馆古籍珍本丛刊》第94册，第526—527页。

[2] 参看《春秋左传正义》，阮元校刻：《十三经注疏》，卷四一（昭公元年），第2022页上一中；卷四〇（襄公三十年），第2012页下；卷五八（哀公十一年），第2167页中；卷五七（哀公三年），第2158页上。

[3] 参看张佳：《再叙彝伦：洪武时期的婚丧礼俗改革》，《史语所集刊》第八十四本第一分（2013年3月），第91—93页。

废长立幼,泰定以臣弑君,天历以弟酖兄。至于弟收兄妻、子烝父妾,上下相习,恬不为怪。其于夫子君臣、夫妇长幼之伦,渎乱甚矣![1]

檄文大张旗鼓的挞伐,与元代佚名作者的隐晦批评,在实质内容上并无二致,都是攻击蒙元违背儒家伦理,"污染"中国。虽然《谱序》通篇没有出现"华夷胡汉"等词语,但其文化立场与《谕中原檄》是一样的;二者文辞上的显隐之别,只因时局处境的差异。

元代文献对于族群观念、族群矛盾的表述,许多都是隐性的,像上文那样,用各种隐喻和典故传达出来,如果缺乏相应的文化背景,很难理解其中的真实含义。这里可以再举一组有趣的例子。在元代的咏物诗当中,咏"雁"者为数不少,其中有许多是在表达对北人的态度。大雁生于北方,天寒无食时飞往南方越冬求活,在很多南人看来,这正像原居北方却南下生活的蒙古、色目人。郑思肖说"鞑人绝望江南如在天上","谋居江南之人,贸贸然来"[2]。于是"雁"在元诗当中,便成为一个特别的意象。郑思肖即将蒙元攻宋,比作"雁犯南天"[3]。揭傒斯有一首流传颇广的《题雁图》诗云:"寒向江南暖,饥向江南饱,物物是江南,不道江南好。"孔克齐解释揭氏之意说:

(此诗)盖讥色目、北人之来江南者,贫可富、无可有,而犹毁辱江南不绝,自以为右族身贵,视南方如奴隶。然南人亦视北人加轻一等,所以往往有此诮。[4]

---

1 《明太祖实录》卷二六,第402页。
2 郑思肖:《大义略叙》,收入氏著《郑思肖集》,第187页。
3 郑思肖:《遣兴二首》,收入氏著《郑思肖集》,第50页。
4 孔克齐:《静斋至正直记》,《续修四库全书》第1166册,第388页。本诗在元末流传较广,元人杨瑀(1285—1361)征引本诗时略有差异,后两句作"莫道江南恶,需道江南好",参看杨瑀:《山居新语》卷二,中华书局,2006年,第217页。

元朝只知攫取江南财富，却不给予南人政治地位的政策，引起南方士人不满，本诗便是这种不满情绪的反映。如果没有时人孔克齐的这番解释，或者不了解元代的文化语境，大概不会有人从族群矛盾的角度解读本诗，更不会知道曾经身为元朝高级文官的揭傒斯，会对统治者有如此的看法。

"雁"在儒家文化传统中，是一种具有忠贞守礼、知时有序等多种美德的飞禽，[1]因此在士大夫相见、婚礼等礼仪活动中，均以雁作为礼物，古人的咏雁诗，也多集中于对上述品行的赞美。然而，元代许多咏雁诗，关注点却在其南方谋食、久客不归上。此类诗歌大多别有寄托，隐含了将南下的蒙古、色目人视作客人之意。清人吴荣光（1773—1843）《辛丑销夏记》，著录了宋人袁立儒《芦雁卷》后面的一组元人跋诗，为我们揭示了更多南士对统治族群的隐微看法。这组诗共计二十四首，作者都是江南的文人和僧侣。翁方纲（1733—1818）因"诸家题句多风尘乱离语"，考订这组诗中的"癸巳"纪年，是至正十三年（1353）。[2]根据元代文化语境中"雁"的隐喻，可知这组诗中许多篇章都是在抒发对蒙古、色目人压榨南方的不满，嘲弄他们元末在江南的窘境。其中永嘉人曹睿之诗最为显白：

胡雁畏北风，秋高向南飞……纷然散洲渚，饮啄日以肥。宁知江南人，终岁常苦饥！[3]

大雁生于北地，因此诗中称之为"胡雁"。它们从萧条的北方来到富庶的江南，散布洲渚、饮食日肥，而江南本地人却忍受饥苦。通过这一对比，诗歌的意旨不

---

1 参看陈立：《白虎通疏证》卷一〇，中华书局，1994年，第457页。
2 翁方纲跋文，参看吴荣光：《辛丑销夏记》，浙江人民美术出版社，2012年，第110页。
3 曹睿跋诗，参看吴荣光：《辛丑销夏记》卷二，第110页。

言而喻。本组其他跋诗，亦谓大雁在江南饱食，"岁晚何忧身不肥""羽毛鲜好身肥健"[1]，皆是在讽刺异族统治者之贪求无厌。这组诗歌写作时，元末大乱已经揭开序幕，元朝的江南统治开始动摇，此时割据浙东的方国珍更是"深忌色目人"[2]。因此这组诗中出现大量描述江南凶险、劝说大雁北归的语句，诸如"罗网遍天地""早赋归去休"，"江南是处多游猎，只合高飞避网机"，"风尘满地边声急，若个黄芦枝叶长"，等等，[3]其中有对羁留江南的蒙古、色目人处境的哀怜，但更有嘲弄。这组诗歌为探索元季江南的族群关系，提供了新的材料；[4]不过由于其表达的含蓄，必须要放在特定的文化与政治语境中才能解读。而那种直白赤裸、毫无隐晦的夷夏论述，稍后即将在元末群雄的宣传当中爆发。

四 元季"夷夏"语境与《谕中原檄》的思想源流

元末的乱局，是元代积累的各类矛盾的总爆发。随着蒙元政府权威的失落，原先民间蛰伏的夷夏观念，开始公开涌现。从现存史料来看，除张士诚部尚不能确定外，朱元璋所属的北系红巾韩宋政权、南系红巾徐宋政权（以及从中分化出的陈友谅汉政权、明玉珍夏政权），甚至在元朝和朱元璋之间的首鼠两端的方国珍，都曾利用过夷夏观念宣传鼓动民众。[5]

---

1 释元鼎、释天泉跋诗，参看吴荣光：《辛丑销夏记》卷二，第109页。
2 瞿佑：《归田诗话》卷下，"梧竹轩"条，收入氏著，乔光辉校注：《瞿佑全集校注》，浙江古籍出版社，2010年，第478页。根据瞿佑的说法，色目诗人丁鹤年（1335—1424）即因此"畏祸迁避无常居"。
3 以上释德修、释元本、叶亮跋诗，参看吴荣光：《辛丑销夏记》卷二，第105、107页。此类语句跋诗中甚多，此处不赘引。
4 除去上文所引之例，还可参看释道衍：《南雁词》，《全元诗》第58册，第389页；张仲深：《归雁》，《全元诗》第52册，第27—28页。
5 参看张佳：《元明之际"夷夏"论说举隅——兼说清代官修书籍对明初史事的隐没与改篡》，《中国典籍与文化》2013年第4期。

在这些宣传当中,"复宋"也即兴复宋统,是一个特别有影响力的口号。在南北方分别起事的徐寿辉和韩林儿,同时使用了"宋"作为国号,[1] 可见其在元代社会潜具的影响力。这一口号并不是突然提出的,而是有深厚的社会文化土壤。前文已经提到,"怀宋"是盛元时代江南士人隐晦表达族群意识的一种方式;然而有意思的是,北方中原民众的族群意识,也通过对宋朝的思念表达出来。《元典章》"乱言平民作歹"条,收录了元武宗至大年间(1308—1311),因滹沱河改道而在民间产生的一则谣言,是极为罕见的反映盛元时代北方民众族群意识的珍贵史料:

> 如今真定府后河元曲吕来,直了也。汉儿皇帝出世也,赵官家来也,汉儿人一个也不杀,则杀达达、回回,杀底一个没。[2]

谣言中的"赵官家",是民间对宋朝皇帝的俗称。[3] 按照谶谣的说法,滹沱河改道意味着"汉儿皇帝"出世、赵宋王朝重建,并对压迫他们的"达达、回回"进行报复。虽然这只是一则民间谣言,但其对元代族群政治的认识,却相当到位——元代的确是蒙古与色目贵族联合起来,对汉人进行统治。谣言所反映出来的北方民众的族群意识,不可谓不强烈。以往研究认为,族群意识只会产生于受过教育的士大夫阶层,底层民众不可能自发产生族群观念,[4] 从上文史料看,这个观点恐

---

[1] 关于徐寿辉所建政权之国号,参看杨讷:《徐寿辉、陈友谅等事迹发覆——刘尚宾文集读后》之《徐寿辉国号》,《中华文史论丛》2008年第2期。

[2] 陈高华等点校:《元典章》卷四一,中华书局,2011年,第1402页。对这则谶谣产生的背景与含义,参看刘海威:《谶谣所见之"达达""回回"和"汉儿"——〈元典章〉"乱言平民作歹"条解读》,收入《清华元史》第4辑,商务印书馆,2018年,第54—59页。

[3] 参看蔡美彪:《〈元朝秘史〉与〈史集〉中的赵官》,《中国史研究》2009年第4期。

[4] 例如,宫崎市定便认为"本来民族主义就酝酿于知识分子之间……但元明之际的知识分子不属于参加叛军,不为新兴力量所用,这就是元明革命中'攘夷'思想淡薄的原因之一",参看氏撰《从洪武

(转下页)

怕值得再思。这种族群对抗情绪一直潜伏在民间,[1]到元末大乱时在"复宋"的旗号下,集中爆发出来。《元史》称元季"河南诸处群盗,辄引亡宋故号,以为口实"[2]。值得回味的是,中原地区是由金而非由宋入元的,然而民众反元却用"复宋"而不用"复金"的口号,目的显然是要借助族群认同的力量,意在宣扬作为汉人政权的"宋",比异族政权元朝,更有统治中原的合法性。[3]

从现有史料来看,元末群雄起事时的夷夏宣传,大多出自中下层士人。这些缺乏"根脚"、出头无望的中下层士人,是元代征服体制的直接受害者,儒家经典思想资源的启发加上现实压迫的刺激,很容易滋生族群对立情绪,并在元末特殊的时局下公开出来。朱元璋集团的第一批重要士人、1355年渡江之初"首率父老、迎谒辕门"的太平人陶安(1315—1368)[4]和李习,都属于这类士人。明朝开国时的礼乐制作,基本出于陶安之手;陶安曾中元代乡试,朱元璋回忆其来投奔的背景,称"胡元疑吾汉、南,虽有道之士不居要职,俄遇朕渡江,慨然相副"[5]。元

(接上页)
到永乐——明朝初期政权的性质》,收入氏著《宫崎市定亚洲史论考》下册,第1063页。与民众的情况相反,反映北方汉族士人族群意识的材料非常稀少。笔者赞同"元代北方士人族群观念淡薄"的推断。这可以从元明之际的南方史料中得到印证。例如,明玉珍认为"驱逐元虏"乃是天意,但"中原人物,解此者少,尚为彼用,殊为可恶"(杨学可:《明氏实录》,《四库全书存目丛书》史部第159册,涵芬楼影印清道光十一年六安晁氏木活字《学海类编》本,第9页)。

1 关于元代普通民众的族群观念,可参看萧启庆《中华福地,古人还家:蒙元兴亡与谶纬》中对相关民间谣谶的分析,收入氏著《元朝史新论》,第83—97页。
2 《元史》卷四二《顺帝纪》,第900页。
3 关于元末"复宋"口号的族群含义,可以参看王崇武:《明太祖与红巾》,原载《东方杂志》第43卷第13号,后收入周保明选编:《东方杂志·学术编》第7册,国家图书馆出版社,2010年,第4343页。
4 费宏:《陶学士文集序》,收入陶安:《陶学士文集》卷首,《北京图书馆古籍珍本丛刊》第97册,影印明刊本,第2页上;又参看《明史》卷一三六《陶安传》,第3925页。
5 朱元璋:《祭江西参知政事陶安文》(洪武元年九月),收入陶安:《陶学士文集》卷首,《北京图书馆古籍珍本丛刊》第97册,影印弘治刊本,第26页下。

代征服体制下的歧视政策，促成了陶安的反元。和陶安同时归附的李习，亦"负经济之才，以南人见摈斥"。李习著有《橄榄集》，书名取意为：

> 橄榄者，产于南而北方不食，野人食之，始恶其涩而终乐其甘，名集之意如此。[1]

李氏以南方野人自居，身为南人而不得为北方蒙元政府所用的怨怼之情，可见一斑。至正二十二年（1362）向朱元璋进献规取天下的"武事一纲三目"[2]的天台人叶兑（1307—1389），也是一位屡试不第、"家无担石之储、亲无菽水之养"的贫士。[3]他自述此前在家乡听到朱部的"复宋"旗号，已深受触动：

> 南方之人，久沦异俗，一旦闻阁下用夏变夷，挈还礼义之乡，仰慕爱悦之私，又何如哉！[4]

当时朱元璋的势力尚远在建康，叶兑无法进谒。己亥年（1359）朱元璋南下亲征婺州时，叶氏曾"冒暑奔谒"，不巧因朱元璋"旋骑建业"而未能相见。[5]三年后朱元璋之甥李文忠出镇浙南，尚在方国珍统治下的叶兑冒险上书，并最终在李文

---

[1] 焦竑：《献征录》卷八三《太平知府李习传》，《续修四库全书》第529册，第413页上一下。

[2] 《明史》卷一三五《叶兑传》谓朱元璋"后数岁，削平天下，规模次第略如兑言"，第3917页。

[3] 叶兑：《上陈显道书》《与宋景濂学士书》，收入氏著《四梅轩集》卷一，《明别集丛刊》第1辑第4册，影印1948年包赉抄校本，黄山书社，2013年，第508页上一下。

[4] 叶兑：《一纲三目上皇帝书》（书中称朱元璋为"国公"，标题为后人改拟），收入氏著《四梅轩集》卷一，第501页上。

[5] 以上背景参看叶兑：《上浙江左丞李公书》，收入氏著《四梅轩集》卷一，第506页下。

忠引荐下辗转到达金陵。诚如后人所言,"他上书的动机,是被浓厚的民族思想所促成"[1]。

叶兑此行的核心目的(也就是其所上"武事一纲三目"之"纲"),便是劝说朱元璋拒绝元朝军阀察罕帖木儿(1328—1362,"李察罕")的招降。其时察罕帖木儿平定山东红巾,群雄震动,朱元璋亦遣使"通好"[2],作首鼠两端之态。在方国珍联络下,元朝试图趁机诱降朱部。[3]这是朱元璋部发展史上的一个关键点。叶兑认为,察罕帖木儿相当于汉末的曹操,虽然有挟持元帝的便利,但并不足惧:

> 今元以夷狄之种,僭据华夏。民厌腥膻,思得真主以洗其习,久矣。而李察罕上不知天命有归,下不察民心之厌胡,亦欲效操之所为,迹虽同而实则异。国公欲用夏变夷,李氏变于夷者也,可乎?[4]

叶兑认为汉末朝廷尚得民心,而元末已经"民心厌胡",察罕虽然可以假借元帝旗号,但并不会因此获得民众支持。而和察罕相比,朱元璋最大的优势,恰在于其"用夏变夷"的旗号所显示的种族与文化立场。叶氏认为,这一口号契合民意,最能收拢人心;只要策略得当,朱氏便可以进取天下,即便遇挫也不失为孙权。

---

1 包赉:《校四梅轩集跋》,收入叶兑:《四梅轩集》附录,第539页下。在《明史》当中,完全无法发现上述思想背景,包氏谓"《明史》修成于清朝异民族统治之下,凡关于民族思想的,都被史官删削了,这是抹杀了民族英雄的精神,非读原书难以明了志士的心胸"。
2 朱元璋通好察罕事,参看《明太祖实录》卷九,第116—117页。
3 元廷遣使招降一事,参看张翥:《方国珍神道碑铭》,收入黄瑞编著:《台州金石录》卷一三,复旦大学图书馆藏《嘉业堂丛书》本,第29a页。对此事的疏证,参看俞本撰,李新峰笔记:《纪事录笺证》,第166页。
4 叶兑:《一纲三目上皇帝书》,收入氏著《四梅轩集》卷一,第502页上。

在元末群雄的谋臣当中，像叶兑这样有鲜明族群意识的下层士人，并不是少数。[1]徐寿辉、陈友谅的幕僚刘夏（1314—1370），元末长期流落袁州，"日课市井子弟"，"颓然伍于齐民"，[2]也是一名不得志的下层士人。他对元末大乱的观察，同样站在种族主义的立场，认为：

> （元末之乱）正以夷狄之运将满百年。自古夷狄之君无百年之运，观于天下，国虚无人，地大不治，天心废之，其心见矣。

依据宋代以来流传的"胡虏无百年之运"的观念，[3]刘夏认为天运转移，才是作为"夷狄"的元朝天下大乱的根本原因；而他所投身的徐宋红巾政权倡言"夷夏大义"，是顺应天运人心之举：

> （徐寿辉）遂倡皇宋之正统，扫夷狄之闰位。数之以君子在野小人在朝，数之以贪官污吏布满中外，数之以腥膻中土，数之以毁裂冠冕。

在他看来，上述种族立场才是徐宋政权"能乘上流之势，鼓行而东趋"的关键。徐宋所面临的最大对手，是各地自发的地主武装（即"白军"）。在刘夏看来，当务之急是要"解红白之仇"；而"解仇"的关键，在于唤醒民众的夷夏意识：

---

1 与叶兑类似，曾向朱元璋陈说"夷夏大义"的士人，至少还有朱升（1299—1370）、叶子奇和陈遇（1313—1384）等，此不具论。参看张佳：《元明之际"夷夏"论说举隅：兼说清代官修书籍对明初史事的隐没与改篡》，《中国典籍与文化》2013年第4期。
2 刘夏：《刘尚宾文续集》卷三《赞杨参政书》，《续修四库全书》第1326册，影印明刊本，第133页。
3 关于这一观念的产生与流布，方震华已有详细研究。参看氏撰《夷狄无百年之运——运数论与夷夏观的分析》，《台大历史学报》第60期（2017年12月），第176—180页。

（红白之仇）解之之道宜如何？开诚心，布公道，修好问，通往来，谕告：尚红者，吾宋之民也；尚白者，亦吾宋之民也。岂有宋民还杀宋民？……彼力既疲而中有慊，闻吾招之，必喜"得我"而解仇来归。[1]

刘夏认为红白两军，可以在"宋民"这一共同的身份认同之下达成和解。在红白和解的基础上，再"审得时事""大举北伐"。从这里我们也可以看见前文所论述的"宋朝"认同，在民间所具备的持续而深远的影响。

梳理完元代夷夏观念由隐到显的思想历程、还原元季的政治与文化语境之后，我们会发现洪武元年《谕中原檄》的出现，在元代的思想脉络中其实并不突兀，是长期潜藏的思想暗流在元末特殊政治环境下公开而集中的表达。

《谕中原檄》所展现的夷夏观，有三个要点：一、"元非我类"的族类分野；二、"内夏外夷"的"合理"华夷秩序；三、天运循环的历史观。檄文正是以这三个逻辑前提为支撑，来构建明军北伐的合法性，推导出元朝必亡的结论。然而，从前文的梳理可以知道，上述三点并非明初才萌发的新思想，实是并无新意的老生常谈。檄文的思想来源有两个：远源是儒家经典，尤其是经过宋人重申阐释和构建的《春秋》之学；近源是元代作为思想暗流的各类夷夏论述。

《谕中原檄》首先指出，元朝是以"北狄"的身份入主中国，意图从血统上与蒙元进行切割。然而，在中国古代的族类划分中，血缘并不是最重要的凭据。所谓"诸侯用夷狄礼则夷之，夷而进于中国则中国之"[2]，文化才是划分华夷的最重

---

[1] 以上引文，均参看刘夏：《刘尚宾文续集》卷三《戊戌五月拟上刘晋昭参议书》，第136页上一下。
[2] 韩愈：《原道》，收入氏著，刘真伦、岳珍校注：《韩愈文集汇校笺注》，中华书局，2017年，第3页。关于韩愈此语的文本考辨，参看樊文礼：《儒家民族思想研究：先秦至隋唐》，齐鲁书社，2011年，第217—220页。

要的标准。是否具有统治"中国"的合法性，统治者的血缘与居地并不重要，采用何种文化制度才是关键——这也即是元人郝经（1223—1275）的名论"能用士而能行中国之道，则中国之主也"[1]。这个标准，是元代许多士人的共识，由此产生了诸多值得玩味的文化现象。例如，他们毫不讳言蒙元起家不在中原而是龙兴"朔漠"的事实，也不像中古边裔那样，急于寻找一个与汉人共同的祖先。因为这些，并不是阻碍构建蒙元统治合法性的关键。相反的，他们不惜违背事实，热情地称颂元朝崇用儒学、遵行古制，努力地将元朝皇帝塑造成儒家式的圣王。[2]一个有意思的事例是，不通汉语、不识文字的元世祖忽必烈尚未即位，便被张德辉（1195—1274）、元好问（1190—1257）等一众名儒，推戴为"儒教大宗师"[3]。元人欧阳玄（1283—1357）对此事赋予了极高的意义：

> 世祖龙潜，诸儒请尚其号曰"儒教大宗师"。呜呼！汉唐宋创业之主，乌得而有是号哉！此天以道统而属之世祖也。[4]

通过这种让人惊异的方式，儒士们将忽必烈纳入"尧舜汤武"以来的道统脉络，

---

[1] 郝经：《郝文忠公陵川文集》卷三七《与宋国两淮制置使书》，《北京图书馆古籍珍本丛刊》第91册，影印明刊本，第819页上。对郝氏这一观念及其影响的分析，参看李治安：《元初华夷正统观念的演进与汉族文人仕蒙》，《学术月刊》2007年第4期。

[2] 这类论述，在元代人创作的大量修学记中体现得最为明显。然而，儒学在元代并非国家意识形态，蒙元政府并不特别重视儒学，儒学教育亦不发达。元人揭傒斯坦称"自我元有天下、君中国，凡所与共治者，皆群方万国之人，知佛而不知孔氏者十八九"（参看氏撰《三教堂记》，收入氏著《揭傒斯全集》，第513页）。相关个案，可以参看蔡春娟：《元代大都路儒学教育》，《中国史研究》2015年第3期。

[3] 参看《元史》卷一六三《张德辉传》，第3825页。当然，诸儒的这一举动，还有蠲免赋役等现实利益的考虑。

[4] 欧阳玄：《圭斋文集》卷九《许文正公神道碑》，《四部丛刊初编》，影印成化刊本，第6a页。

原本异质的蒙元历史，得以嵌入以儒家文化为主导的中国历史谱系。这些不可思议的举动，反映的都是儒士们试图塑造蒙元正统的努力。他们知道，唯有如此才能在汉地文化传统中确立蒙古统治的合法性。所谓"昔为儒教大宗师，今作中原圣天子"[1]，一旦宣示接续儒家的传统，统治汉地便成为顺理成章之事。另外一个有意思的例子是，波斯人拉施特丁（1247—1318）和元代士人笔下的蒙元皇帝，形象迥然有别。元朝士人热衷赞颂的皇帝儒家式的"圣德"，在《史集》当中极少有反映。这种差别，主要不是因为各自观察到的事实有异，而是因为双方判定"合法性"的标准不同。

面对这种"文化正统论"，《谕中原檄》也从同样的角度，援据元朝"废长立幼"、兄弟内乱等诸多事例，攻击元廷"废坏纲常"、"渎乱"人伦，以此塑造一个作为中国文化他者、"非我族类"的蒙元。而这种批评角度，并非明初的发明，至少我们在前文所引的元人《学前潘氏族谱序》中即已看到。此前至正二十三年（1363），夏主明玉珍在即位诏书里，亦云"元以北狄污我中夏，伦理以之晦冥，人物为之销灭"[2]，和《谕中原檄》一样，采用的一样是血统加文化的双重论证。

檄文所谓"自古帝王临驭天下，中国居内以制夷狄，夷狄居外以奉中国"，反映的是宋人根据《春秋》改造的"内夏外夷"论。所谓《春秋》"内诸夏而外夷狄"[3]，本来是指《春秋》的叙事立场，即当叙述夷夏交涉时，要站在"夏"的立场上。而在宋代强邻并立的环境下，"内夏外夷"逐渐演变为夷夏各有"定分"

---

1 任氏：《辨正孔滉表》，收入陈镐：《阙里志》卷一二，《四库全书存目丛书》史部第76册，影印明崇祯刻清雍正增修本，第464页上。
2 杨学可：《明氏实录》，《四库全书存目丛书》史部第159册，第7页下。"北狄"原作"北人"，据钱谦益《国初群雄事略》引《明氏实录》改，中华书局，1982年，第118页。
3 参看《春秋公羊传注疏》卷一八（成公十五年），阮元校刻：《十三经注疏》，第2297页上。

（即各有天赋的地理场所与文化性情）、不可相互干涉的理论。[1] 因此不仅"裔夷谋夏"不可接受，像汉武帝、唐太宗那样主动对外征服，也不可取。[2] 这一观念在元代依然有影响，元末胡翰曾作《正纪》，文中所谓的正"地纪"，就是强调华夷之间不应当逾越天设的地理界限：

> 何谓地纪？中国之与夷狄，内外之辨也。以中国治中国，以夷狄治夷狄，势至顺也。……（前论南北两纪，即"中国"与北胡、南越的两条地理边界；两纪之外）四夷居之，风气不同，习俗亦异……虽有圣人，不能使之同仁，从其族类可也。[3]

综括胡氏之意，也即华夷各有天造地设的地理区域，不能相互侵扰、强而合一。这完全继承了宋人的观念。因为华夷异秉，圣人也不能强迫四夷"使之同仁"；对待外夷的态度，应如苏轼所言，当"以不治治之"[4]。正是依据宋人重新阐释的"内夏外夷"论，《谕中原檄》才会有"中国居内""夷狄居外"的地理分野，才会有"驱逐"而非征服或者消灭"胡虏"的提法。在元末群雄当中，"驱逐胡虏"

---

[1] 参看钱云：《阴阳与华夷：宋代中国对外关系理论的嬗变与展开》，待刊稿。

[2] 例如宋元之际的戴表元观看宣示强盛的《唐西域图》，反而感慨中国不可兼治"荒服"，"西汉以来，夸君幸将，贪空名而酿酷祸，以至于唐人之事如此，盖可悲而不可慕也"。参看戴表元：《剡源文钞》卷一《唐西域图记》，《丛书集成续编》第107册，影印《适园丛书》本，第760页下。按，上述引文，《四部丛刊》本《剡源戴先生文集》删略。下文所引胡翰《正纪》，对唐的扩张也有强烈批评。

[3] 胡翰：《胡仲子集》卷一《正纪》，第3页。按，该文在《文渊阁四库全书》本《胡仲子集》中被删去。从文中"由晋之后，汩地之纪者，莫刘渊若也"一句看，作者尚不敢以元灭宋为例，写作时间当在元代。

[4] 苏轼：《经进东坡文集事略》卷一〇《王者不治夷狄论》，《四部丛刊初编》影宋本。苏氏此论在宋代获得广泛认同，影响深远。这种理论可以追溯到《公羊春秋》何休注，所谓"王者不治夷狄，录戎者，来者勿拒，去者勿追"。参看《春秋公羊传注疏》卷二（隐公二年），第2202页中。

的口号也不是朱元璋独创,徐寿辉和明玉珍都有"期逐元虏,以靖中夏""驱逐元虏,以为生民主"的说法,[1]这些口号都有共同的思想渊源。

《谕中原檄》夷夏理论的另一个要点,是天运循环的历史观。这包含两方面内容。檄文首先承认,元人入主,四海臣服,"此岂人力,实乃天授",也即元之吞金灭宋,乃天意使然。这也是元代许多人的共识,因为除去"天意",实在无法解释元人何以能建立如此空前庞大的帝国;即便反元的明玉珍,也得承认元朝断绝"夏商周、汉唐宋"之政统,"咸云天数,敢谓人谋"。[2]然而,檄文随即论证元朝已因不遵礼法而致天命转移,并抛出"胡虏无百年之运"的运数论,从此推导出元之必亡。方震华教授已经指出,"夷狄无百年之运"的运数论,基于金亡的历史经验而形成于南宋后期的士人当中,并以史论的形式,在元代编纂的史书当中继续流传,《谕中原檄》的提法渊源有自。[3]此处想要稍作补充的是,这种运数论曾在元末引起广泛共鸣,受到各支反元势力的重视,不独朱元璋部。方国珍起事时,就有人以"夷狄无百年之运,元数将尽"进行鼓动;[4]徐寿辉的幕僚刘夏,亦谓正因"夷狄之运将满百年",才有了元末的大乱。[5]

回顾上文的梳理可以发现,《谕中原檄》中的夷夏观,并非明初人孤明独发,而是背后有一条自宋末以来一直延续的潜在思想史脉络。梁启超曾经将清末民初思想变迁的推动力,归纳为"残明遗献思想之复活"[6];类似的,元末群雄起事时的高调夷夏宣传,也可以看作是在元代不绝如缕的宋季族群观念的旧调重弹。在元

---

1 杨学可:《明氏实录》,《四库全书存目丛书》史部第159册,第5页下、第9页上。
2 杨学可:《明氏实录》,《四库全书存目丛书》史部第159册,第7页下。
3 参看方震华:《夷狄无百年之运——运数论与夷夏观的分析》,《台大历史学报》第60期(2017年12月),第176—180页。
4 宋濂:《故资善大夫广西等处行中书省左丞方公神道碑铭》,收入氏著《宋濂全集》卷五三,第1256页。
5 以上引文均参看刘夏:《刘尚宾文续集》卷三《戊戌五月拟上刘晋昭参议书》,第136页上。
6 梁启超:《中国近三百年学术史》,上海古籍出版社,2014年,第28页。

代，它长期以来都只是一股思想伏流，元末才如黄河出于积石一般，奔涌而出。放在元末的夷夏语境当中，《谕中原檄》中的观念既不新颖，也不突兀，只是对元季众声的一种汇集。

结语　作为元代思想潜流的夷夏观念

从宋末到元末，本文考察了夷夏观念的显隐变化历程。这里需要强调的是，在盛元时代，汉族人中的族群意识与夷夏观念，只是一种思想潜流。首先，迫于环境压力，这些观念在当时无法公开、直白地表达，即便形诸文字，它们也大多只能像前文讨论的那样，借助各类典故与隐喻，委曲地暗示出来。其次，与宋季不同，元代具备族群观念自觉的士人是少数，并非士人的主体。元代长期的族群接触，是造成这一思想差异的根本原因。元末的刘夏，对此有一番概括性的论述：

> 近世以来七八十年，华夷同风，天下无复有内外之辨……当其（按，宋元）革命之初，父兄耆老相与疑怪，以为异类。岁月既久，渐及百年，后生子弟，耳濡目染，精神心术与之俱化。[1]

与指斥元朝为"夷狄"相反，歌颂元朝亘古未有的"大一统"，才是士人的主流论调。这种现象直到明初开国之时，似乎都没有根本性的改变。其时方孝孺（1357—1402）曾作《正统论》《后正统论》，讥刺以"夷狄"王朝为正统的史学观点，但有人不以为然。方孝孺也将此归因于元时的"岁熏月染"，以致很多人认

---

[1] 刘夏：《刘尚宾文续集》卷三《上魏提举数戊戌五月拟作》，第136页下。

为"昔既为其民矣，而斥之为夷狄，岂不骇俗而惊世哉？"[1] 刘夏和方孝孺的观察，侧面揭示了有元一代士人主流的思想状况。

作为抵御外侮的文化工具，夷夏论调在宋金季年曾经盛极一时，是当时士人主流的对外话语，见于当时的诗词歌赋、政令文告、试题讲义等多类文献。进入元代之后，在政治与文化压力下，前代遗民的话语受到极大抑制，公开语境下夷夏论述寥若晨星，夷夏论调迅速在文献当中退潮。这一时期反映士人华夷观念的典型文献，郑思肖的《心史》，依靠隐秘的手段才得以幸存。然而元代汉人的族群意识并未彻底消亡，它们既反映在坚持故国文化传统、拒绝北俗习尚的诸多举动上，也通过使用隐晦的修辞、假托特定的主题（如"思宋""咏雁"），在文字史料中如草蛇灰线一般，不绝如缕。元代汉人族群意识不能根本消解的原因，是萧启庆先生多次强调的元代征服体制。[2] 在征服状态下，不同的族群身份对应着高下不同的权力；而具有同一文化传统的南北汉人群体，是被统治与歧视的主要对象。政治与经济上的被压迫感，时时提示着他们元帝国内部族群身份的差异。在征服体制之下，无法实现真正、彻底的族群融合，这也决定了汉人的族群意识，不可能完全消亡。到元末蒙元政府权威失坠之时，民间蛰伏的夷夏观念再度凸显，并成为元明易代的思想基调。明初北伐的宣传文告《谕中原檄》，便在这一思想脉络与政治背景下应运而生，中国近世政治与文化史上的新一页，也随之揭开。

1　方孝孺：《后正统论》，收入氏著《逊志斋集》卷二，第58页。
2　参看萧启庆：《内北国而外中国：元朝的族群政策与族群关系》，收入氏著《元朝史新论》，第56—58页。萧启庆先生将魏特夫（Karl A. Wittfogel）"征服王朝"理论引入蒙元族群关系研究，多次强调蒙元"少数统治"下自始至终存在的"征服状态"，是族群融合最大的障碍。他指出，在元代族群等级制度下，不仅被压迫者汉族的族群意识无法消泯，那些在文化上主动接受儒家文明而"士人化"的蒙古、色目知识分子，也不会放弃原有的族群认同。参看萧启庆：《论元代蒙古色目人的汉化与士人化》，收入氏著《元代的族群文化与科举》，联经出版事业股份有限公司，2008年，第55—84页；萧启庆：《千山独行：我的习史历程》，中华书局，2007年，第14页。

附录一　元刊史书讳阙举例

（一）《新刊指南录》

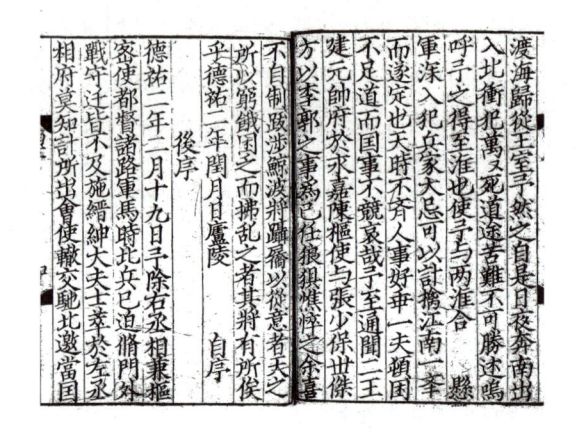

图2-2　《新刊指南录》

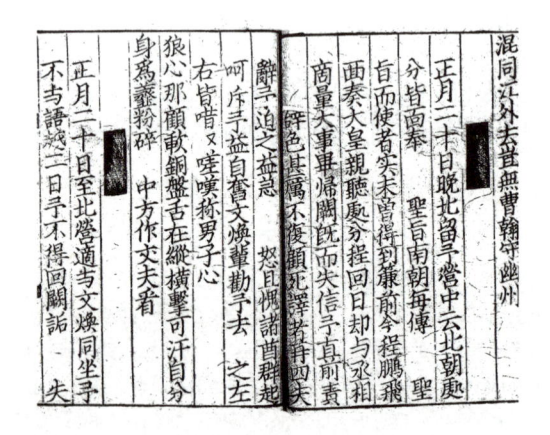

图2-3　《新刊指南录》

第二章 "胡元"考：元代的夷夏观念潜流

阙文举例（据《四部丛刊》影明嘉靖刊本《文山先生全集》补阙）

图2-2：

1. 使予与两淮合，北𤢫悬军深入，犯兵家大忌，可以计擒

2. 德祐二年闰月日，庐陵文天祥自序

图2-3：

1. 予直前责虏酋，辞色甚厉

2. 大酋怒且愧

3. 虏之左右，皆喈嗟叹，称男子心

4. 自分身为齑粉碎，虏中方作丈夫看

5. 予不得回阙，诟虏酋失……

（二）元刊本胡三省注《资治通鉴》

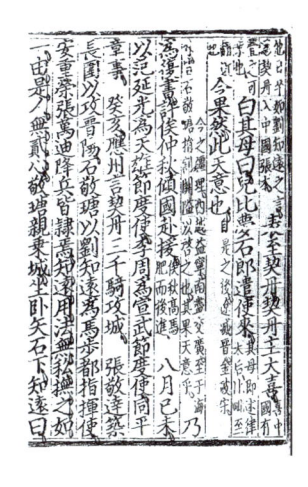

图2-4　元刊后印本《资治通鉴》　　图2-5　元刊初印本《资治通鉴》

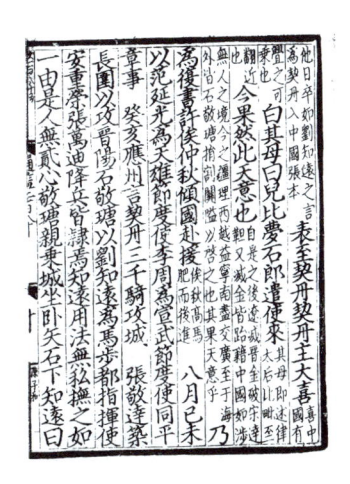

101

元刊《资治通鉴》卷二八〇胡三省注：自是之后，辽灭晋、金破宋达靼又灭金皆路籍中国如涉无人之境，今之疆理，西越益宁，南尽交广，至于海外，皆石敬瑭捐割关隘以启之也。其果天意乎！

（三）元刊本《宋史全文续资治通鉴》

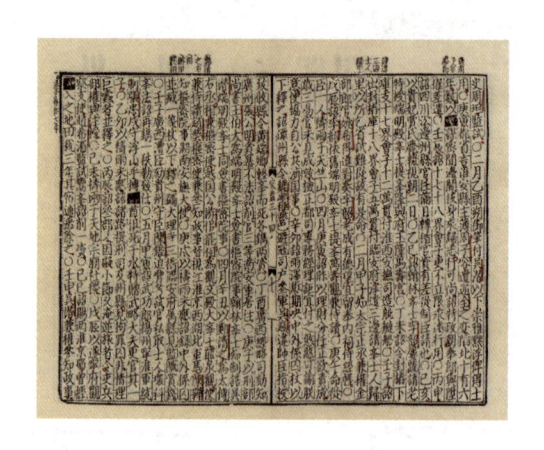

图2-6 《中华再造善本》影印元刊本《宋史全文续资治通鉴》卷三四

1. 元刊本《宋史全文》：陷北十有六年，数以□谋密闻边阃。

《文渊阁四库全书》本《宋史全文》：陷北十有六年，数以外谋密闻边阃。

2. 元刊本《宋史全文》：戍守浮山，手搏□酋，俱死于水。

万历本《续文献通考》：戍守浮山，手搏虏酋，俱死于水。

3. 元刊本《宋史全文》：诏赐两淮京蜀曾经□入之地田税三年。

万历本《续文献通考》：诏赐两淮京蜀曾经虏入之地田税三年。

附录二　本章引据史料版本异文举例

篇　名	本文引据本	别　本
陈郁《藏一话腴》"甲午岁端平元年"条	民国《适园丛书》本《藏一话腴》： 本条有	清《豫章丛书》本《藏一话腴》： 本条无
潘音《待清轩》《社日》《远游》《感咏》	《宋集珍本丛刊》影印清抄本《待清轩遗稿》： 以上诸诗有	《文渊阁四库全书》本《两宋名贤小集·待清轩遗稿》： 以上诸诗无
胡翰《正纪》	《金华丛书》本《胡仲子集》： 本篇有	《文渊阁四库全书》本《胡仲子集》： 本篇无
陆秀夫《授文天祥通议大夫右丞相枢密使都督诸路军马诏》	《四部丛刊》影明嘉靖刊本《文山先生全集》： 适裔房之猾夏，率义旅以勤王	清道光五柳堂刊本《宋左丞相陆公全书》： 适北兵之奄及，率义旅以勤王
崔禧《大金故应奉翰林文字赠济州刺史李公碑铭并序》	王昶《金石萃编》： 我进士第一人，重有禄位，汝何禽畜，吾岂为汝使哉！	张金吾《金文最》： 我进士第一人，重有禄位，汝何禽畜吾，吾岂为汝使哉！
武曦《乾州刺史抹撚公德政碑》	崇祯《乾州志》： 公以虏寇不大治，则虽去而恐复至	张金吾《金文最》： 公以敌寇不大治，则虽去而恐复至
潘音《待清轩》	清抄本《待清轩遗稿》： 衣冠归左衽，海国陷黄尘 …… 何时启昌运，中国生圣人	顾嗣立辑《元诗选》初集： 衣冠归□□，海国生黄尘 …… 何时启昌运，□□生圣人

续表

篇　名	本文引据本	别　本
王冕《南城怀古》	《邵武徐氏丛书》本《竹斋诗集》： 契丹踪迹埋荒草， 女直烟花隔短墙。 …… 书生慷慨何多恨， 恨杀当年石敬瑭。	《文渊阁四库全书》本《竹斋集》： 铜驼踪迹埋荒草， 元菟风尘识战场。 …… 书生慷慨何多感， 转忆轮台汉武皇。

第三章

景教西来：元代济宁路的一个也里可温家族

引言　新材料的发现

"也里可温"是元代对入传中国的包括景教（基督教异端聂斯脱利派，Nestorianism）、天主教在内的基督教各派的统称，自1917年陈垣（1880—1971）先生出版《元也里可温教考》以来，一直是元代宗教文化史研究的热点话题。[1] 元代遗留的汉文也里可温史料多系零章片简，陈垣先生已基本搜罗殆尽。近代以来，中国各地有不少景教墓刻出土，[2] 但囿于碑铭体例，大多内容单一、承载信息有限。资料匮乏是制约元代景教研究的瓶颈，许多问题难以进行深入讨论。笔者翻阅史料时发现，道光《巨野县志》收录的三篇元代景教家族墓志，为相关研究提供了新的资料。传世文献中的景教徒墓志，[3] 大都侧重描述墓主的仕历勋业，在宗教信

---

1 对二十世纪八十年代以来元代景教研究的回顾，参看杨晓春：《二十年来中国大陆景教研究综述（1982—2002）》，《中国史研究动态》2004年第6期，第11—20页。最新研究进展，参看牛汝极：《中国与中亚景教研究新信息与新成果——"第三届中国与中亚景教研究国际学术研讨会"综述》，《世界宗教研究》2009年第3期，第141—143页。

2 对这些碑刻的综合研究，参看牛汝极：《十字莲花：中国元代叙利亚文景教碑铭文献研究》，上海古籍出版社，2008年。

3 主要有元好问：《遗山先生文集》卷二七《恒州刺史马君神道碑》，《四部丛刊》本，第9a—12b页；阎复：《驸马高唐忠献王碑》，收入苏天爵：《国朝（元）文类》卷二三，《四部丛刊》本，第20a—25b页；程钜夫：《雪楼集》卷五《拂林忠献王神道碑》，《元史研究资料汇编》第26册，影印陶氏涉园影洪武刊本，第245—250页；马祖常：《石田先生文集》卷一三《故礼部尚书马公神道碑铭》，李叔毅点校，中州古籍出版社，1991年，第236—239页。此外，内蒙古四王子旗发现有景教僧官耶律子成神道碑残石，释文参看盖山林：《元"耶律公神道之碑"考》，《内蒙古大学学报》（汉文版）1981年第1期，第78—80页。

仰方面着墨甚微，若不与其他文献参照对读，有些甚至无法确认其为景教徒。新发现的三篇墓志，对墓主的文化背景和信仰状况都有较为细致的描述。这个景教家族至少三代在济宁路为官，在各县方志和金石志中，还保留下来不少碑刻材料。这些碑刻的时间跨度接近六十年，它们不仅提供了元代景教的许多新知识，更为宝贵的是展现了景教与中国本土文化的交流与融合。笔者不揣浅陋，即以按檀不花家族碑刻提供的景教新知以及所反映的景教与儒家、道教（民间信仰）的互动为中心，对此景教家族做一专题研究。

一　碑刻所见的家族世系

在正式开始本章论述之前，笔者先将本章使用的按檀不花家族碑刻材料的相关问题，以及该家族的世系与背景，做一简要介绍。

（一）按檀不花家族诸碑及相关问题

元代济宁路三州一十六县，是蒙古帝室最为煊赫的后族弘吉剌氏的封地。成吉思汗在世时，曾与弘吉剌首领按陈约定，"弘吉剌氏生女世以为后，生男世尚公主"[1]。弘吉剌氏封地广阔，领有应昌、全宁、济宁、汀州、永平五路，且有权自行任命领地官员。济宁路及其下属州县，即"得任其陪臣为达鲁花赤"[2]。按檀不花

---

[1] 《元史》卷一一八《特薛禅传》，第2915页。据统计，有元一代，弘吉剌氏"以驸马袭王爵者"六人，出嫁蒙元皇室为妃者十六人，参看崔明德：《中国古代和亲史》附表，人民出版社，2005年，第698—706页。

[2] 《元史》卷一一八《特薛禅传》，第2920页。关于弘吉剌氏对封地管辖权的研究，参看叶新民：《弘吉剌部的封建领地制度》，收入《内蒙古大学学报》编委会编：《内蒙古大学纪念校庆二十五周年学术论文集》，内蒙古大学印行，1982年，第74—92页。

第三章　景教西来：元代济宁路的一个也里可温家族

家族自大父岳雄起即为弘吉剌氏部属，在蒙古立国之初颇建战功，因此该家族至少有三代人、历经六十余年占据济宁路及下属州县的津要职位。这个家族在济宁路留下的碑刻，笔者目前发现的已有十通，具体情况见于表3-1：

表3-1　按檀不花家族诸碑简况

	碑　名	立碑时间	状　主	撰　者	备　注
一	济宁路总管府碑记	至元二十四年（1287）		胡祗遹	《巨野县志》："在北门外真武庙后漫地中。"
二	济宁路达鲁花赤睦公善政颂碑	约元贞元年（1295）	铁木儿不花（按檀不花）	李　谦（？）	《巨野县志》："在北门真武庙后漫地内，只存上半截，所有撰文、篆额、书丹等衔名俱佚。"撰者据他碑推测。
三	重建至圣文宣王庙碑	大德五年（1301）	按檀不花	阎　复	原碑仍存，在曲阜孔庙奎文阁后碑亭。
四	阙里宅庙落成后碑	大德十一年（1307）	按檀不花	李　谦	
五	重修伏羲庙碑	至大二年（1309）	岳出谋		碑名为笔者拟，《邹县志》未录碑额，作"元嘉议大夫大都路达鲁花赤岳出谋碑记"。
六	少中大夫按檀不花碑暨夫人辛陈氏合葬神道碑	天历二年（1329）	按檀不花		《巨野县志》："北门外校场后驸马陵，是碑撰文、篆额、书丹姓氏衔名并竖立年月俱佚。"
七	修儒学碑记	天历二年（1329）	夒（薛）理吉思		《鱼台县志》："碑无年月，亦无撰者姓名"。立碑时间据碑文推定。

109

一 图像、观念与仪俗：元明时代的族群文化变迁

续表

	碑　名	立碑时间	状主	撰者	备　注
八	乐善公墓碑	后至元五年（1339）	骚马	苏若思	《巨野县志》："驸马陵侧。"
九	重修伏羲庙献殿碑	至正二年（1342）		杨铎	《山左金石志》仅录碑额及行款，碑文今佚。
十	驸马陵表庆之碑		岳出谋	胡祖宾	《巨野县志》："在北门外演武场后，地名石碑坡，碑首惟存'表庆之碑'四字，其余文意悉残缺不全。"

※资料来源：一、道光《巨野县志》卷二〇，第32a—34a页，上海图书馆藏道光刊本；收入《全元文》第5册，第442—443页。按，本篇《全元文》脱漏原文两页。二、道光《巨野县志》卷二〇，第36b—39b页。三、弘治《阙里志》卷九，《北京图书馆古籍珍本丛刊》第23册，第621—623页；又见《全元文》第9册，第255—257页，二者标题及文字略有小异。四、弘治《阙里志》卷九，第623—624页；又见《全元文》第9册，第96—97页。五、康熙《邹县志》卷一下，《中国方志丛书》影印本，成文出版社，1968年，第363—367页。六、道光《巨野县志》卷二〇，第22b—27b页。七、光绪《鱼台县志》卷四，上海图书馆藏光绪刊本，第17a—b页。八、道光《巨野县志》卷二〇，第27b—31b页；又见《全元文》第50册，第108—111页。九、《山左金石志》卷二四，《续修四库全书》第910册，第157页。十、道光《巨野县志》卷二〇，第19a—22b页；又见《全元文》第47册，第352—354页。文中引用以上诸碑，均据原始出处录出，后文不重复出注。

这组碑刻中，按檀不花（Altan Buqa，蒙语名，"金牛"之意；1243前—1322）及其二子骚马（1261—1335）、岳出谋（？—1342后）的墓碑（分别为《少中大夫按檀不花碑暨夫人辛陈氏合葬神道碑》，简称《按檀碑》;《乐善公墓碑》;《驸马陵表庆之碑》，简称《表庆碑》)，是内容最为重要的三通。根据道光《巨野县志》的记载，它们都树立于巨野县城北门外校场后的"驸马陵"，此处应该就是各碑屡屡提到的"先茔"，也即按檀不花家族的族葬墓地。《巨野县志》卷三《陵墓》云："驸马陵，城北里许演武场后，即下（按，'下'字疑误）乐善公先茔，不详

其人。"[1] 综考诸碑碑文，按檀不花家族虽然与领有该地的弘吉剌氏通婚，但其成员未见有尚公主者。岳出谋墓碑名为《驸马陵表庆之碑》，其中"驸马陵"三字是县志所加，非原碑旧名。岳出谋的一妻（金氏）一妾，从姓氏和地位来看，应该都是汉人。领有该地的弘吉剌氏虽然世尚帝室公主，但其府邸远在塞北，死后不会葬在巨野。"驸马陵"之名，尚不知由何而来。

有几通碑刻需要略做说明。《济宁路总管府碑记》立碑者署名"铁木儿不花"；《济宁路达鲁花赤睦公善政颂碑》（简称《善政颂碑》）亦称状主"小字铁木儿不花"，其家世与仕历，与《按檀碑》所载完全吻合。按檀不花与铁木儿不花、"睦公"三者应是同一人。光绪《鱼台县志》收录的《修儒学碑记》，状主为天历二年（1329）[2] 在任的本县达鲁花赤"燮里吉思"；而同年树立的《按檀碑》提到，按檀不花有孙名"薛里吉思"，任鱼台县达鲁花赤，两者正合。另外，至大二年（1309）岳出谋撰文的《重修伏羲庙碑》与至正二年（1342）出其篆额的《重修伏羲庙献殿碑》的关系，笔者将在本章第四节做详细说明。

（二）族属与世系

根据《按檀碑》，按檀不花"世为阿里马里人氏"。阿里马里（Almaliq），《元史》作"阿力麻里"，位于天山北麓，故城在今天新疆霍城县，[3] 后来成为察合台汗国首都。大约从唐代中期起，阿力麻里所在的伊犁河流域就被葛逻禄部（元代称"哈剌鲁"，Qarluq）占据，十三世纪初，哈剌鲁人斡匝尔（Ozar）曾以阿力

---

1 道光《巨野县志》卷三《方舆》，第19b页。
2 光绪《鱼台县志》卷二《宦迹》，第46b页；此处将燮（薛）里吉思之名，省作"吉思"。
3 黄文弼：《元阿力麻里古城考》，《考古》1963年第10期，第555—561页。

麻里为中心建立一个小国。[1] 世居此地的按檀不花家族，很可能是哈剌鲁人。[2] 1211年，阿力麻里统治者遣使归附成吉思汗；1219年，蒙古西征花剌子模，阿力麻里王率兵助战。[3] 可能就在这个时期，按檀不花的祖父岳雄"入侍密近"，获得成吉思汗的信任，"授玺书虎符，岁时持圣训谕宏吉烈部"，后来遂成为弘吉剌氏首领、国舅按陈的部属。岳雄在弘吉剌部地位颇高，"班济宁忠武王（按，即按陈）下，诸驸马皆列坐其次，事无大小，一听裁决"。蒙古灭金时，曾受命"摄忠武职，统宏吉烈一军下河南"，既而又追随按陈平定辽东，[4] 后家于松州（今内蒙古赤峰市西）。从生年及夫人卒地推断，岳雄之孙按檀不花，青年时期即生活于此。至元十年（1273），按檀不花出任弘吉剌氏中原封地济宁府达鲁花赤，在此后长达三十七年的时间里，一直担任济宁地区的最高军政长官。[5] 作为弘吉剌氏的世臣，其诸子若孙也世居显职。根据按檀不花及其二子的墓志，其家族成员的世系与官职，可参看图3-1。

按檀不花及其子孙，在元代至少担任过三路二州三县的职务，《乐善公墓碑》称其家族"重辉迭芳，震耀一时"，并非虚誉。除去岳出谋和业里通瓦，按檀不花家族其他成员都在弘吉剌氏领地上任职，实质上是弘吉剌氏的家臣。他们之得

---

1 参看陈高华：《元代的哈剌鲁人》，《西北民族史研究》1988年第1期，第145—146页。
2 虽然《按檀碑》称按檀不花"识会畏吾儿文字言语"，但畏吾儿文曾在西北诸族广泛行用，无法据此断定按檀不花的族属。
3 参看多桑：《多桑蒙古史》上册，冯承钧译，中华书局，2004年，第68、104页。
4 以上岳雄事迹参看《善政颂碑》。平定辽东，当指1235年伐高丽之役，参看多桑：《多桑蒙古史》上册，第224页。
5 按檀不花在济宁任职的年限，《按檀碑》云三十七年，《表庆碑》云三十五年，《乐善公墓碑》作四十余年。此从《按檀碑》。投下领地的达鲁花赤，由领主私人任命，不与国家任命的官员一道迁转，故得久任。参看洪金富：《从"投下"分封制度看元朝政权的性质》，《史语所集刊》第五十八本第四分（1987年12月），第877—878页。

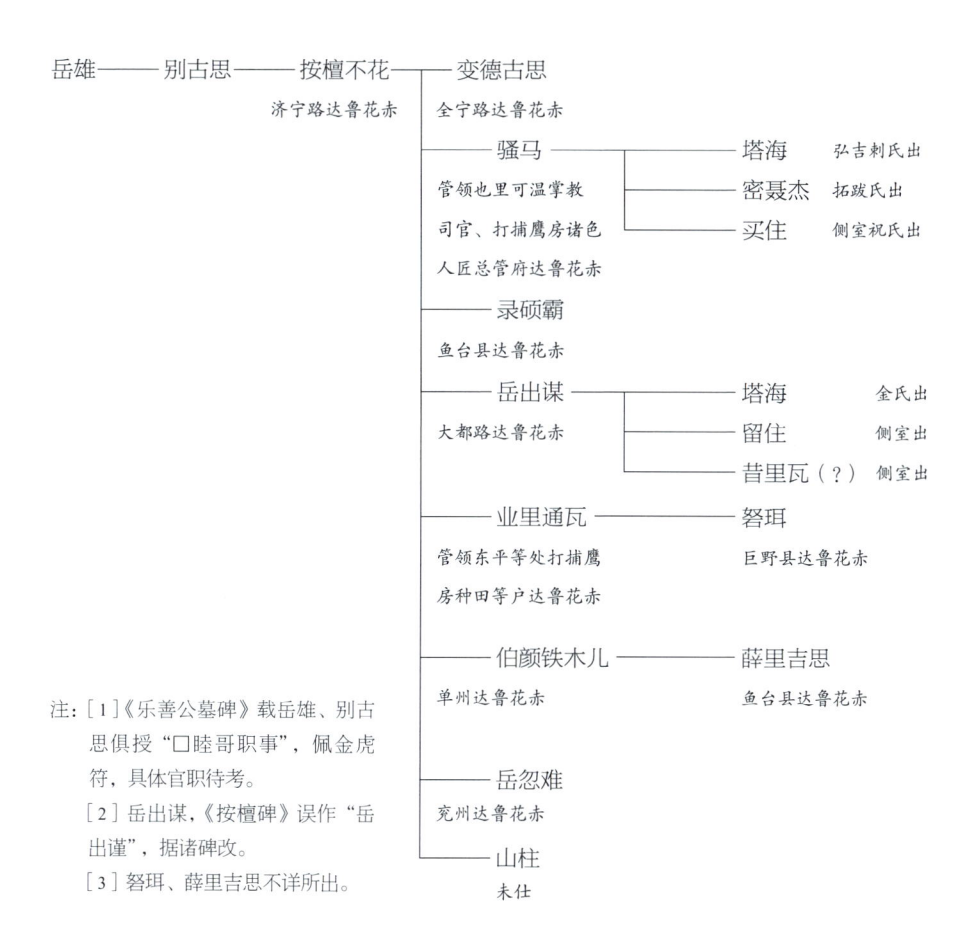

第三章 景教西来：元代济宁路的一个也里可温家族

```
岳雄──别古思──按檀不花──变德古思
                  济宁路达鲁花赤  全宁路达鲁花赤
                              ├─骚马──────────┬─塔海    弘吉剌氏出
                              │ 管领也里可温掌教   ├─密聂杰  拓跋氏出
                              │ 司官、打捕鹰房诸色 └─买住    侧室祝氏出
                              │ 人匠总管府达鲁花赤
                              ├─录硕霸
                              │ 鱼台县达鲁花赤
                              ├─岳出谋──────────┬─塔海    金氏出
                              │ 大都路达鲁花赤    ├─留住    侧室出
                              │                 └─昔里瓦（？）侧室出
                              ├─业里通瓦─────────┬─笞珥
                              │ 管领东平等处打捕鹰  巨野县达鲁花赤
                              │ 房种田等户达鲁花赤
                              ├─伯颜铁木儿────────薛里吉思
                              │ 单州达鲁花赤       鱼台县达鲁花赤
                              ├─岳忽难
                              │ 兖州达鲁花赤
                              └─山柱
                                未仕
```

注：[1]《乐善公墓碑》载岳雄、别古思俱授"□睦哥职事"，佩金虎符，具体官职待考。
[2] 岳出谋，《按檀碑》误作"岳出谨"，据诸碑改。
[3] 笞珥、薛里吉思不详所出。

图3-1　按檀不花家族世系与官职

官，要仰仗领主的荫庇，《济宁路总管府碑记》对弘吉剌氏的颂美与感戴也就可以理解了。

（三）济宁路的外来族群

《按檀碑》说墓主卒后"葬于郡北先茔"，据此则按檀不花并不是移居济宁

113

的第一代，其父别古思应该也葬在此地。像按檀不花家族这样的塞北移民，在济宁地区不算少数。至顺二年（1331）出任本路达鲁花赤的唐兀人秃满台，祖上同样来自塞外弘吉剌氏封地。其祖父赫思原居河西，蒙古扫平西夏后迁居应昌，"应昌故宏吉剌氏地，驸马鲁王宫帐建焉。以故在分地内者，皆隶王麾下"。1259年，赫思随按陈之子纳陈经略山东、河南，后受命留镇巨野县昌邑城，"该所领与编氓杂处"[1]。同在弘吉剌部麾下的别古思，或许也在此时来到巨野。至元十八年（1281）济宁由府升路之后，弘吉剌领主又以"驱虏及从行蒙古军三千余户，分为十七奕，散居济、兖、单三州"[2]。这些外来人口在一个居民只有一万五百四十五户的下路中，[3]所占比例是不小的。虽然也里可温教士也着意吸纳汉族乃至异教人员，[4]但从目前已知的材料来看，其信徒仍以外来民族为主。伯希和曾谓元代基督教"大致可以说不是汉人之基督教，而为阿兰人、突厥人之基督教，或者还有少数真正蒙古人信仰此教"[5]，这些来自中原以外的蒙古、色目移民，应该构成了元代济宁路也里可温信众的主体。

---

1 胡祖广：《武略将军济宁路总管府达鲁花赤先茔神道碑》，收入道光《巨野县志》卷二〇，第46b—47b页。
2 胡祖广：《大元加封宏吉烈氏相哥八剌鲁王元勋世德碑》，收入道光《巨野县志》卷二〇，第52b页。
3 济宁路户数参看《元史》卷五八《地理志》，第1366页。目前从有限的材料中得知，蒙元初期迁居巨野的外来民族，除蒙古、哈剌鲁、唐兀等族外，还有原居辽东盖州的女真人，参看张士观：《完颜氏先茔碑》，收入民国《续修巨野县志》卷七下，《中国方志丛书》影印本，第571—575页。
4 也里可温教士曾在温州路"诱化""法箓先生"，与当地道教发生纠纷，参看陈垣：《元也里可温教考》第十一章，收入氏著《陈垣学术论文集》第1集，中华书局，1980年，第32—33页。罗马天主教驻大都总主教约翰孟德高维奴，曾为六千余人施洗，并收养了一百五十名父母"崇奉异端"的幼童，其信众中必有汉族。参看约翰孟德高维奴1305年信札，冯承钧：《中西交通史料汇编》第1册，中华书局，2003年，第321页。
5 伯希和：《唐元时代中亚及东亚之基督教徒》，收入冯承钧译：《西域南海史地考证译丛》第1卷第1编，商务印书馆，1962年，第49—70页。

二 按檀不花家族的景教信仰

从目前发现的史料来看，元代在外来民族中流行的景教信仰带有家族性质，往往家族成员普遍信奉景教，而且可以延续数代。[1]他们在命名乃至生活习俗上，都具有明显的宗教色彩。信仰景教的按檀不花家族，在这些方面也表现出了类似的特征。他们留下的墓志材料，为我们提供了不少元代景教新知识。

（一）祖居地与命名

景教在唐代即已传入中国，但受唐武宗灭佛事件牵连，势力一蹶不振。到两宋时代，景教在汉族地区几近销声匿迹，[2]但在中国西北和中亚地区仍盛行不辍。从按檀不花家族的祖居、族属与命名来看，这个家族在进入中原之前已经接受了景教信仰。

按檀不花家族世居的阿力麻里地区，是景教在中亚的重要活动地点。[3]阿力麻里西南的可失哈耳（今喀什）和撒马尔干，在十三世纪中叶到十四世纪中叶，是景教主教驻节地。[4]日本学者佐伯好郎（1871—1965），曾在中亚七河流域收集到七

---

1 最为典型的例子，是元代源出汪古部的马庆祥家族。相关研究参看王颋：《桐繁异乡——元净州马氏九世谱系考辨》，收入氏著《西域南海史地考论》，上海人民出版社，2008年，第218—238页；殷小平：《马氏汪古由景入儒的转变历程》，收入林中泽编：《华夏文明与西方世界》，博士苑出版社，2003年，第95—110页。对该家族教名的分析，参看伯希和：《唐元时代中亚及东亚之基督教徒》，收入冯承钧译：《西域南海史地考证译丛》第1卷第1编，第55—56页。

2 最近王媛媛依据零星宗教史料，提出了唐代以后景教仍在汉族地区存在的可能，参看氏撰《唐后景教灭绝说质疑》，《文史》2010年第1辑，第145—162页。

3 参看刘迎胜：《蒙元时代中亚的聂思脱里教分布》，《元史及北方民族史研究集刊》1983年第7期，第67页。

4 参看冯承钧：《中西交通史料汇编》第1册，第311页，所引景教主教驻节表。

块阿力麻里籍景教徒墓石。二十世纪五十年代，黄文弼（1893—1966）在阿力麻里古城遗址发现了三块景教石刻，此后陆续又有新的发现。[1] 极有可能在留居阿力麻里时期，按檀不花家族就已经皈依景教。按檀不花的祖父岳雄，后来追随弘吉剌部首领按陈移家松州；而今天赤峰市松山区也有景教遗物出土，而且其中一方墓砖，颇能让人产生一些与岳雄有关的联想。[2]

和元代许多景教徒一样，按檀不花家族成员的命名，也表现出浓厚的宗教色彩。[3] 在已知的五代十九例成员姓名中，至少有六例可以确定是景教教名。按檀不花之父别古思、四子岳出谋，与成吉思汗的景教侍臣镇海的两个儿子勃古思（Bacchus）、要束木（Joseph，今译约瑟夫）同名。[4] 按檀不花长子名变德古思，"变德"两字的切音与"别"相近，[5] 应该是袭其祖父别古思之名。基督教教名数量有限，而且一家之内不以长幼同名为讳。名字汉文译法的差异，很可能是碑铭撰

---

[1] 黄文弼：《元阿力麻里古城考》，《考古》1963年第10期，第557—558页。有关阿力麻里景教刻石的研究，参看牛汝极：《十字莲花：中国元代叙利亚文景教碑铭文献研究》第三章，第57—66页，该书收录阿力麻里景教墓石九块。

[2] 参看James Hamilton、牛汝极：《赤峰出土景教墓砖铭文及族属研究》，《民族研究》1996年第3期，第78—83页。墓砖十字架上方为叙利亚语《圣经·诗篇》文句，下方为八行回鹘语铭文。根据牛汝极的释文，墓主人是将军"京帐首领药难（Yawnan）"，生卒年为1182—1253年。"京帐"意为皇宫、王室或首府。墓主的身份和在世时间，都与岳雄基本吻合。马晓林已将此二人勘同。参看氏撰《元代景教人名学初探——以迁居济宁的阿力麻里景教家族为中心》，《北京大学学报》（哲学社会科学版）2016年第1期，第134—140页。

[3] 按，关于此家族景教人名的最新研究，请参看马晓林的两篇文章：《元代景教人名学初探——以迁居济宁的阿力麻里景教家族为中心》，《北京大学学报》（哲学社会科学版）2016年第1期，第134—140页；《巨野元代景教家族碑历史人名札记》，《中山大学学报》（社会科学版）2020年第5期，第136—139页。

[4] 在《中原音韵》里，"岳""要"同归萧豪部，"谋""木"同归鱼模部，故"岳出谋"即"要束木"。"勃古思"与"要束木"的教名对音，参看伯希和：《唐元时代中亚及东亚之基督教徒》，收入冯承钧译：《西域南海史地考证译丛》第1卷第1编，第56页。

[5] 在广韵音系中，"别"为帮母薛韵入声；"变"为帮母、"德"为德韵入声，二字连读切音与"别"相近。

第三章 景教西来：元代济宁路的一个也里可温家族

者出于汉族习俗，有意进行的区别性译写。[1] 按檀不花曾经做过"也里可温掌教司官"的次子，名为骚马。"骚马"（Sauma，今译扫马）一名，笔者所见共有三例，都为景教徒。一位是曾经访问欧洲的著名景教徒"列班骚马"（Rabban Sauma），[2] 一位是身为"西域涅思脱里贵族"[3] 后裔的"把骚马也里黜"，还有一例（扫马）见于泉州出土的景教墓碑。[4] 另外，按檀不花第三子名录硕霸，"骚马"在元代又异译为"索麻"，与"硕霸"音近，"录硕霸"很可能是 Luc Sauma[5]。按檀不花第七子，用的是景教徒最常见的名字"岳忽难"（Yohanan，元代文献中又作月忽难、月合乃，今译约翰），此名在《大秦景教流行中国碑》叙利亚语题名中凡十二现。[6] 按檀不花之孙薛里吉思，与在镇江路达鲁花赤任上大造景教寺宇的马薛里吉思（Mar Sargis）同名。虽然其他几位家庭成员之名，限于笔者学力，尚无法给出相应的教名对音，但从中也可以窥见某些景教影响的痕迹。按檀不花第五子名业里通

---

[1] 这里可以举一个例子。康里人亦纳脱脱，长子名"霸都"，其孙辈中有人名"把都儿"，这两个名字其实都是同一个蒙古名"Batur"的异译。参看黄溍：《金华黄先生文集》卷二九《敕赐康里氏先茔碑》，《四部丛刊初编》本，第8b—9a页。

[2] 相关事迹的研究，参看杨富学：《元代畏兀儿外交家拉班·扫马事辑》，《中国宗教学》第2辑，宗教文化出版社，2004年，第327—337页。

[3] 黄溍：《金华黄先生文集》卷四三《马氏世谱》，第1a页。此人为元代文学家马祖常之先祖。其名颇多异译，《马氏世谱》作"伯索麻也里束"，《恒州刺史马君神道碑》作"把骚马也里黜"，《故礼部尚书马公神道碑铭》作"把造马野礼属"。

[4] 参看夏鼐：《两种文字合璧的泉州也里可温（景教）墓碑》，《考古》1981年第1期，第59—62页。本碑发现于1954年，墓主是江南诸路明教教管领官、景教徒失里门（Solomon，今译所罗门），立碑者为帖迷答扫马（Timothy Sauma），时间是皇庆二年（1313）。从落款所用词句来看（"帖迷答扫马等泣血谨志"），立碑者和墓主应是父子关系。根据骚马的家世与仕历（详下），这两位Sauma虽然在世时间重叠，但显然非一人。

[5] "骚马"异译为"索麻"，参看上注所引马祖常先祖例。马氏家族中有名"禄和"者，伯希和对音为"Luc"（今译路加，参看氏撰《唐元时代中亚及东亚之基督教徒》，收入冯承钧译：《西域南海史地考证译丛》第1卷第1编，第56页），"录硕霸"之"录"，或即Luc之音译。

[6] 参看朱谦之《中国景教》所引景教碑题名表，人民出版社，1993年，第161—163页。

瓦，"业里"（也里，Eli-）是常见的景教教名前缀。[1]扬州出土的景教墓碑，墓主名也里世八（今译伊丽莎白），读音与前者相近，唯系女名。[2]方豪认为"'也里'上帝也"[3]，如是说成立，业里通瓦亦为教名。此外，按檀不花之孙昔里瓦（后或有脱字），"昔里"当是"薛里"（Sar-）的异译。[4]

（二）似佛实景的按檀不花

按檀不花的祖父岳雄、父亲别古思和景教的关系，材料阙如，今已无法详考。如果没有《乐善公墓碑》对读，按檀不花这位虔谨的景教徒，也极可能被误认为信仰佛教。《按檀碑》说他"识会畏吾儿文字言语，深通佛法，持戒甚谨"。把景教说成佛教，在文献中甚为普遍。《元史》记载文宗追荐忽必烈之母、信奉景教的唆鲁和帖尼，云："（天历元年九月，1328）命也里可温于显懿庄圣皇后神御殿作佛事。"[5]记载也里可温事迹最为详备的《至顺镇江志》，把十字寺归入佛寺之列；明知景教与"天竺寂灭之教不同"的梁相，在为景教大兴国寺撰写碑记时，还是习惯性地使用"佛殿"一词。[6]这一方面因为执笔文士不明就里，无意中混淆甲乙，如潘昂霄（1250—1320）就把景教说成是包括佛教在内的"西竺"九

---

1 Elias见于《大秦景教流行中国碑》题名；《至顺镇江志》有"也里牙"；马祖常之祖名"把骚马也里黜"。

2 参看王勤金：《元延祐四年也里世八墓碑考释》，《考古》1989年第6期，第553—554页；耿世民：《古代突厥语扬州景教碑研究》，《民族语文》2003年第3期，第40—44页。

3 方豪：《中西交通史》下册，上海人民出版社，2008年，第378页。

4 前面提到的镇江路达鲁花赤马薛里吉思（Mar Sargis），其名在《通制条格》中译为"昔里（思）乞思"，参看陈垣：《元也里可温教考》，收入氏著《陈垣学术论文集》第1集，第53页。马祖常四世祖马庆祥，教名"习礼吉思"，亦即Sargis。

5 《元史》卷三二《文宗本纪》，第711页。

6 《至顺镇江志》卷九，《宋元方志丛刊》第3册，中华书局，1990年，第2740页。

十六道之一。[1]另一方面，也和景教对佛教的缘附有关，这点在唐代表现得至为明显。[2]元代景教也有主动比附佛教的问题，泉州出土的汉文景教墓碑，有铭文作"匪佛后身，亦佛弟子。无憾死生，升天堂矣"，将耶稣说成佛陀，而撰铭者竟是"管领泉州路也里可温掌教官兼住持兴明寺"的景教僧官。[3]因此《按檀碑》将信仰景教的按檀不花，说成"深通佛法"，也就不足为怪了。按檀不花"识会畏吾儿文字言语"，而蒙古文字依据畏吾儿文创制，[4]故按檀不花之子骚马精通"蒙古字译语"（《乐善公墓碑》），也是有先天优势的。语言对于景教信仰有特别的意义。和唐代的情况不同，迄今发现的元代景教经典，基本都用叙利亚语和畏吾儿语写成，尚未见有汉文译本。骚马担任也里可温掌教司官，除去家族的信仰和地位，恐怕也与阅读教典的语言优势有关。

"持戒甚谨"的按檀不花，"囗斋素食，月余而罢"，这一点更能证实其景教徒身份。佛教徒的饮食习惯，或者终年茹素，或者在宗教节庆或每月朔望固定几日持斋，没有为期"月余"的斋仪。穆斯林须守斋月，但无须"素食"。按檀不花所持之斋，只能是基督教中的大斋期（亦称四旬期，拉丁文作Quadragesima，意为四十天）。大斋期是指复活节前为期四十天的斋戒悔罪，用来比拟耶稣受洗后在荒野中四十个昼夜的禁食。[5]这项斋仪发端于使徒时代，四世纪初，东方亚述教会（后来的聂斯脱利派）率先以大斋期作为复活节前的准备。斋戒期间每日一

---

1 《至顺镇江志》卷九，《宋元方志丛刊》第3册，第2748页。
2 唐代景教在经典字句乃至教义上对佛教的比附，参看黄夏年：《景教与佛教关系之初探》，《世界宗教研究》1996年第1期，第83—90页；殷小平、林悟殊《〈幢记〉若干问题考释——唐代洛阳景教经幢研究之二》一文，专门讨论到了唐代洛阳景教僧团的佛化，《中华文史论丛》2008年第2期，第269—292页。
3 吴幼雄：《福建泉州发现的也里可温（景教）碑》，《考古》1988年第11期，第1015页。
4 参看冯承钧：《中西交通史料汇编》第1册，第309页。
5 故事参看《马太福音》4:1—4。

食,且不能食用肉、鱼、蛋、奶等类食物。[1]按檀不花为期月余的"□斋素食",当即指此。这是迄今为止仅见的元代汉地景教徒持斋的记载。[2]

和担任镇江路达鲁花赤的景教徒马薛里吉思一样,按檀不花在济宁路任职期间,也致力于建造景教寺宇。《按檀碑》云:

> 公又念累叶蒙皇家公主驸马恩宠,一无报效,于郡北郭建□□□□□□□□□□寺,请明师,聚徒众,且□香□,为国焚修,祝延圣寿。意未已,择济州南郭明爽之地,大建寺宇,与郡寺相甲乙。

这段材料首次确证了元代济宁路也里可温群体的存在,此前的中西文史料,都未提到济宁地区有景教信徒和教堂。元代也里可温分布地图,可以据此改绘。[3]按檀不花兴建的两座教堂,一在"郡北郭",一在"济州南郭"。金元时期,济宁地区的行政区划屡经改易,[4]按檀不花任职时,巨野县为济宁路总管府驻地,"郡北郭"即巨野北城外;济州即今天的济宁市。巨野教堂的名称有十个字之长,虽然文字残泐,但仍可以对其内容略加推测。中国佛道寺观之名以两到三字为多,十

---

[1] 参看《不列颠百科全书》(国际中文版)"Lent"条,第10册,中国大百科全书出版社,2007年,第14页; *New Catholic Encyclopedia*(second edition), vol. 8, The Catholic University of America, 2003, pp. 468–470。

[2] 有关中亚地区景教徒大斋期守斋的记载,参看明甘那(A. Mingana):《基督教在中亚和远东的早期传播》,牛汝极、王红梅、王菲译,收入牛汝极:《十字莲花:中国元代叙利亚文景教碑铭文献研究》附录一,第171、208页。此外,唐代《大秦景教流行中国碑》"每岁集四寺僧徒,虔事精贡,备诸五旬"中的"五旬",有研究者认为指的也是大斋期,参看翁绍军:《汉语景教文典诠释》,生活·读书·新知三联书店,1996年,第69页。

[3] 元代基督教团体的分布,参看周良霄:《元和元以前中国的基督教》第四部分,《元史论丛》第1辑(1982年),第150—158页;以及Nicolas Standaert, *Handbook of Christianity in China* I., Brill, 2001, pp. 81, 109–111。

[4] 参看《济宁路总管府碑记》;亦可参看《元史》卷五八《地理志》,第1366页。

字长名不符合中国寺宇的命名传统。考虑到马薛里吉思在镇江建造的十字寺都是"胡汉双名"(如八世忽木剌大兴国寺、答石忽木剌云山寺),[1]巨野景教寺宇的命名,应当也遵从此例。从材料来看,按檀不花兴建的景教寺规模不小,而且"请明师,聚徒众",证明当地存在着职业景教徒群体。前文已经提到,济宁地区有为数众多的外族迁居人口,他们应该构成了当地景教信众的主体。另外,济州地处运河沿岸;巨野同样"水陆并达","南连吴越,北走京师","商旅四方之货,鼎沸而山积",俨然一大都会。[2]外来流动人口既多,景教堂瞻拜的徒众里,应该也少不了兴贩南北的番客胡商。

(三)"管领也里可温掌教司官"骚马

按檀不花次子骚马的身份明确,生前曾任景教管理官员。《乐善公墓碑》云:

> 昔公之筮仕,钦受圣旨玉宝,管领也里可温掌教司官,重修也里可温寺宇,祝延圣寿……继而宣授承务郎、打捕鹰房诸色人匠总管府达鲁花赤,在任八年,号称廉平……其究心儒术、也里可温经、蒙古字译语,阴阳方书、诸子百家无不详览。

骚马的仕历简单,由也里可温掌教司官起家入仕。元代设有崇福司,作为管理也里可温事务的中央机构,下辖各路也里可温掌教司。这是一个介于教俗之间的职务,如果比照释道官之例,当由专职宗教人员担任。元代僧道官很少有转任世俗职务者;在目前仅见的几例景教僧官碑铭中,管领诸路也里可温的耶律子成,也

---

1 以上寺院名称的含义,参看刘迎胜:《关于马薛里吉思》,《元史论丛》第8辑(2001年),第14—15页。
2 《济宁路总管府碑记》。巨野有水道与流经济州的大运河相通,参看道光《巨野县志》卷四《河渠》。

以景教管理官员终身，未见改任世俗职务的记载。[1] 骚马由宗教官员转任世俗职务，当与元代中期的也里可温管理机构改革有关。《元史·百官志》载延祐二年（1315）"并省天下也里可温掌教司七十二所"[2]，以其职事归于崇福司，骚马或即因此转任世俗官职。[3] 担任也里可温掌教司官的地点，应该就在本路，所以墓志未特别加以说明。《按檀碑》载骚马官职为"宣授承务郎、本投下打捕鹰房诸色人匠总管府达鲁花赤"，[4] 是就其最高（最后）官职而言。"投下"是指在中原诸州分拨民户的宗室与外戚，[5] "本投下"应当是在弘吉剌氏封地济宁路任职。[6] 承务郎是元代从六品文官的散阶，骚马此前担任的济宁路也里可温掌教司官，官阶不会高于从六品。综合《按檀碑》和《乐善公墓碑》，我们现在知道，元代济宁路是景教徒聚居的重镇，这里不仅有景教信徒、景教寺宇，还设有专门的宗教管理机构。这些都不见于此前文献。

身为"也里可温掌教司官"的骚马，号为"乐善"。这未必是入乡随俗随意选取的汉名，极有可能是其"法名"。这点不足为奇，唐代景教徒即兼有番语教名和汉语法名。[7] 此外尚需注意，恳请"翰林学士承旨李公"[8] 为按檀不花撰写《善

1　参看盖山林：《元"耶律公神道之碑"考》，《内蒙古大学学报》（汉文版）1981年第1期，第79页。

2　《元史》卷三九《地理志》，第2273页。

3　这个推断与骚马生平基本吻合。根据墓志，按檀不花病重时，骚马"弃官就养，不忍离朝夕，日以捡方合药为务，衣不解带旬日"。按檀不花卒于1322年，若以是年辞官计，其转任"打捕鹰房诸色人匠总管府达鲁花赤"的时间，恰为延祐二年（1315）。

4　《乐善公墓碑》："（骚马）继而宣授承务郎、打捕鹰房诸色人匠总管府达鲁花赤。"阙文据补。

5　参看蔡美彪：《说头项、头下与投下》，《文史》2009年第2辑，第217—227页。

6　除济宁路外，弘吉剌氏在长城以南的封地，还有福建汀州路（此处尚未发现有景教徒活动），骚马不太可能远赴汀州任职。

7　参看林悟殊：《唐代景僧名字的华化轨迹——唐代洛阳景教经幢研究之四》，《中华文史论丛》2009年第2期，第149—193页。

8　《乐善公墓碑》称按檀不花之善政"已见翰林学士承旨李公颂德之碑"，此"李公"或即当时著名文士东阿李谦。李谦于元贞初引疾还乡，大德六年（1302）召为翰林学士承旨，参看《元史》卷一六〇《李谦传》，第3768页。

政颂碑》的，是"为浮屠之说者，杜其姓，崇善其名"。在各种碑刻里，尚未见按檀不花家族与佛教有何关系（这与当时济宁路佛教势力衰微有关）。这位"为浮屠之说者"杜崇善，当是一名汉族景教徒，"崇善"和"乐善"一样，应该是汉语教名。

三　按檀不花家族的华化

元代济宁路所辖诸县，大半是春秋时期鲁国故地，当地有着悠久深厚的儒学传统。作为孔氏"祖庭"[1]的曲阜自不待言，周边各县也有众多儒家遗迹。《乐善公墓碑》描述按檀不花家族墓地周边，是"苍苍凤台，巍巍麟城"。凤台即"落凤台"，传说"春秋时有大鸟自西北来，高数尺，身被五彩，万鸟从之集于此"[2]，既然追溯到春秋，大概是与儒家有关的故事；而麟城，据说就是《春秋》所载的"西狩获麟"之处，元代在此建有孔子庙，春秋祭享。[3] 碑文中的这两句，是对按檀不花家族生活的文化环境的一种隐喻。

按檀不花家族深受汉族（儒家）文化熏染。碑铭里说按檀不花"公退之暇，招延贤俊，讲读司马氏《通鉴》，采古循吏事迹以自警省"，骚马"究心儒术""诸子百家无不详览"。前文已经提到，碑传行状这类有"腴墓"之嫌的文

---

[1] "祖庭"一词见至元十九年（1282）《重修阙里庙垣记》、大德五年（1301）《重建至圣文宣王庙碑》，参看弘治《阙里志》卷九，第619、622页。"祖庭"多被佛教、道教用来指称本派的发源地，用这个词称呼曲阜，多少显示了元代儒家宗教化的一种趋势。事实上，在蒙元统治者眼中，儒家就是被当作与佛道差不多的宗教而不是学派来加以对待。下文对此将续有论述。

[2] 道光《巨野县志》卷三，第14a页。

[3] 孔克坚：《德化乡吉星滩大义书院碑记》，收入民国《续修巨野县志》卷七上，《中国方志丛书》影印本，第503—506页。

字,下笔往往虚实参半,许多语句不能坐实。幸运的是,碑文里还留下了不少有据可查的实迹。按檀不花家族的华化,在碑刻材料中主要表现为三点,一是丧礼儒化,[1] 二是尊孔兴学,三是与汉族联姻。

(一) 丧礼儒化

进入中原的蒙古、色目人,各有本族的礼俗传统。元政府并不追求"一风俗,同道德",而是反复申命汉人和外来民族各从本俗。《元典章》"畏吾儿丧事体例"条,其中提到基督徒丧礼:

> 帖薛、不速蛮也丧事里,依各自体例行有。从今已后,这汉儿田地里底众畏吾儿每丧事里,只依在先自己体例行者,汉儿体例休随者,休宰杀者。[2]

"帖薛"即"迭屑"(波斯语tersa),指基督徒;[3] "不速蛮"即"木速蛮"[4](波斯语musulmān),指穆斯林。畏吾儿人中流行景教和伊斯兰教,所以条令里特为拈出。虽然法令禁止基督徒沾染汉人风俗,但按檀不花家族在丧葬上却华化甚深。按檀不花卒后,骚马将先于其父五十二年去世的母亲辛氏的遗骸,从四千里外的松州(赤峰)运到巨野袝葬,并且仿效汉人习俗修造墓穴,"塞寒泉以炭,棺椁以石,砖堙于上",修成的陵墓"巍巍嵓嵓,若层台焉",几近汉人奢葬之举。此外,在

---

[1] 陈垣先生对色目人葬俗的华化有过细致的研究,参看陈垣:《元西域人华化考》卷六《礼俗篇·西域人丧葬效华俗》,第98—102页。
[2] 《元典章》卷三〇,第1061页。
[3] 冯承钧:《中西交通史料汇编》第1册,第308页。
[4] "木速蛮"又异译为"不速儿麻"(黄溍:《金华黄先生文集》卷四三《太傅文安忠宪王家传》,第11a页)、"铺速蛮"(李志常撰,王国维注:《长春真人西游记注》卷上,广文书局,1972年,第53页)。"木""不""铺"音近可通。

丧事上最有儒家特色的，是庐墓与丁忧。《乐善公墓碑》说，陵墓落成之后，骚马"因庐于侧，迄三年如一日"。从后来朝廷对其孝行的旌表来看，庐墓之举应该确有其事，并非虚誉。仕途坦荡的岳出谋，当父丧之时也放弃升职机会，回乡丁忧守制。《表庆碑》云：

> 至治壬戌□□□大□，金河西陇北道廉访司事（后阙十八字），公哀戚过甚，无以自存，安忍入仕，固辞不起。远近闻之，莫不称善。泰定乙丑，迁□□大夫（后阙）

元代规定的为父母守丧之期是二十七个月，从至治壬戌（1322）到泰定乙丑（1325），时间恰为三年，岳出谋有足够的时间服满丧期。需要注意的是，根据"官吏丁忧，各依本俗"的规定，[1] 身为色目人的岳出谋并不需要辞官丁忧。元代对汉族之外的少数民族官员，非但没有强制居丧守制的要求，致和元年（1328）四月甚至一度规定"蒙古、色目人效汉法丁忧者，除其名"[2]。在此背景之下，岳出谋兄弟能够践行儒家礼法，放弃出仕、为父居丧，这在当时是难能可贵的，故而"远近闻之，莫不称善"。从这一点上，也可见按檀不花家族儒化之深。

（二）尊孔兴学

按檀不花任职济宁期间，曾经大修学校，对儒学教育表现出了很高的热情。

---

1 《元史》卷八三《选举志》，第2068页。
2 《元史》卷三〇《泰定帝纪》，第686页。此规定本年十二月旋即废止，改为"蒙古、色目人愿丁父母忧者听，如旧制"（《元史》卷三二《文宗纪》，第723页）。元顺帝即位之初，元统二年（1334）曾"诏蒙古、色目人行父母丧"（《元史》卷三八《顺帝纪》，第823页），但蒙古、色目人丁忧并未因此成为一种制度，至正十五年（1355）儒学教授郑㕉，仍上疏批评蒙古人"不行三年之丧"，要求对此"绳以礼法"，但政府未予理睬（《元史》卷四四《顺帝纪》，第921页）。

— 图像、观念与仪俗：元明时代的族群文化变迁

《济宁路达鲁花赤睦公善政颂碑》云：

> （按檀不花）肇建学府，为礼殿（后阙二十二字）门、为庑、为讲堂、为庠序，莫不毕备。各有文石，以纪岁月。

由于当时所立的"文石"已佚，修治学宫的具体情形，今已无法详考。最值得注意的是，担任济宁路达鲁花赤期间，按檀不花曾经拿出万缗私财，主持了元代最大规模的阙里孔庙修复工程。如果说兴造学校只是地方官员应尽的职守，那么重修孔庙这项私举，颇可以显示按檀不花对于孔子和儒学的态度。

曲阜阙里是春秋时期孔子旧居所在地。金明昌元年（1190），金章宗曾降钱七万六千四百缗，大修阙里庙廷，建造"殿堂、廊庑、门厅、斋厨、黉舍，合三百六十余楹"[1]。在金末烽火中，曲阜遭罹厄运。贞祐元年（1213）秋，蒙古兵分三道掳掠中原，成吉思汗与其子拖雷率领中军，残破山东郡县。[2] 阙里孔庙被付之一炬，连孔子手植的三株古桧亦未能幸免。《孔庭纂要》记其惨状云：

> 金贞祐二年（1214）正月二十四日，北虏犯本庙。殿堂庑廊，灰烬什伍；植桧三株，亦遭厄数。[3]

---

1 党怀英：《金重修至圣文宣王庙碑》，收入弘治《阙里志》卷九，第616页。元人杨桓撰《重修阙里庙垣记》作"五百架"，收入弘治《阙里志》卷九，第618页；又收入《全元文》第9册，第128—129页。
2 《元史》卷一《太祖本纪》："（八年秋，兵分三路南掠）帝与皇子拖雷为中军，取……济、泰安、济南、滨、棣、益都、淄、潍、登、莱、沂等郡。"第17页。
3 弘治《阙里志》卷四引《孔庭纂要》，第522页。乾隆《曲阜县志》卷二六将"北虏"讳改为"寇"，这可能是后来误将焚毁孔庙作为红袄军的"功绩"的原因。

其后屡更战乱，未有大规模修复。到元初时，阙里孔庙已"周垣圮剥，外连于荒莽"。至元十九年（1282），济宁路总管府同知刘用，为防止野火延烧残余房舍，修复了孔庙围墙，[1]但阙里的残破状况，尚未有根本起色。大德二年到五年（1298—1301），按檀不花主持了元代规模最大的孔庙修缮工程。《按檀碑》记其事云：

按部至曲阜，释奠□□，慨然叹曰："□□□□□，有国有家者莫不崇奉，以行其道。□□□凉，何以彰国家崇儒。"□军国事殷，曰："□□□□□□土（士）之职，敢□朝，自备工匠之□□□□事，愿为修完□□□□。"□数年，新庙成。

覆核《元史》，大德二年前后国内并无重大战事，所谓"军国事殷"，不过是对政府不愿出资修庙的讳饰。元初的衍圣公颇受政府冷落，阙里孔庙长期圮废不修，也与元世祖对儒学的轻视有关。[2]工程开销的工役之费，不是府库公帑，而是按檀不花及其僚属的私人财产。阎复《重建至圣文宣王庙碑》描述修缮过程说：

（按檀不花）首出泉帛万缗，众翕然助之。佣工雇力，市木于河，辇石于山，抡材于野，宷栋栌楠楹础之属悉具。又得泗水渠堰积石数百，石垩称是。露阶铅砌，咸足用焉。郡政之暇，躬为督视。[3]

---

1 杨桓：《重修阙里庙垣记》，收入弘治《阙里志》卷九，第618—619页；又参看乾隆《曲阜县志》卷二六，第14a—b页。
2 元世祖虽重"汉法"，却轻"儒学"。关于衍圣公及儒学在元初的处境，参看陈高华：《金元二代的衍圣公》，《文史》1986年第27辑，第133—142页。
3 弘治《阙里志》卷九，第622页。

这次工程修复的主体，是孔庙礼殿。竣工之后，"殿矗重檐，亢以层基，缭以修廊。大成有门，配侑诸贤有所，泗沂二公有位。黼座既迁，更塑郓国像于后寝。缔构坚贞，规模壮丽"。整个工程规模浩大，用度不菲，修缮房舍"大小以楹计者，百二十有六；资用以缗计者，十万有奇"。阙里宅庙至此焕然一新，衍圣公孔治为此专门奏闻朝廷，请旨立碑。按檀不花又以修庙余资，为孔府购置祭田二十顷。[1] 阙里修复之役，按檀不花厥功甚伟，《阙里宅庙落成后碑》不吝美辞，将其比为乙瑛、孔晨等有功孔庭的东汉鲁国贤相。[2] 受到家族崇儒之风的影响，按檀不花之孙薛里吉思在担任鱼台县达鲁花赤时，因为担心"民不堪役"，也曾出私钱五百缗创建县学。士林感念，为之立碑。[3]

萧启庆先生在《大蒙古国时代衍圣公复爵考实》一文中，揭示了在蒙古国时期，释道二家面对民族文化的空前危机，勠力同心、护持儒家的事实。[4] 而上文按檀不花家族的材料则显示，在元初儒学遭遇困境之时，不仅汉族异教人士，甚至具有异教信仰和异族血统的少数族群，也为儒家的生存提供了助力。值得追问的是，儒家在这些有域外文化背景的少数族群眼中，是一种什么样的形象？他们修庙、祀孔背后的理念，是否与汉族儒士相同？在汉族士大夫心里，孔子是一种文化符号，是汉族思想传统的代表。他们瞻拜孔子，与其说是祀神，不如说是向自己的文化传统致敬。元代初入汉地的外来族群，对于儒学很难有怎样深入的认识。元初许多入侍近密的"儒学名臣"，在蒙古帝王看来，实际上都有与儒学毫不相干的另一种身份：著名儒士耶律楚材（1190—1244），乃是以卜筮之职起家入

---

[1] 置祭田一事，参看乾隆《曲阜县志》卷二六，第21b页。
[2] 李谦：《阙里宅庙落成后碑》，收入弘治《阙里志》卷九，第623页。
[3] 《元修儒学碑记》，收入光绪《鱼台县志》卷四，第17a—b页。
[4] 收入萧启庆：《内北国而外中国：蒙元史研究》上册，中华书局，2007年，第79—88页。

第三章　景教西来：元代济宁路的一个也里可温家族

仕；而理学家窦默（1196—1280）在朝中担任的实际职务，竟是针灸大夫。[1]蒙古统治者所理解的儒家，带有浓厚的宗教色彩。有人以"天的怯里马赤"（长生天的通事，也即蒙古人观念里的萨满），对元世祖"孔子如何人"之问，颇得世祖首肯；[2]在元代，儒户援据"告天祝寿"的僧户、道户之例，取得了优免赋役的权利；元世祖曾亲下诏旨，规定在同一庙廷里三教领袖（佛陀、老子和孔子）地位的高下。[3]这些事例都说明，在征服者眼中，儒学都近乎一种宗教，与汉族士大夫心中治国修身的学术或者哲学相去甚远。大德十一年（1307），元武宗加封孔子为"大成至圣文宣王"，济宁路领主、鲁国大长公主（祥哥剌吉，适弘吉剌部首领琱阿不剌[4]）遣使致祭。《皇妹大长公主鲁王祭孔庙碑》云：

> 大长公主以天人之姿，诵习经史。命工绘圣人像，金书懿讳于其左，居常瞻礼。至于银盒（按，公主祭孔的献物），则刻岁月以铭。祝辞，则朱玉印以志。其崇奉吾夫子，勤恳类此。[5]

孔子像左的"金书懿讳"，当是作为供养人的公主的名字。这是把孔子作为神灵来供奉了。在汉族社会里，孔庙基本是与女性绝缘的。而元代的皇后、公主们，却对阙里青睐有加。她们的兴趣并非真在"经史"，而是热衷于把孔子作为祷祀

---

[1] 分别参看姚大力：《蒙古人最初怎样看待儒学》，《元史及北方民族史研究集刊》1983年第7期，第64—65页；陈高华：《论窦默》，《中国史研究》1995年第2期，第116—125页。
[2] 叶子奇：《草木子》卷四下《杂俎篇》，第83页。对这个故事的解析，参看萧启庆：《元代的儒户：儒士地位演进史上的一章》，收入氏著《内北国而外中国：蒙元史研究》上册，第383页。
[3] 《一二八〇年虚仙飞泉观碑》："三教里：释迦牟尼佛系当中间里安置；老君底、孔夫子底像左右安置。自来如此。"蔡美彪：《元代白话碑集录》，科学出版社，1955年，第29页。
[4] 参看《元史》卷一〇九《诸公主表》，第2758—2759页。
[5] 民国《曲阜县志》卷八，《中国方志丛书》影印本，第849页。

的对象。弘治《阙里志》卷首凡例云："元朝母后、公主间有遣祭致献，于礼不合，碑碣虽存，并不录。"[1] 殊不知，在元代，这些以孔子为教主的"母后、公主"们，才真正是阙里"祖庭"的大护法。回到本章的主题，在一个儒学弥散着浓厚宗教气息的时代，作为景教徒的按檀不花，有没有发觉儒学与景教教义的冲突？又如何使之相互调和、并行不悖？可惜材料阙如（两块孔庙碑里的按檀不花，都被塑造成儒者与循吏的形象，未表现出景教徒的身份），难以进行深入探索。不过有一点可以确定，按檀不花对阙里的祭祀传统给予了充分的尊重，在修缮孔庙时，还"更塑郓国像于后寝"（郓国即孔子的夫人亓官氏，受封"郓国夫人"），这在基督教里，原是有偶像崇拜嫌疑的。按檀不花家族并未因信仰景教，而对其他文化或者宗教显示出强烈的排他倾向，这点在下文的有关道教讨论中，有更为突出的表现。

（三）汉族联姻

从现有材料来看，按檀不花家族至少在塞外松州之时，就开始与汉族联姻。按檀不花的祖父岳雄，先从按陈那颜平定河南，而后征战辽东，最后落户松州。按檀不花卒于松州的第一位夫人辛氏，根据姓氏判断，应该是汉族。松州本系蒙古部落活动的地区，当地的汉人，不排除是由蒙古大军从汉地裹挟而来。按檀不花家族的婚嫁对象以汉族为主，具体情况见于表3-2：

表3-2　按檀不花家族联姻表

代次	男名	妇名	女名	婿名
第一代	按檀不花	辛氏、陈氏		

---

[1] 弘治《阙里志》卷首，第401页。

续表

代 次	男 名	妇 名	女 名	婿 名
第二代	骚马	弘吉剌氏、拓跋氏、侧室祝氏	长女	脱脱
	录硕霸	萧氏		
	岳出谋	金氏、侧室某氏		
	业里通瓦	刘氏		
	岳忽难	郭氏		
第三代	留住	萧氏	完者	白德仁
			七十八	孛罗帖木儿

※资料来源:《按檀碑》《乐善公墓碑》《表庆碑》。

在可考的十三对婚配关系里,以汉族为对象的有九对,蒙古四对。骚马的第一位夫人,以及岳出谋之女七十八的夫婿,都系弘吉剌贵族。骚马第二位夫人拓跋氏也"生于望族",[1] 按檀不花的长女嫁与武职军官(宣武将军)。按檀不花家族位势的保持,与这些上层婚姻网络应有一定关系。而在九位汉族姻亲中,除白德仁是"江东道廉访佥事"外,其他人的家庭背景均不可考。

值得注意的是,身为"也里可温掌教司官"的骚马及其四弟岳出谋,都有侧室。无独有偶,《元史·孝友传》里的"也里可温马押忽",也有"庶母吕氏"[2]。这有悖于基督教一夫一妻制的传统。明末清初的中国天主教徒在娶妾的问题上,虽有许多苦痛挣扎,但都基本恪守教规。[3] 而元代景教徒在这方面态度比较开放,可

---

1 "拓跋"本为中古时代鲜卑姓氏,北魏孝文帝改为"元"氏。元代出现的拓跋氏,钱大昕认为"亦蒙古族,疑即'秃别'之转借古名译之",本文据此将其归为蒙古族。参看钱大昕:《元史氏族表》卷一,《续修四库全书》第293册,第392页。
2 《元史》卷一九七《孝友传》,第4453页。
3 黄一农《两头蛇:明末清初的第一代天主教徒》第四章以王徵为个案,对这个问题有精彩的讨论,上海古籍出版社,2006年,第130—174页。

能是受汉族风习影响的缘故。[1] 岳出谋纳妾的目的，似乎是为了延续子嗣。《表庆碑》介绍其诸子云"夫人金氏一子塔海，幼年早逝。偏侍一子留住，娶萧氏；一子昔里瓦（后阙）"，或因夫人丧子而娶偏侍。骚马纳侧室，可能也出于同样原因。[2] 如果是为延续子嗣而不惜逾越教规，这也颇能显示景教徒受汉族重嗣观念影响之重。

四 岳出谋与伏羲庙

信仰景教的按檀不花家族，不仅和儒家关系深厚，而且和道教之间也存在着交流。在元代，山东地区道教最为流行。金元之际大行其道的全真教，其开派人物"全真七子"，都是山东人。齐鲁道教之盛，于此可见一斑。巨野地区，道教亦徒众兴盛、宫观众多，单是巨野城及其附郭地区，就至少有妙真观、先天观、天庆观、玄清宫和东岳庙五座宫观。[3] 在这种背景下，按檀不花家族与道教发生联系，甚至受到影响，也在情理之中。

《按檀碑》说按檀不花"建医学，祀三皇，聚生徒以除民瘼"，此系政府功令，[4] 与个人信仰关系不大。《乐善公墓碑》描述骚马竭尽孝道，亦云"（父）病

---

[1] 1253—1255年间奉命出使蒙廷的方济各会士鲁布鲁克（William of Rubruk）提到，西安（Segin，一说大同）的景教徒中有多妻者，他认为这是受鞑靼人的影响，参看鲁布鲁克：《鲁布鲁克东行纪》，何高济译，中华书局，1985年，第255页。

[2] 《乐善公墓碑》说骚马"（先夫人弘吉剌氏）一子塔海，早卒。今夫人拓跋氏，一子密聂杰，先公一年卒……次室祝氏一子买住，早卒"。一个可能的解释是，长子夭亡后骚马置妾，后妾子又夭折，适逢先夫人弘吉剌氏去世，遂娶后夫人拓跋氏。当然，这只是一种猜测。

[3] 参看至元五年（1268）高天祐撰《妙真观记碑》，至元三十一年（1294）王道明撰《纯正昭慧冲和真人高君道行碑》，至顺二年（1331）苏若思撰《纯阳吕仙堂记碑》，收入道光《巨野县志》卷二〇，第62a—63b、34a—36b、56b—57b页。

[4] 和儒学里要建孔子庙一样，元代州县医学要建三皇庙（祀伏羲、神农、黄帝），其祭祀礼仪仿照儒学。

且笃，稽颡北辰，求以身代"。北辰崇拜起源甚早，祷祀北辰（或北斗）是一种古老的道教仪式，正统《道藏》中收有以此为主题的《北极真武普慈度世法忏》《北斗本命延寿灯仪》等十数种经卷。但对待墓志这种虚实参半的文字，要有足够的警惕，不能字字参究，否则借用禅家话语，难免"死于句下"。"稽颡北辰，求以身代"云云，是碑传的惯用词句，难以据此当下坐实[1]（不过从这里可以看出，元代景教徒对于"异教"的戒心，远无后世之深，[2]对此种异端词句，竟可以不做更改、照搬刻石）。虽然上面两则材料无法完全信据，但岳出谋撰写的《重修伏羲庙碑》，为探究景教徒与道教的关系，提供了可靠的材料。

（一）凫山伏羲庙

元代以凫山为中心，在鲁西南及今天的鲁豫皖苏四省交界地区，流行伏羲崇拜。凫山位于邹县和鱼台的交界处，由海拔仅两百多米的两个小山峰（东凫山、西凫山）组成，因为"两峰耸翠，状若凫翔"[3]，故名凫山。虽然只是一座小山，但历史久远、规模较大的伏羲庙，却有两座。一座隶属邹县，位于"东凫山之西麓"[4]（今邹城市郭里镇爷娘庙村东，仅存遗址，为山东省文物保护单位）；一座归属鱼台，坐落在凫山南麓的新兴里[5]（今济宁市微山县两城镇刘庄村西，庙貌仍

---

[1] 元人陈旅在《鲁郡夫人赵氏墓志》中提到，景教徒赵世延之女当其系狱之时，"即却荤肉，向北斗拜祷，凡三年"，陈垣先生以为这是赵世延"家学儒道杂糅"的例证，参看氏著《元西域人华化考》，第48页。

[2] 一个可资对比的例子，是清代耶稣会士对康熙皇帝赐给汤若望祭文的改译，里面巧妙地避去了潜含有鬼神崇拜嫌疑的内容。参看钟鸣旦：《礼仪的交织：明末清初中欧文化交流中的丧葬礼》，张佳译，上海古籍出版社，2009年，第208—209页。

[3] 光绪《鱼台县志》卷一，第1b页。

[4] 康熙五十四年刊《邹县志》卷一下，第66b页。

[5] 孟祺：《重修伏羲庙碑记》，收入光绪《鱼台县志》卷四，第18b页。

存，为山东省文物保护单位）。两座伏羲庙在地图上的直线距离不足十公里，行政疆域的划分，似乎也为两县民众的信仰划定了地理边界。元中统二年（1261），鱼台伏羲庙有过一次大规模维修，根据《重修伏羲圣祖庙碑铭》碑阴题名，这次修缮系周边"二府七州十二县八十二村庄之人，共男女一千五百八十六人、道士十二人"[1]共同发愿完成，于此可见伏羲信仰影响之广。

  鲁西南地区的伏羲信仰，起源于儒家经典与民间传说的杂糅。前者为伏羲立祠提供了合法性依据，后者则是伏羲信仰得以在民间生根的现实土壤。根据《左传》记载，鲁国周边的四个小国"任、宿、须句、颛臾，风姓也，实司太皞与有济之祀"[2]。太皞即伏羲，是风姓之祖。按照杜预注，四国的故址都在鲁西南地区，故而本地各县都有伏羲传说流行，很多山陵都被附会成"伏羲陵"或者"画卦山"，伏羲庙也在在有之。[3] 从碑刻材料来看，当地以祈子为核心的伏羲崇拜，至迟在五代时期即已出现，[4] 而且绵延千年，至清不衰。"爷娘庙"或"人祖庙"，是伏羲庙的俗称。根据当地传说，原为兄妹的伏羲、女娲，在这里结合，诞育人类。元人孟祺（1241—1291）在中统二年（1261）《重修伏羲圣祖庙碑》的开头，引述这个故事说：

世传伏羲、女娲氏获卜于上帝，以兄弟作配于此，用成化育人民之功。

---

[1] 徐宗幹：《济州金石志》卷八，上海图书馆藏道光刊本，第26a—b页。"二府七州十二县"具体为归德府、东平府、济州、曹州、海州、冠州、滕州、徐州、陈州、鱼台、邱县、福山、丰县、任城、金乡、邹县、萧县、沛县、汶上、南顿、平阴。

[2] 杜预注，孔颖达疏：《春秋左传正义》卷一四，中华书局，1979年，第1811页。按，杜预注，任国旧址位于任城；颛臾故城在泰山南武阳县；须句和宿国的旧墟，在须昌和无盐县。参看该书第1714、1811页。

[3] 单就凫山周边地区而言，邹县、鱼台、滕县、嘉祥等地都有伏羲庙，且每县不止一座。

[4] 参看后唐长兴四年（933）立《染山爷娘庙碑记》，收入徐宗幹：《济州金石志》卷八，第19a页。

诸不经之谈所载，亦往往如是，荒忽怪骇，绝不可考。[1]

这个传说容易让人想起《圣经》里亚当、夏娃的故事，尤其里面又用了"上帝"这样的词语。但这实际上是一个渊源颇远的中国传说，唐人李冗《独异志》载其事云：

> 昔宇宙初开之时，只有女娲兄妹二人，在昆仑山，而天下未有人民。议以为夫妻，又自羞耻。兄即与其妹上昆仑山，咒曰："天若遣我兄妹二人为夫妻，而烟悉合；若不，使烟散。"于烟即合。其妹即来就兄。[2]

于是伏羲、女娲兄妹结合，成为人类始祖。这就是"人祖庙"的来历，也是民间把伏羲当成生育之神的原因。兄妹婚媾，有悖于基本的家庭伦理。历代为伏羲庙撰写碑记的文人士大夫，对这类俚谈野语多有不屑。元至治三年（1323）《重修伏羲圣祖庙记》即斥云："夫圣人为人伦之至，若兄弟配偶，何以为万世法？……岂敢以俚俗之语，诬圣人于千古之下哉！"[3] 这是中国士大夫与普通民众信仰分层的生动反映，折射出两者对于宗教信仰的不同需求：前者为道德上的，后者是现实功利性的。

（二）圣皇与人祖：岳出谋笔下的伏羲

岳出谋（Joseph，今译约瑟夫）是按檀不花第四子，也是家族中官职最高的

---

[1] 此碑今天立于微山县两城镇伏羲庙，碑文系笔者2010年1月实地考察时抄录。光绪《鱼台县志》卷四收有此碑，但录文稍有节略（《全元文》据县志收录，参看《全元文》第11册，第701—702页）。
[2] 李冗：《独异记》卷下，《丛书集成初编》本，第51页。
[3] 碑在鱼台凫山伏羲庙，碑文参看徐宗幹：《济州金石志》卷八，第29b—30a页。

一位，致仕时的职衔是大都路达鲁花赤。按檀不花卒后，岳出谋"自输己资，不取宗族，采石他山，求文大老，与考妣立神道碑"[1]，《按檀碑》即其所立。前文已经提到，按檀不花是一名虔谨的景教徒，《按檀碑》记其临终遗言："（前阙）国法不可违，佛法不可背，家法不可弛。吾帽服杖收藏之，□□吾言有犯，尊者服此挞焉无恕，汝曹志之。"佛法指的是景教戒律，希望子孙能够保持景教信仰，是按檀不花的临终遗愿。这段遗言，出现在岳出谋请人撰写并亲自树立的神道碑里，说明他对父亲的信仰是了解并且认同的。

岳出谋与邹县凫山伏羲庙的关系颇为密切。至大二年（1309），邹县"薄梁逸民"杨茂等三家重修庙宇，岳出谋为之撰写修庙碑记；三十多年之后，至正二年（1342）伏羲庙献殿重修，岳出谋又为所立碑记篆额。[2]

作为景教徒的岳出谋，如何看待伏羲这位异教神灵、如何解释伏羲祭祀的合法性？稍稍让人失望的是，岳出谋在《重修伏羲庙碑》里，基本没有表露自己的景教信仰立场。在对伏羲的评价上，采纳的是儒家士大夫与民间信仰者的双重视

---

1 引文参看《表庆碑》。撰作《按檀碑》的"大老"，其人已不可考。
2 在进入讨论之前，需要解决一个文献上的疑点。娄一均纂康熙《邹县志》录有至大二年修庙碑文，题为"元嘉议大夫大都路达鲁花赤岳出谋碑记"，"大都路达鲁花赤"是岳出谋致仕时（后至元五年〔1339〕之前，据《表庆碑》推定）的职衔，不可能出现在至大二年（1309）的碑文里。《邹县志》未著录至正碑；相反，《山左金石志》著录了岳出谋篆额的至正二年碑（未载碑文），却未著录至大碑。康熙《邹县志》有没有可能将"至正"误抄成"至大"，以致同一方碑刻被误认作不同时代的两块？《山左金石志》详细著录了至正碑的行款格式："行书，篆额，碑高八尺三寸，广二尺九寸。"注云："右碑额题'重修伏羲庙献殿碑'，二行，字径二寸四分。文二十三行，字径一寸。杨铎撰，杨琬书丹，岳出谋篆额。"以该碑高度、字体大小及行数计之，碑文至少在千字以上（此碑另有碑阴，参看孙星衍：《寰宇访碑录》卷一二，《续修四库全书》第904册，第596页）。而至大碑不足七百五十字。据此可以判定，两者应是各自独立的两方碑刻。此外，"撰文"和"篆额"是两个截然不同的概念，县志编者尚不至于将两者混淆。至大碑里"大都路达鲁花赤"一职，当是县志张冠李戴，误采了至正碑里的岳出谋职衔。

角。岳出谋笔下的伏羲，首先是一位儒家圣王。碑文开头循例援引《左传》，证明伏羲庙祀的悠久：

> 伏羲都陈，崩葬年及地不可考。至周，任、宿、须句、颛臾四国风姓，司太皞、有济之祀。邾灭须句，僖公母成风，言于公曰："崇明祀，保小寡，周礼也。若封须句，是崇皞、济而修祀可也。"当时庙斯山麓，亘古今存。

神祠的合法与否，往往以有无经典依据为裁断。《左传》有载，无疑是伏羲祭祀最重要的合法性支持。伏羲在儒家典籍里，是一位有着不少发明的圣王，碑文对此不遗余力地加以表彰：

> 原夫羲皇开天之道，仰观俯察，中观万物，远求近取，文从鸟迹，卦则龙图。以一十三卦开物成务，切极圣神，道合希夷。……言非法誓，刑绝鞭扑。善不赏而劝，恶不罚而惩。……其道冠唐虞、挟文武、蹑五霸，万世不革事业。

伏羲"道冠唐虞"是惯常的说法，但"蹑五霸"（蹑继五霸），就有些不知所云。从行文的破绽来看，碑文不像是由精通儒家经典的文人捉刀代笔，与岳出谋略通汉地文化的少数族群身份颇为契合。在岳出谋笔下，"羲皇"身份的底色是儒家的，虽然里面也掺杂了"清净、无为"等道家色彩。在这一点上，岳出谋与其他撰碑者无甚差异。

与众不同的是，岳出谋在碑文里不仅承认伏羲是圣王，还认可他是"人祖"。

一　图像、观念与仪俗：元明时代的族群文化变迁

前面已经提到，作为"人祖"的伏羲，并不见于经典，而是出于有悖儒家伦理的兄妹结合传说。"圣王"与"人祖"两重身份之间，存在着明显的紧张关系。为伏羲庙撰碑的儒士，在这方面格外小心，要么像中统碑、至治碑那样对民间野闻大加挞伐，要么像熙宁碑、明昌碑那样巧妙地避而不谈。[1] 熙宁碑虽然提到伏羲庙的灵异，百姓"至此祷祠，无祈而不应"，却不明言祈子，更不记载兄妹和合的故事，因为这在儒家人士那里是无法接受的不经之谈。[2] 与众不同的是，岳出谋在维护伏羲儒家圣王形象的同时，还照顾到了民间信仰者的立场，这在众多伏羲庙碑记里，显得颇为异样。碑文借"里人"之口说：

> 开天圣祖，俗曰爷娘，俾君子小人亲贤乐利，咸得其所。凡民禖祷其嗣即应，可见羲皇之神，赫赫在上，明明在下，使山川钟奇毓秀，真可谓天下万世生民之爷娘也。

碑文将伏羲尊为"天下万世生民之爷娘"，更不讳言其佑护生育的功能。虽然没有直接引述伏羲、女娲兄妹成婚的故事，但却实际上等于变相承认了这个民间神话。这点与前面几位撰文者的态度迥然有别。造成这种差别的原因，极有可能是岳出谋的宗教背景。作为景教徒的岳出谋对《圣经》中与此类似的亚当、夏娃故

---

[1] 参看元中统二年立《重修伏羲庙碑记》，收入光绪《鱼台县志》卷四，第18b页；元至治三年立《重修伏羲圣祖庙记》，收入徐宗幹：《济州金石志》卷八，第29b—30a页；宋熙宁十年（1077）立《重建伏羲庙三门记碑》，收入徐宗幹：《济州金石志》卷八，第21a—23a页；金明昌七年（1196）立《凫山人祖庙碑记》（按，标题为县志编者所加，碑文中没有出现"人祖"一词，也未提到伏羲是司生育之神。伏羲庙碑刻有时将伏羲称为"圣祖"，意为"人文始祖"，因伏羲有画卦之功），收入康熙《邹县志》卷一下，《中国方志丛书》影印本，第359—363页。
[2] 比较例外的是后唐《染山爷娘庙碑记》。这是伏羲庙最早的碑刻，清代文士讥其"碑文鄙劣"，不屑抄录。参看徐宗幹：《济州金石志》卷八，第19a页。

事，肯定是熟知的。有了这层宗教背景，儒生们不可理解的兄妹婚配，在其看来或许并不成为问题。[1]和正统的儒家士大夫相比，岳出谋在对待民间信仰上表现出了相当的宽容，远远超出了我们对于一个景教徒的想象。

以往对元代景教与汉地其他宗教关系的研究，受到材料的限制，关注点主要放在宗教冲突上，如镇江十字寺的佛景纠纷、温州路的景道矛盾等。景教与中国本土宗教的交流与融合，研究相对较少；景教与道教之间的交流，研究尤为薄弱。[2]岳出谋的伏羲庙碑文，为探究汉地景教与道教的互动，提供了具体的个案材料。在这个案例中，我们相当意外地看到，身为景教徒的岳出谋，对异教神灵并没有表现出任何的批判与排斥，甚至比汉地的儒家知识分子更加宽容。在看待伏羲身份的问题上，他兼采士大夫与民间信仰者两重视角，对备受正统儒家排斥的兄妹结合神话，表现出相当程度的受容。这与我们或多或少地基于明清耶稣会士和近代基督教的经验而建立起来的景教徒印象迥然有异。需要指出的是，从碑末对邹县官员放任庙宇倾圮的指责来看，[3]岳出谋是以一名官员而非信仰者的身份写作碑文的；碑文以"里人"的口吻称颂伏羲，显示的也是一种疏离的旁观者的姿态。依据本碑，尚无从判断岳出谋是否如普通中国民众那样兼信多种宗教；但碑

---

1 元代景教徒如何依据自己的宗教经验理解中国的古史传说，由于材料缺乏，今天尚不得而知。但远在耶稣会士入华之前，明代前期开封的犹太教徒在叙述本教历史时，似乎就已经将中国上古神话与希伯来传说相比附，例如，"亚当"在犹太教碑刻中被译成"盘古阿耽"，"挪亚"译为"女娲"，参看陈垣《开封一赐乐业教考》所载弘治《重建清真寺记》、正德《尊崇道经寺记》，收入氏著《陈垣学术论文集》第1集，第256、261页。

2 参看黄子刚：《元代基督教研究》第八部分《景教与其它宗教的关系》，暨南大学历史系2004年博士学位论文。陈垣先生在《元西域人华化考》卷三《佛老篇·基督教世家由儒入道》一节中，以马节、赵世延为例，讨论过景教徒与道教的关系。

3 碑末云"有司值上巳重九，祭于斯庙，升降颓檐败屋之下，退而安然，罔以为恤。慢神渎礼，莫此为甚"，对邹县官员任由庙宇颓败而不加修治，颇致批评。

一　图像、观念与仪俗：元明时代的族群文化变迁

文里表现出来的，无疑是极大的宗教宽容精神。[1]在民族、文化与信仰多元化的元代，景教与中国本土宗教有矛盾纠纷，也有和平交流，本案是一个极好的例证。

结语　隐入历史

按檀不花家族的碑刻材料，为我们揭示了一个在历史尘埃中湮没已久的景教世家。它提供了元代景教的许多新知识，第一次告诉世人，巨野和济州地区是元代景教重镇，这里长期存在着景教寺院和教徒群体，并且有着专门的宗教管理机构。它还记载了一些此前不见于记载的元代景教习俗，如遵守大斋期（四旬期）斋戒，等等。更为珍贵的是，这批材料展示了元代景教与中国本土文化和宗教的融合与互动，为研究景教与儒家、道教的关系，提供了具体的材料。虽然是来自西域的外来族群，按檀不花家族定居巨野之后，深受当地文化传统的影响，渐趋汉化，这在礼仪观念以及婚姻关系上有着具体的表现。按檀不花家族是一个景教世家，但却并没有表现出明清以至近代基督教常见的宗教排他性。作为济宁路的统治家族，他们对异族乃至异教的文化与信仰，都给予了充分的尊重，甚至与之发生某些融合。其开放与包容的程度，多少超出我们对元代基督教的想象。

从至元《济宁路总管府碑记》到至正《驸马陵表庆之碑》，按檀不花家族碑刻涉及三代家庭成员，时间跨度接近六十年。岳出谋的卒年已近元末，[2]这个景教

---

[1] 元代景教徒岳出谋两度参与立碑的邹县伏羲庙，六百年后（1929）被冯玉祥将梁冠英焚毁（过程参看中国人民政治协商会议山东省邹县委员会编：《邹县史话［近现代革命斗争史部分］》，1983年，第21—23页）。

[2] 岳出谋卒年在至正二年到十二年之间（1342—1352），《表庆碑》篆额者为"湖南等处行中书省平章政事忽都海牙"。考《元史》卷四二《顺帝纪》，至正十二年四月"翰林学士承旨浑都海牙乞致仕，不允，以为中书平章政事"。"浑都海牙"即"忽都海牙"（参看汪辉祖：《元史本证》卷四〇，姚景安点校，中华书局，1984年，第453页），篆额之事必在至正十二年升任中书省平章政事之前。

家族此后的历史已难以细考。至正十一年（1351），贾鲁（1297—1353）开河、红巾变起。六年之后，以"驱胡"为口号的红巾军毛贵（？—1359）部攻入山东，田丰（？—1362）攻陷济宁路，元中书分省右丞实理门遁走。此后红巾军与地方武装在济宁附近地区进行了长达五年的混战。洪武元年（1368），明军北伐平定齐鲁，济宁正式归入大明版图。[1] 在元末一连串变乱里，按檀不花家族后裔，或者挈家北走、回归塞外（可能性较小）；或者继续留居当地，在明初禁绝"胡服、胡语、胡姓"的浪潮中彻底汉化。[2] 伴随着王朝易代，按檀不花家族连同他们的宗教，一起隐入了历史的深处；巨野和济州的景教寺宇，在明清的方志里已经找不出丝毫痕迹。六百多年之后，这个地区再度和基督教发生关系，已经是1897年的巨野教案了。

---

[1] 以上元末济宁路的历史，参看毕沅：《山左金石志》卷二四《察罕帖木儿祭孔庙碑》跋，《续修四库全书》第910册，第170页；以及《元史》卷四二《顺帝纪》相关部分。

[2] 参看顾炎武著，黄汝成集释，栾保群、吕宗力校点：《日知录集释》卷二三，"二字改姓一字"条，第1299—1303页。金元进入山东的少数族群，多数在王朝易代后仍然留居齐鲁，顾炎武的观察是"今代山东氏族，其出于金、元之裔者多矣"。

第四章

"深簷胡帽"考：一种女真帽式盛衰
变异背后的族群与文化变迁

引言　从一则史料的校勘说起

洪武元年二月壬子（1368年2月29日），即位仅三十八天的明太祖朱元璋，颁布了著名的革除"胡服"令，号召臣民"复衣冠如唐制"，也即恢复唐代的衣冠样式，以此显示新朝在文化上对"中国正统"的继承。《明太祖实录》概述了这一诏令的内容，云：

> 诏复衣冠如唐制。初，元世祖起自朔漠以有天下，悉以胡俗变易中国之制。士庶咸辫发椎髻，深襜胡俗，衣服则为袴褶窄袖及辫线腰褶；妇女衣窄袖短衣，下服裙裳，无复中国衣冠之旧。甚者易其姓字为胡名，习胡语。俗化既久，恬不知怪。上久厌之。至是，悉命复衣冠如唐制。……不得服两截胡服，其辫发椎髻、胡服、胡语、胡姓一切禁止。斟酌损益，皆断自圣心。于是百有余年胡俗，悉复中国之旧矣。[1]

1　《明太祖实录》卷三〇，第525页。

在中国近世文化史上，这是一份非常重要的文献，屡屡为研究蒙元史和明史的学者所引用。不过，这份诏令所言及的服饰名物，笔者尚未见有专门的探讨，而且其中的文字扞格之处，亦未见有很好的校勘与疏通。

今天通行的史语所校印本《明太祖实录》，系据多种明清抄本整合而成，虽经前辈学者辛勤校勘，依然存在不少文字讹误。例如，上述引文中"深襜胡俗"一句，"襜"依据《洪武正韵》等字书的解释，即古代冕服配件中的"蔽膝"（参看图4-1）[1]，北方民族并无此种衣饰，此句文意难通。《明太祖实录校勘记》云此处"旧校改'俗'作'帽'"[2]，但"深襜胡帽"一语，文意依旧晦涩。幸运的是，嘉靖以降，随着明代诸朝《实录》的传抄出宫，抄撮《实录》纂修各体史书，在明后期史家当中蔚为风气。周藩宗正朱睦㮮（1517—1588），在分类纂录洪武朝政事的《圣典》一书中，引用《实录》此条，作"深簷胡帽"[3]。嘉靖《宣府镇志》和顾炎武《日知录》引及此一诏令，也均作"深簷胡帽"[4]。而且从诏令上下文语境推断，"辫发椎髻"描绘元代发式，"袴褶窄袖"描绘元代衣式，"深簷胡帽"描述元代帽式，文意允切。因此，综合考虑以上因素，通行本《明太祖实录》革易"胡服"诏令，"深襜胡俗"一词，应当校正为"深簷胡帽"；原文"襜"是"檐（异体作'簷'）"之形讹，"俗"则系涉上文"胡俗"而误。然而，"深簷胡帽"究竟是一种什么样的帽式？其在元代流行程度如何？元明易代之后，是否又真如《实录》所云，因"胡服"禁令而从民众生活当中消失？这些更为深入的追问，并非

1　乐韶凤等：《洪武正韵》卷六，景印《文渊阁四库全书》第239册，第92页。
2　《明太祖实录校勘记》，史语所，1962年，第103页。按，《校勘记》此处以"胡俗衣服"四字为句，并不妥当。
3　朱睦㮮：《圣典》卷九《易俗》，《四库全书存目丛书》史部第52册，第342页。
4　嘉靖《宣府镇志》，《中国方志丛书》影印本，第216页。顾炎武著，陈垣校注：《日知录校注》卷二八，安徽大学出版社，2007年，第1624页。

第四章 "深簷胡帽"考：一种女真帽式盛衰变异背后的族群与文化变迁

图4-1 蔽膝

图4-2 《打双陆》

文本校勘所能解决，而应从其他史料，尤其是能够反映社会生活实态的图像资料当中，寻求答案。

一 正名：元代"瓦楞帽"考误

顾名思义，"深簷胡帽"是以"深簷"作为特征的。考察元代图像材料不难发现，这类造型奇特的帽式，在元代甚为常见；而且在较早的时候，已经被研治中国服饰史的学者注意到。沈从文先生（1902—1988）的《中国古代服饰研究》（1981年初版于香港），在考订元至顺（1330—1332）刻本《事林广记》所载《打双陆》（参看图4-2）图时，首次将图中"官员"所戴的这种深簷、四角、方形的帽式，命名为"四方瓦楞帽"[1]。沈氏这部著作，是中国服饰史研究的开山之作，影响极巨。"瓦楞帽"的命名，一直被后来的服饰史著作沿用。不过，这种帽式虽

---

1 沈从文：《中国古代服饰研究》一四六《元代玩双陆图中官僚和仆从》，第535页。

147

一　图像、观念与仪俗：元明时代的族群文化变迁

图4-3 《魁本对相四言杂字》插图

图4-4 《新编对相四言》插图

然以"四楞"（或"四角"）为常见，但也偶见六楞者，因此研究者又创造出"四楞瓦楞帽""六楞瓦楞帽"等名目。[1]

中国古代名物研究的难点在于，图像资料中的或者出土的物品，本身往往没有自名。在无法与确凿的文献材料进行比对的情况下，研究者根据物品的形制来命名，便成为一个权宜的办法。实际上"瓦楞帽"一名，并未见于任何蒙元时期的文献；沈从文先生如此定名，也仅是一种权宜之举。幸运的是，在日本覆明洪武四年刊本《魁本对相四言杂字》以及哥伦比亚大学东亚图书馆藏明前期刊本《新编对相四言》（这两种识字课本的时代背景，详见后文析论）当中，这种帽式清楚地自名为"幔笠"[2]（参看图4-3、图4-4）。检索元代文献可知，"幔笠"又可以写作"缦笠""簚笠"[3]；因其形状为方形，迥异于其他笠帽，也被称作"方笠"。这种笠子独特的"深簷"样式，曾是不少元人吟咏的对象。例如，描绘秃发者以幔笠遮羞的滑稽元代小令《咏秃》，即云：

笠儿深掩过双肩，头巾牢抹到眉边。款款的把笠檐儿试掀，连慌道一

---

[1] 参看赵刚等：《中国服装史》，清华大学出版社，2013年，第117页。在笔者所见的服饰史研究当中，唯有周锡保先生不从沈说，认为"元时对这种帽子未有名称"，而据《东京梦华录》将此种帽式命名为"屏斗"（参看周锡保：《中国古代服饰史》，中国戏剧出版社，1983年，第360—361页）。然而，屏斗是一种用于灌溉的半球形农器，与这种帽式并不契合。

[2] 《魁本对相四言杂字》，收入金程宇主编：《和刻本中国古逸书丛刊》第15册，凤凰出版社，2012年，第344页；《新编对相四言》（影印本），上海书店出版社，2015年。

[3] 如元杂剧《宜秋山赵礼让肥》对乞丐衣着的描写："歪簚笠头上搭，粗棍子手内拿，破麻鞋脚下靸，腰缠着一绺儿麻。"臧懋循：《元曲选》，中华书局，1958年，第989页。

148

句："君子人不见头面。"[1]

元杂剧描写浪子折节读书、改换衣装，亦谓：

> 深缦笠紧遮肩，粗布衫宽裁袖，撇罢了狂朋怪友，打扮做个儒流。[2]

图4-5 《盛贞介像》　　图4-6 曾鲸绘《张卿子像》

曲中所谓"笠儿深掩过双肩""深缦笠紧遮肩"，无疑是对幔笠"深簷"特征的夸张描写。

如果仅仅要恢复元代"瓦楞帽"的本名，本无须多费笔墨；这里要指出的是，沈从文先生将幔笠权宜地定名为"（四方）瓦楞帽"，却意外地误导了明代服饰史乃至社会文化史的研究。原因在于，"瓦楞帽"一名虽迄今未见于任何蒙元文献，却大量出现在明代后期的史料当中。明代的瓦楞帽，因其帽顶折叠、状如瓦楞而得名；其与元代的幔笠并无关涉，在明后期人物画像里甚为常见（参看图4-5、图4-6）。[3] 在《中国古代服饰研究》一书产生笼罩性影响之前，名物词典中有关"瓦楞帽"的解释不误，如华夫主编《中国古代名物大典》云：

---

[1] 王和卿：《天净沙·咏秃》，收入杨朝英选，隋树森校订：《朝野新声太平乐府》卷三，中华书局，1958年，第110页。
[2] 赵彦晖：《点绛唇·醒悟》，收入杨朝英选，隋树森校订：《朝野新声太平乐府》卷六，第227页。
[3] 此类帽式还可参看《侯文节像》《顾节愍像》《汤文学像》等，参看顾沅：《吴郡名贤图传赞》，复旦大学图书馆藏道光七年长洲顾氏刊本，卷一三，第22页；卷一四，第18页；卷一五，第17页。

一 图像、观念与仪俗：元明时代的族群文化变迁

> 瓦楞帽，省称"瓦楞"，一种顶部折叠如瓦楞的帽子，明代平民所戴。[1]

然而，沈氏之后的服饰史著作以及名物词典，大多将明代的瓦楞帽，直接等同于元代的幔笠。例如，《中国文物大辞典》"瓦楞帽"条即云"金元时已有，明代专用于士庶"[2]，未加考辨将"瓦楞帽"之旧释与沈氏的研究杂糅在一起。《中国设计全集·服饰类编》"元代瓦楞帽"条，更混糅多种研究，谓"北方游牧民族流行的帽式，明代沿用……瓦楞帽在明代为平民所戴"，并引证多种文献，证明元式"瓦楞帽"在明朝的流行。[3] 此类名物混淆在服饰史著作里广泛出现，此处不拟一一列举。

"瓦楞帽"的错误命名，还误导了元明社会文化史的研究。蒙元对明朝社会文化的影响，是元史学界一个颇受关注的主题。在不少研究当中，明代后期流行瓦楞帽，成为明朝在文化上延续蒙元影响、"胡风"流行的典型例证。然而明代瓦楞帽与元代所谓的"瓦楞帽"并非一物；明朝流行元代瓦楞帽之说，实际是将元代幔笠和明代瓦楞帽混为一谈而造成的误会。

二 马上"胡风"：幔笠考源

洪武元年的禁令，将"深簷胡帽"贴上了蒙古标签，但从源头上来说，幔笠虽然盛行于元代，却并非起源于蒙元。检索考古资料可以发现，这类帽式金代就

---

1 华夫主编：《中国古代名物大典》，济南出版社，1993年，第529页。
2 中国文物学会专家委员会编：《中国文物大辞典》上册，中央编译出版社，2008年，第604页。
3 张秋平等编：《中国设计全集·服饰类编》，商务印书馆，2012年，第55页。又如，黄能馥、陈娟娟编著：《中国服装史》，中国旅游出版社，1995年，第297页。

第四章 "深簷胡帽"考：一种女真帽式盛衰变异背后的族群与文化变迁

图4-7 《女真乐舞图》石刻线描图

已经出现在中原地区。迄今发现最早的、年代确凿的幔笠图像资料，[1]是山西省晋城市高平市河西镇西李门村金正隆二年（1157）石刻《女真人乐舞图》（图4-7）。这组图像带有浓郁的女真风格，其中人物髡首辫发、着尖靴、佩蹀躞带，乐舞唯用笛、鼓，皆与文献所描述的女真习俗相符。[2]与元代习见样式稍有不同的是，此处的幔笠为尖顶。元代更常见的方顶幔笠，见于金大安二年（1210）山西侯马董玘坚俫墓砖雕（图4-8），以及约略与董玘坚俫墓同时的山西侯马金墓65H4M102砖雕（图4-9）。这三幅早期幔笠图像，前一幅带有强烈女真特征，后两幅则出现在战争戎马情境当中，表现出浓厚的马上之风。在传为南宋人描绘金人渡水训练的

---

1 内蒙古库伦七号辽墓壁画中，有一侍从手持"红色方口圆顶帽"（内蒙古文物考古研究所：《内蒙古库伦旗七、八号辽墓》，《文物》1987年第7期，第79页；壁画摹本参看徐光冀主编：《中国出土壁画全集·内蒙古卷》，科学出版社，2012年，第212页），有研究者认为与元代"瓦楞帽"为一物。另外，库伦二号辽墓《仆侍图》、宣化下八里张世卿墓《出行图》，也有类似图像（参看孙建华编：《内蒙古辽代壁画》，文物出版社，2009年，第249页；《中国出土壁画全集·河北卷》，第167页）。笔者对此持保留意见。这几幅图像均不清晰，在迄今发现的众多辽墓壁画中，尚未明确见有头戴"瓦楞帽"的人物形象。从考古发现以及后文引用的朝鲜人的记载来看，这应当是一种女真服饰。
2 有关该图的介绍，参看景李虎：《金代乐舞杂剧石刻的新发现》，《文物》1991年第12期。该报告亦受沈氏影响，将图中的幔笠称作"瓦楞帽"。

图4-8　金董玘坚傃墓砖雕　　　　　　　　图4-9　侯马金墓65H4M102砖雕

《柳塘牧马图》中,辫发的女真骑士,亦头顶幔笠(图4-10)。[1]

从目前所见考古材料推断,这种源于女真的帽式,大约从金代晚期开始,在中原地区的汉族民众当中流行。蒙元早期的北方墓葬当中,出现了较多的此类图像与实物材料。如山西大同冯道真墓(1265)曾出土藤制幔笠一件,稍后的王青墓(1297)出土藤幔笠和草幔笠各一件。[2]陕西蒲城洞耳村壁画墓(1269),则充分反映了蒙古国时期北方汉、女真和蒙古三种文化的交融(参看图4-11)。从姓氏和籍贯来看,该墓男女主人皆应为汉人,但男墓主却有蒙古名;壁画中的人物,穿着带有女真(左衽、幔笠)和蒙古(腰线袄、罟罟冠)混合风格的服饰。[3]在随葬陶制明器的风气兴起之后,头戴幔笠的陶俑,也屡见于陕西关中地区的元代墓

---

[1] 关于此图的军事色彩,参看余辉:《南宋宫廷绘画中的"谍画"之谜》,《故宫博物院院刊》2004年第3期。史书谓金人"渡江不用舟楫,浮马而渡"(崔文印校证:《大金国志校证》附录,中华书局,1986年,第584页),图中表现的正是这一情景。

[2] 大同市文物陈列馆:《山西省大同市元代冯道真、王青墓清理简报》,《文物》1962年第10期。

[3] 关于此墓壁画的详细情况,参看陕西省考古研究所:《陕西蒲城洞耳村元代壁画墓》,《考古与文物》2000年第1期。唯报告以男墓主为蒙古人,并不准确。

第四章 "深簷胡帽"考：一种女真帽式盛衰变异背后的族群与文化变迁

图4-10　陈居中《柳塘牧马图》（局部）　　　　图4-11　《醉归乐舞图》

葬（参看图4-12、图4-13）。[1] 以上这些都显示，早在蒙元前期，幔笠已经成为北方民众的重要日常用品。

然而有意思的是，幔笠却少见于同一时期反映南方民众生活的文献或考古资料里。[2] 在长期宋金对峙的巨大军事压力下，儒学理论中的"华夷之辨"，成为南宋朝廷聚敛民心的精神工具。一个显著的事例是，被南宋士人用作教材的胡安国《春秋传》，便以高标"攘夷"为特色，深刻反映了两宋时代思想基调的差异。[3] "夷

---

[1] 此类陶俑还见于西安玉祥门外元墓，参看陕西省文物管理会：《西安玉祥门外元代砖室墓清理简报》，《文物参考资料》1956年第1期；2009年从丹麦追回的、据信出自陕西地区的元代陶俑中，亦有此类形象，参看孙机：《介绍自丹麦回归的中国文物》，国家文物局：《追索流失海外的中国文物》，文物出版社，2008年，第10页。

[2] 承刘未博士告知，考古工作者在四川泸县牛滩镇滩上村征集到的、据信出自两座南宋残墓的三块女武士浮雕（编号2002NTTM3:1、2002NTTM3:2、2002NTTM1:1，参看四川省文物考古研究所编：《泸县宋墓》，文物出版社，2004年，第111—115页），可以确定头戴幔笠。但这类衣着，并不见于虞公著夫妇墓（1226）、安丙墓（1221）、杜光世夫妇墓（1195）等具有明确纪年的四川南宋石雕墓。

[3] 参看牟润孙：《两宋春秋学之主流》，收入氏著《注史斋丛稿》，中华书局，2009年，第69—87页。胡传自南宋以来一直是士人科举必读书，但因其高倡"华夷之辨"，在清代备受官方攻讦。参看康凯琳：《论清初官方对胡安国〈春秋胡氏传〉的批评》，《汉学研究》第28卷第1期。

153

— 图像、观念与仪俗：元明时代的族群文化变迁

图4-12　武敬墓陶俑

图4-13　刘元振夫妇合葬墓陶俑

夏之防"的观念不仅体现在南宋的精英思想上，还影响到当时的社会生活。南宋朝廷和士大夫，对北族习尚的渗透，抱有极度的警惕。南宋立国之初，由于大量南北人员往来，金人习俗不可避免地传入南方地区，尤其是临安等人口稠密的都市。对于由金朝投奔来的"归正人"，南宋政府在给予安置的同时，要求他们不得继续"左衽胡服"[1]。绍兴三十一年（1161），宋高宗"念境土地未复，将用夏变夷"，下令禁止临安市井"胡乐、胡舞，长跪献酒"等女真式娱乐，以及"插戴棹篦及着卧辣、用长藤为马鞭"等北族装束。[2] 宋孝宗乾道四年（1168），有臣僚继续对临安民众效习"胡俗"发出警告，这是反映南宋日常生活中的"夷夏之辨"的重要文献：

> 臣僚言："临安府风俗，自十数年，服饰乱常，习为胡装，声音乱雅，好为胡乐。如插棹篦，不问男女，如吹鹧鸪，如拨胡琴，如作胡舞，所在而然。此皆小人喜新，初则效学以供戏笑，久习之为非，甚则上之人亦将乐之，与之俱化矣。臣窃伤悼，中原士民沦于左衽，延首企踵，欲自致于衣冠之化者，三四十年却不可得，而东南礼义之民，乃反堕于胡虏之习而不自

1　《宋会要辑稿》，《刑法二》，第8384页；《兵一六》，第8920页。
2　马端临：《文献通考》卷三一〇，第2436页；《宋会要辑稿·刑法二》，第8383页。《文献通考》将此事误系于绍兴二十一年，此据《宋会要辑稿》改。

第四章 "深簷胡帽"考：一种女真帽式盛衰变异背后的族群与文化变迁

知，甚可痛也。……伏望戒敕守臣，检坐绍兴三十一年指挥，严行禁止，犯者断罪，令众自然知惧矣。"诏从之。[1]

从史料来看，金国服饰对南宋确实产生了某些影响，但这种影响不应夸大，如认为南宋服饰"几乎已完全与北方民族'混一'了"[2]。中国南北服饰真正接近"混一"的状态，要到元代统一江南、从地理乃至心理上逐渐淡化华夷界限之后。至少从南宋使臣留下的大量文献来看，衣冠服饰的巨大差异，始终是宋金民众最为直观的区别。例如，乾道六年（1170）范成大使金途经开封，便发现：

> 民亦久习胡俗，态度嗜好与之俱化。男子髡顶，月辄三四髡，不然亦间养余发，作椎髻于顶上，包以罗巾，号曰"蹋鸱"，可支数月或几年。村落间多不复巾，蓬辫如鬼，反以为便。最甚者衣装之类，其制尽为胡矣。自过淮已北皆然，而京师尤甚。[3]

淳熙丙申年（1176）使北的周辉，进入金国统治的睢阳，亦云：

---

[1]《咸淳临安志》卷四七，《宋元方志丛刊》第4册，第3775—3776页。按，临安府申禁胡俗，《宋会要辑稿》《宋史全文》等书皆有记载，唯《咸淳临安志》所记最详，然所引臣僚上书，亦为节录。嘉靖《仁和县志》卷三《风土》于"与之俱化矣"句后，复有"夫习俗之不然，莫胡虏若。无人伦、灭礼义，故中国每斥之。如人之语言无理，则曰'胡说'；动止不端，则曰'胡行'，举措失仪，则曰'胡做'，如此灵台固犁然矣。至于衣冠所以饰躬、音乐所以乐志，而乃摈弃先王礼乐，甘效胡虏粗恶之习，呜呼，其所由来渐旧矣！"（嘉靖《仁和县志》卷三，《四库全书存目丛书》史部第194册，第53页）可见当时臣僚的激切态度。

[2] 刘复生：《宋代"衣服变古"及其时代特征——兼论"服妖"现象的社会意义》，《中国史研究》1998年第2期。对于宋代服饰所受的北族影响，该文论述最为详备。

[3] 范成大：《揽辔录》，收入孔凡礼点校：《范成大笔记六种》，中华书局，2002年，第12页。关于"蹋鸱巾"，参看孙机：《玉屏花与玉逍遥》，收入氏著《仰观集：古文物的欣赏与鉴别》，文物出版社，2015年，第415页。

> 入境，男子衣皆小窄，妇女衣衫皆极宽大……无贵贱皆着尖头靴，所顶之巾谓之"蹋鸱"。[1]

此时南北分隔仅半个世纪，而北方民众的服饰、发式，已与南方产生巨大差别。这些明显不是范成大、周辉等使臣在南宋所习见者。政区的边界，以及更为重要的"夷夏之防"的心理界限，显然是阻遏北族服饰向南传播的两大障碍；这一状况真正改变，要到蒙元时代的到来。

三 荡决藩篱：蒙古征服与幔笠在亚洲的传布

图4-14 《习跪图》

就幔笠而言，虽然南宋晚期已经流行于金蒙占据的淮北地区，但对南宋本土并未产生太多影响。南宋覆亡之初，德祐二年（1276）二月，左相吴坚等人担任祈请使赴蒙，渡河进入旧金故地邳州，发现"自此，人皆戴笠，衣冠别矣"[2]。在蒙元征服之初，戴笠尚是北人的服饰标志，与宋人衣冠不同。如遗民郑思肖描绘所见北人衣着，即谓"鬃笠毡靴搭护衣"，又称南方道路间"数数见群犬吠顶笠者，衣冠之人过之则不顾"，"顶笠者，鞑贼也"。[3] 需要指出的是，虽然元代江南流行幔笠和钹笠两种笠子（如图4-14教导南人行北族跪拜礼的《习跪图》所示），但从上述史料的年代，以及元朝人对两种笠子的称谓习惯来看，上引元代

---

1 周辉：《北辕录》，收入赵永春辑注：《奉使辽金行录》，商务印书馆，2017年，第426页。
2 严光大：《祈请使行程记》，收入王瑞来：《钱塘遗事校笺考原》，中华书局，2016年，第331页。
3 郑思肖：《绝句·其八·犬德》，收入氏著《郑思肖集》，第38、152页。

早期记载中的"笠",只可能是幔笠(参看本章附录《说"钹笠"》)。

然而随着蒙古统治的确立,原本带有异域、异族色彩的幔笠,很快在南方成为时尚。明初宋濂(1310—1381)在给南宋遗民、抚州士人李士华所作的墓志中提到:

> 会宋亡为元,更易方笠、窄袖衫,处士独深衣幅巾,翱翔自如,人竞以为迁。处士笑曰:"我故国之人也,义当然尔。"[1]

另一位遗民郑思肖,易代之后也"所喜不靴笠,巍冠敝屣行"[2],以不易故国衣冠为荣。

不过,这只是少数遗民的行为,更多的人则是"欣然从北俗,往往弃南冠"[3]。为求得出仕机会,士人以仿效北族习俗,作为向征服者表示衷心顺服的手段。[4]明初人王祎(1322—1374)回顾这段历史,谓当时"为士者辫发短衣,效其语言容饰,以自附于上,冀速获仕进,否则讪笑以为鄙怯"[5]。方孝孺亦谓当时"天下皆辫发椎髻""骑马带剑以为常",[6]虽在江南,亦充溢马上之风。这些描述并非明人虚构,皆可以从元代的图像与文献当中得到印证。例如,江南无锡人钱世良便因"言、貌悉似蒙古,故太师帖木真儿见爱,遂以女妻之",以乘龙快婿而位至高

---

[1] 宋濂:《北麓处士李府君墓碣》,收入氏著《宋濂全集》卷六九,第1647页。
[2] 郑思肖:《览镜》,收入氏著《郑思肖集》,第78页。
[3] 郑思肖:《四砺·其二》,收入氏著《郑思肖集》,第74页。
[4] 关于南方士人接受北族衣冠的心态与动机,参看李治安:《元代汉人受蒙古文化影响考述》,《历史研究》2009年第1期。
[5] 王祎:《王忠文公文集》卷二四《时斋先生俞公墓表》,《北京图书馆古籍珍本丛刊》第98册,影印明刊本,第433页。
[6] 方孝孺:《卢处士墓铭》,收入氏著《逊志斋集》卷二二,第730页。

官。[1]而戴笠，即是当时的新风尚之一。江南平定之初，婺州文士胡长孺（1249—1323）被征入都，据说便是遵从北俗，戴笠而往。《农田余话》记载了一个有趣的故事：

> 赵文敏孟頫、胡石塘长孺，至元中有以名闻于上，被召入。见问文敏："会甚么？"奏曰："做得文章，晓得琴棋书画。"次问石塘，奏曰："臣晓得那正心、修身、齐家、治国、平天下本事。"时胡所戴笠相偏欹，上曰："头上一个笠儿尚不端正，何以治国平天下！"竟不录用。[2]

野史里的故事未必属实，但戴笠在元代江南的确是一时风尚。至顺年间（1330—1332）刊行的日用类书《事林广记》，谓："笠子，古者虽出于外国，今世俗皆顶之。"[3]从图像资料来看，戴幔笠者并没有族属或者社会阶层的限制。文学家虞集的传世画像（参看图4-15），即头戴黑笠、足蹬乌靴。元末讽刺张士诚幕府文人的小令，所谓"皂罗辫儿紧扎梢，头戴方檐帽"[4]，描绘的则是一个髡首辫发、头顶幔笠的文士形象。不仅文士乐从时俗，市井小民亦如此。例如福建将乐元墓壁画中的舆夫仆役，戴的也是同种类型的幔笠（图4-16）。幔笠在中国的流行，直至元

---

1 华公恺：《故巡检钱公圹志》，《虑得集》附录卷上，《续修四库全书》第1122册，第289页。
2 长谷真逸：《农田余话》卷二，《四库全书存目丛书》子部第239册，第333—334页。
3 《事林广记》后集卷一〇，《续修四库全书》第1218册，第373页；笠子取材极广，后文续云"或以牛尾、马尾为之，或以棕毛，或以皂罗皂纱之类为之"。现存元刻诸本《事林广记》，都是以南宋类书《博闻录》为基础增删而成，有关笠子（以及本章附录提到的"帽子"）的介绍，椿庄书院本和西园精舍本《事林广记》内容相同；有意思的是，这部分内容不见于和刻泰定本《事林广记》。泰定本与《博闻录》关系最为密切（参看宫纪子：《新发现的两种〈事林广记〉》，《版本目录学研究》第1辑，国家图书馆出版社，2009年）。一个可能的猜测是，有关"笠子""帽子"的介绍，是元代才添加进去的，而在南宋本《博闻录》中并不存在。
4 瞿佑：《归田诗话》卷下，收入氏著，乔光辉校注：《瞿佑全集校注》，第473页。

第四章 "深簷胡帽"考：一种女真帽式盛衰变异背后的族群与文化变迁

图4-15 《虞集像》　　图4-16 将乐元墓壁画　　图4-17 明人摹周朗《天马图》

末不衰，连皇帝亦未能免俗。现存元代帝王肖像，除去钹笠，亦有着幔笠者。明人摹元周朗《天马图》中的元顺帝，即头戴尖顶幔笠（图4-17）。

蒙元时代幔笠流行的区域，不仅限于中国；随着蒙古大军的征服，幔笠传播到东起高丽、西至波斯的广大地区。十世纪以降，高丽先后与辽、金两国接壤。虽然迫于武力，不得不向这两个北族政权纳贡称臣，但在文化上高丽奉行的却是"慕华"政策，也即主动接受中原文明、避免草原习俗的渗透。高丽太祖王建（877—943），曾留下著名的《训要十条》，其一曰：

> 惟我东方，旧慕唐风，文物礼乐，悉遵其制……契丹是禽兽之国，风俗不同，言语亦异，衣冠制度，慎勿效焉。[1]

虽然学者对《训要十条》是否真为太祖所留有争议，但《高丽史》这一记载

---
[1] 郑麟趾：《高丽史》卷二《太祖二》，文史哲出版社，2012年，第1册，第26页。

159

无疑透露出高丽文化阶层的"慕华"意识。[1]《高丽史》所载的舆服制度,相当程度上是唐宋制度的杂糅。丽末文臣赵浚(1346—1405)曾总结高丽衣冠的演变,云"祖宗衣冠礼乐,悉遵唐制;迨至元朝,压于时王之制,变华从戎"[2]。北宋末使臣徐兢曾记在高丽之所见,云:

> (高丽)唐初稍服五采……逮我中朝,岁通信使,屡赐袭衣,则渐渍华风,被服宠休,翕然丕变,一遵我宋之制度焉,非徒解辫削衽而已也。[3]

高丽舆服遵用中原制度,并非徐兢出于文化自大的虚构;入金之后,乾道五年(1169)宋人楼钥(1137—1213)在燕京所见之高丽使臣,依然"衣冠如本朝",与"椎髻被发"的西夏使者不同。[4]然而,高丽基于儒家文化影响而产生的"夷夏"意识,以及衣冠上的"慕华"政策,在蒙元时代发生了彻底的改变。

在九次抗蒙战争(1231—1273)失败之后,高丽被卷入蒙古世界体系。虽然忽必烈允许高丽不改冠服,身为蒙元驸马的高丽忠烈王(1274—1308年在位)为了表示彻底降顺,不仅自身"辫发胡服",而且于1277年下令全国臣民衣装蒙古化:

> 令境内皆服上国衣冠,开剃。蒙古俗,剃顶至额,方其形,留发其中,谓之开剃。[5]

---

[1] 关于高丽文臣的"小中华"意识与"慕华"心态,参看黄修志:《高丽使臣的"小中华馆"与朝鲜"小中华"意识的起源》,《古代文明》第6卷第4期(2012年10月)。

[2] 赵浚:《松堂集》卷三,收入韩国民族文化推进会编:《韩国文集丛刊》第6册,三省印刷株式会社,1991年,第425页。

[3] 徐兢:《宣和奉使高丽图经》卷七《冠服》,中华书局,1986年,第25页。

[4] 楼钥:《北行日录》,收入顾宏义、李文整理、标校《宋代日记丛编》第3册,上海书店出版社,2013年,第1207页。

[5]《高丽史》卷七二《舆服一》,第2册,第476页。

政令一出，"自宰相至下僚，无不开剃"，即便儒生，亦不能免。高丽衣装蒙古化之激进，甚至连忽必烈都觉诧异：

> （世祖）因问（高丽人）康守衡曰："高丽服色何如？"对曰："服鞑靼衣帽。至迎诏贺节等时，以高丽服将事。"帝曰："人谓朕禁高丽服，岂其然乎！汝国之礼，何遽废哉！"[1]

忠烈王十六年（1289），高丽儒臣郑可臣辫发顶笠面见元世祖，这种充溢着马上之风的装束，与儒臣的身份并不协调，世祖遂"命脱笠"，并告谕"秀才不须编发，宜着巾"[2]。不过，这似乎并未影响笠子在高丽的流行，丽末恭愍王、禑王时期，幔笠（方笠）甚至成为官员（"代言班主以上，皆戴黑草方笠"）和各司胥吏（"着白方笠"）的公服。[3] 在李朝世宗时期（1418—1450）编成的《三纲行实图·郑李上疏》当中，丽末恭愍王时（1351—1374）的官员左司议郑枢（1333—1382）、右正言李存吾（1341—1371），即头戴方笠（图4-18），依然保留了对前代冠服的记忆。[4]

不仅在东亚，蒙古征服者还将幔笠带到了中亚和西亚地区。高昌故城出土的回鹘文刻本佛本生故事插图，原本的印度人物，却均被冠以幔笠（参看图4-19）。[5]

---

1 《高丽史》卷二八《忠烈王一》，第1册，第440页。
2 《高丽史》卷一〇五《郑可臣》，第3册，第252页。
3 《高丽史》卷七二《舆服一》，第2册，第477页。
4 偰循等：《三纲行实图》，《域外汉籍珍本文库》第2辑子部第2册，朝鲜英祖二年（1726）重刊本，第477页。有意思的是，该书插图仅在描绘金代人物（如《虾蟆自焚》《绛山葬君》）和丽末人物时出现方笠，说明当时人对方笠的起源，尚有清楚的认识。
5 直至今天，哈萨克斯坦、吉尔吉斯斯坦等中亚国家，依然使用幔笠或类似形制的帽子，这应当是蒙元时代的孑遗。

— 图像、观念与仪俗：元明时代的族群文化变迁

图4-19 回鹘文刻本佛本生故事插图残片

图4-18 《郑李上疏》

图4-20 柏林国家图书馆藏《史集》插图中的伊利汗国君主

而蒙古人西征建立的伊利汗国（Ilkhanate）留下的图像材料当中，也留下了许多幔笠人物形象。[1]例如，在拉施特丁编纂的历史巨著《史集》当中，即有蒙古君主头戴幔笠举行宴会的情景（参看图4-20）。原本属于女真服饰的幔笠，在被蒙古人接受之后，随着蒙古马蹄到达了亚洲各个地方。在某种程度上，它可被视作蒙古征服冲决政权、族群与文化藩篱的一个象征。

---

1 相关图像可以参看资料网站：http://warfare.uphero.com/Persia/13-14C/Diez_Album-p22.htm，其中收集了大量的伊利汗国时期的蒙古人形象。

四　重划疆界：幔笠的淡出与东亚"夷夏"意识的消长

十四世纪后期元帝国的衰亡，结束了不同族群文化相对自由交融的短暂历史。在蒙元帝国的废墟上，不仅政权之间的地理疆界，族群之间的文化与心理界限，也重新明晰起来。新建立的明帝国，同时面对着北元的军事压力和内部的合法性危机；其解决策略之一，便是重新标举儒家"华夷之辨"的旗帜，宣布在文化上"用夏变夷""复我中国先王之旧"，以此来构建政权的正统性。[1] 这一政治和文化的剧变，迅即在东亚世界产生影响。

正如洪武元年"胡服"禁令所标榜的，明朝新建立的服饰体系，以恢复唐制为目标。改易衣冠，是因"陋胡人庞头之制、草场简便之风"，而"特慕唐朝尊重之俗"；政府希望借此引领风俗，"共成复古之盛"。[2] 作为"胡元"马上之习的一部分，幔笠和其他金元北族服饰、发式一道，或被禁止，或被限制在特殊场合使用。禁革之后，幔笠已甚少见于明代图像资料。

这里需要说明的是，部分服饰史研究所引用的少数"明代"幔笠图像，或是误判材料年代（《宝宁寺明代水陆画》[3]），或是使用了明代重刊的元代资料（如万历重刊本《李孝美墨谱》[4]）。本章第一节，也引用了带有幔笠插图的两种明刊识字

1　关于这方面的内容，参看张佳：《新天下之化——明初礼俗改革研究》。
2　刘夏：《刘尚宾文续集》卷四，《续修四库全书》第1326册，第155页。
3　山西右玉宝宁寺水陆画，1985年出版时被认作明代作品。但沈从文早在《中国古代服饰研究》一书中，即将其作为元代材料使用；美术史家李德仁更从绘画风格、人物服饰以及文字内证等方面证明，该画作实为元代作品（参看氏撰《山西右玉宝宁寺元代水陆画论略》，《美术观察》2000年第8期）。除此之外，石家庄毗卢寺壁画，后殿南壁东侧《差使》图亦有戴幔笠人物形象（参看金维诺主编：《中国寺院壁画全集》第2册，广东教育出版社，2011年，图一八〇），该画布局与人物衣冠，与宝宁寺水陆画《往古雇典奴婢弃离妻子孤魂众》类似，新版资料集已将其更定为元代作品。
4　关于万历重刊本《李孝美墨谱》的底本问题，参看李树伟：《〈方孝美墨谱〉版本考》，《图书馆学刊》2016年第4期。

课本(《魁本对相四言杂字》《新编对相四言》),然而这两种书却都以元代相关书籍作为底本刊印;书内插图只是刻工照底本摹勒,不尽反映明代社会实况。

以洪武四年刊《魁本对相四言杂字》为例,其中不仅保留了带有金元北族色彩的服饰,甚至保留了蒙元时代的观念。例如,书中"高""肥"二字的人物插图(图4-21),皆头顶起源于蒙古族的钹笠,而"矮""瘠"二字配图,则头戴南人冠帽,这有趣地反映了元代民间对"北人""南人"体质差异的认识。[1] 明前期刊本《新编对相四言》,虽然名曰"新编",实系翻刊元本。张志公先生指出,该书"筐"字缺笔避讳,作为童蒙教材却收录宋代惯用、不见于《洪武正韵》的汉字(如图4-21中"瘠"字),从这些方面推断,该书应是以元初的某个刊本作为底本。[2] 这类旧籍新刊、内容当改而不改的例子,在古书当中并不乏见;[3] 以本例而言,张志公所见的《新编对相四言》晚清石印本,依然题曰"新编",而且依旧保留了这类带有鲜明宋元特征的内容;[4] 若据以研究晚清社会生活,无疑失之千里。这些事例都说明了图像资料的复杂性,若不加辨析,极易坠入"以图证史的陷阱"。[5]

图4-21 《魁本对相四言杂字》插图

---

[1] 如元初郑思肖即谓,蒙古人"纯肉食,少食饭,人好饮牛马奶酪,极肥腯",参看氏著《郑思肖集》,第187页。

[2] 参看张志公:《试谈〈新编对相四言〉的来龙去脉》,《文物》1977年第11期。

[3] 这里举一个有趣的事例。《圣朝混一方舆胜览》本是元代编辑、刊印的地理书,该书的明初建阳重刊本,却依旧冠以"圣朝"之名,并将原书卷末题名"大元混一方舆胜览",改为"大明混一方舆胜览"。然而地图与政区设置,却因袭元本,毫不修正。故此书虽为明初刊本,反映的却是元代政区设置。参看刘应李原编,詹有谅改编,郭声波整理:《大元混一方舆胜览》之《整理者弁言》,第47、61页。

[4] 参看前揭张志公:《试谈〈新编对相四言〉的来龙去脉》,《文物》1977年第11期。

[5] 这里借用缪哲的说法。关于历史研究中图像使用需要注意的问题,参看缪哲:《以图证史的陷阱》,《读书》2005年第2期。

第四章 "深簷胡帽"考：一种女真帽式盛衰变异背后的族群与文化变迁

下面的故事可以说明，在禁革"胡服"百年之后，明朝人对幔笠已经相当陌生。弘治元年（1488），朝鲜济州官员崔溥（1454—1504）因风漂至浙江，崔氏因在丧中，头戴"深笠"（即幔笠，在朝鲜演变为丧服，详下），这种奇异的帽式很快引起了中国人的注意：

> （桃渚所千户陈华）与一官人来看臣，指臣笠曰："此何帽子？"臣曰："此丧笠也。国俗皆庐墓三年，不幸如我漂流，或不得已有远行者，则不敢仰见天日，以坚泣血之心，所以有此深笠也。"[1]

这种深簷遮掩、不见天日的笠子，明人看来颇为奇异，崔溥不得不为此多费唇舌。然而，就在一百余年之前，它还流行在江南地区，上自学士大夫，下至舆夫仆役，靡不风从。这个例子显然说明，随着元明易代，幔笠已经退出了明人日常生活。

蒙元帝国崩溃后，幔笠在朝鲜半岛的遭遇，也与中国类似。部分源于丽末的国家独立意识，部分受到明朝影响，丽末鲜初的朝鲜半岛，也发生了一场革除"胡服"运动。明朝以复古为号召的服饰改革，迅速被丽末儒臣视为"华夏"文明复兴的表征。在明丽宗藩关系建立过程中，高丽屡次遣使请求袭用"大明衣冠"，以此向明朝展示"慕华向化"之心；而革除蒙元服饰、接受明朝衣冠，在高丽内部则被赋予了"追复祖宗之盛"，即恢复高丽衣冠传统的特殊意义。[2]

前面已经提及，在高丽恭愍王时期，幔笠一度成为"代言班主"以上高官的公服；但在仿明制建立起来的李朝服饰体系里，幔笠被规定为"乡吏"阶层的常服。[3] 李朝初年规定，乡吏不得以闲良人员充任；在官吏群体当中，唯独乡吏保留

---

[1] 葛振家：《崔溥〈漂海录〉评注》，线装书局，2002年，第62页。
[2] 高丽接受明朝衣冠、改革"胡服"的过程，参看第五章。
[3] 《经国大典》卷三《礼典·仪章》，朝鲜总督府中枢院，1934年，第231页。

胜国服饰，不与新朝之制，无疑有贱辱之意。这与明初命宦官剃蒙式"一搭头"、命皂隶戴插羽小帽，异曲同工。[1] 因此，朝鲜成宗三年（1472），礼曹要求平安道乡吏与他处一样，遵照《经国大典》戴"黑竹方笠"时，当地乡吏便以本系"良民"出身为由，激烈抵制：

> 平安道江西县吏康翰等上言启："本道诸邑乡吏，率以良民假属，故并着草笠，其来已久，不可依他道例着方笠，请仍旧。"从之。[2]

连"良民"出身的乡吏，都不愿意头顶表示其微贱地位的幔笠，士大夫更无人乐着。因此，正如前文崔溥所言，只有在居丧外出时，因穿着丧服不便，才头顶深簷幔笠，以示"不敢仰见天日，以坚泣血之心"。幔笠在朝鲜演变为一种外出时临时穿着的丧服。孝宗时（1649—1659），许积（1610—1680）和国君讨论冠服制度，即称"前朝（高丽）士大夫着四角笠，即今丧人所着方笠也"[3]。

由高官服饰沦为权便的丧服，幔笠地位一落千丈。然而，随着朝鲜士人"小中华"意识的不断强化，幔笠的丧服资格，也几乎不保。丁卯（1627）、丙子（1636）胡乱之后，礼家开始质疑幔笠的源起，讨论居丧穿着是否合适。例如，郑经世（1563—1633）在回答学者是否应以"平凉笠"取代原为"胡金之制"的方笠时，认为即便居丧外出，也应穿着正式丧服，不可苟简。[4] 李光庭（1674—1756）

---

1 张佳：《新天下之化——明初礼俗改革研究》，第69页。明代的皂隶巾，据说"胡元时为卿大夫之冠，高皇以冠隶人，示绌辱之意"。王圻辑：《三才图绘·衣服》，《四库全书存目丛书》子部第191册，第635页。
2 《成宗大王实录》卷二一，成宗三年八月丁丑，《朝鲜王朝实录》第8册，韩国国史编纂委员会影印本，1968年，第680页；卷二六，成宗四年正月壬寅，《朝鲜王朝实录》第9册，第2页。
3 《孝宗大王实录》卷一八，孝宗八年正月壬辰，《朝鲜王朝实录》第36册，第74页。
4 郑经世：《愚伏集》卷一一《答金伯嵒问目（戊午）》，《韩国文集丛刊》第68册，第209页。

意见稍为暧昧，认为"方笠虽曰胡金之制，先儒居丧，亦多以深衣方笠出入者"，是"衰绖不可以行道"的不得已之举，可以从俗。[1] 尹凤九（1681—1767）追忆早年因丧戴笠谒见师长，则云"先师使脱方笠，曰：此胜国陋制，无礼可据"；自己答学者问时，亦谓"方笠，罗丽时夷陋之制也"，主张当"律之以礼"，不徇流俗。[2] 李德懋（1741—1793）对方笠的拒斥态度，亦甚为决然：

> 方笠是金人之服，丽末宰相戴之，我朝中叶胥吏戴之，今则为丧人所着。其制尤为怪骇。东国丧服粗具礼制，而头着虏笠，不可不改正者也。[3]

源于"胡金"的幔笠不仅淡出了朝鲜时代的日常生活，而且在强烈的夷夏情结之下，连作为权宜的丧服，也受到质疑和抵制。[4] 这与蒙元时代自上而下靡然风从的盛况相比，无疑有天壤之别。幔笠在中国和朝鲜半岛的盛衰，竟成为知识阶层夷夏观念消长起落的风向标。

结语　小物件与大历史

通过上述研究可以知道，长期以来被误名为"瓦楞帽"并被视作典型蒙古服

1　李光庭：《讷隐集》卷五《答辛与则（师锡）问目》，《韩国文集丛刊》第187册，第223页。
2　以上参看尹凤九：《答赵汝五》《答李圣章》，《屏溪先生集》卷一九、卷二四，《韩国文集丛刊》第203册，第399、503页。
3　李德懋：《青庄馆全书》卷六一《论诸笠》，《韩国文集丛刊》第259册，第94页。
4　当然，朝鲜学者中也有为方笠辩护的意见，即认为幔笠源于高句丽时代的"折风巾"，与金朝无关。如李瀷（1681—1763）即云："笠，古高句丽所称折风巾也……李白诗：'风花折风巾.'盖今丧人方笠，为四叶合附成之，似花瓣，故云'风花'。"安鼎福：《顺庵先生文集》卷一六《函丈录》，《韩国文集丛刊》第230册，第119页。这显然并不正确，却代表了主张保留方笠一派学者的普遍意见。

饰的幔笠，其实是一种起源于女真的帽式。虽然只是一顶小小的笠子，它的盛衰历程，却如同标志物一般，直观地反映了十二到十四世纪东亚族群与政治格局的变迁，以及东亚儒家文化圈内华夷胡汉观念的消长。

带有浓郁北方民族风格的幔笠，金代后期已在中原民众当中流行。宋室南渡之后，中原故土化作南方士人眼中的文化异域，衣冠、风俗上的"华夷之辨"，阻遏了幔笠向南传播。高丽虽与辽金壤地相接，但文化上的"慕华"心态，使他们对游牧民族服饰心存芥蒂。十三世纪蒙古人的征服运动，不仅冲决了东亚大陆各政权间的地理疆界，而且荡涤了各族群间的文化藩篱。幔笠也在此时伴着蒙古人的马蹄，传播到亚洲各地。随着夷夏意识的淡化，在潮流裹挟与利益诱惑下，北人衣冠成为江南的一时风尚。高丽则以自上而下激进"胡化"的方式，接纳了"靰鞡衣帽"。正是在这种政治和思想背景中，幔笠在东亚风靡一时。蒙元帝国的崩溃，标志着各族群文化相对自由融合时代的结束。在蒙元旧基上崛起的新兴王朝，开始重新划定政权与文化的边界。在日益激烈的夷夏情结影响下，幔笠淡出民众的日常生活，化作了历史陈迹，以致今日可以作为一些重要图像材料断代的标尺（如图4-22旧题宋佚名《百子图》[1]、图4-23旧题宋佚名《道子墨宝》[2]）。小小的幔笠，成为蒙元时代前后政治与文化变迁的见证。

---

[1] 美国克利夫兰艺术博物馆（Cleveland Museum of Art）收藏，《宋画全集》著录为宋佚名作品。但图中人物服饰与所表现的场景，却与金代图像资料相合。如图4-22表现儿童表演"竹马戏"的情景，人物帽饰与场景，与侯马金墓65H4M102砖雕类似（图4-9）。图4-24儿童舞蹈，击鼓吹笛，众人拍手相和，场景恰与前引《女真乐舞图》（图4-7）及宋人对女真舞蹈的描述相合。本件作品不宜作为宋代资料使用。

[2] 美国克利夫兰艺术博物馆收藏，《宋画全集》。但从画中世俗人物服饰来看，如图4-23男子头戴幔笠，尤其是女子内着左衽交领长袍、外套对襟半袖短衣，是典型的金元衣着风格（参看图4-25登封元代壁画墓《侍女图》）。

第四章 "深簷胡帽"考：一种女真帽式盛衰变异背后的族群与文化变迁

图4-22 旧题宋佚名《百子图》

图4-24 旧题宋佚名《百子图》

图4-23 旧题宋佚名
《道子墨宝·地狱变相图》

图4-25 登封王上元墓壁画
《侍女图》

附录　说"钹笠"

元代比幔笠更为常见的另一种笠子，是钹笠。故宫南薰殿旧藏元代帝王御容，自成宗以降，皆顶钹笠。然而耐人寻味的是，"钹笠"一名，以笔者管见所及，似仅出现于《元史·舆服志》和古本《老乞大》[1]，这与钹笠在元代社会生活中的流行程度，是极不相称的。元代对"笠""帽"两词并不做严格区分，从相关史料来看，钹笠在当时可能更多地被称为"帽"，而非"笠"。例如，屡屡为服饰史研究者征引的《草木子》，即谓：

> （元代）官民皆戴帽，其檐或圆，或前圆后方，或楼子，盖兜鍪之遗制也。[2]

其中提到的圆檐"帽"，便是服饰史一般认为的钹笠。[3]钹笠在《新编对相四言》当中，被称作"毡帽"（图4-26）；在明代文献如王圻《三才图绘》当中，则被称为"大帽"（图4-27）。元末色目诗人丁鹤年颇具政治深意的《别帽》诗："云样飘萧月样圆，百年雄丽压南冠。"[4]从形制上看，所指显然是钹笠。而元代剧本

1　《元史》卷七八《舆服志》，第1938页。后世中国文献中的"钹笠"一词，均源于《元史·舆服志》。成书于高丽末期的汉语教科书《老乞大》，有"青毡钹笠儿"一词（参看汪维辉主编：《朝鲜时代汉语教科书丛刊》第1册，中华书局，2005年，第43页）。考古实物与图像资料中的蒙元服饰，尚未发现自名"钹笠"者；由于"钹笠"一词所显示的冠帽形制，与图像和实物材料正契合，故此一直为服饰史沿用。
2　叶子奇：《草木子》卷三下《杂制篇》，第61页。文中的"楼子"，可能即是幔笠。
3　黄能馥、陈娟娟编著：《中国服装史》，第251页。
4　丁鹤年：《别帽》，收入丁生俊编注：《丁鹤年诗辑注》，天津古籍出版社，1987年，第62页。"云样飘萧"指钹笠上常见的帽缨。本诗当作于元明易代、禁革"胡服"之后。

第四章 "深簷胡帽"考：一种女真帽式盛衰变异背后的族群与文化变迁

中屡见的服饰道具"夌檐帽"[1]，应当也指钹笠（如图4-28，广胜寺泰定元年[1324]戏剧壁画）。至顺椿庄书院本《事林广记》介绍当时的冠帽，谓：

> 帽子：亦本于外国，或以禽兽皮毛、牛马尾及棕毛、藤、竹为之，或以绢帛销金、织金为之，今俗通用。[2]

叶子奇在叙述历代服饰特征时，也将"帽子、系腰"作为元代服饰的标志。[3]《事林广记》提到的"本于外国""今俗通用"的帽子，或即指今人所谓的"钹笠"。

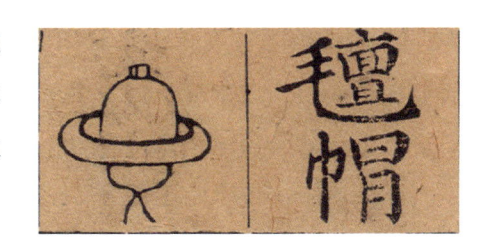

图4-26 《新编对相四言》插图：毡帽

图4-27 《三才图绘》插图：大帽

图4-28 《大行散乐忠都秀在此作场》（重摹本）

和金代后期即已流行的幔笠相比，钹笠出现的时间较晚，从考古资料来看，元成宗大德（1297—1307）以降才在民间流行。笔者发现的有明确纪年的钹笠图像，最早见于山西兴县红峪村至大二年（1309）壁画墓，壁画中墓主人与两名男性顶幔笠，一人着钹笠。随葬陶制车马、仆役，是陕西关中元代墓葬的重要特

---

1 如高文秀《刘玄德独赴襄阳会》中刘备、蹇雍、刘琮的装束，郑德辉《虎牢关三战吕布》中孙坚、刘表的装束，参看赵琦美：《脉望馆抄校本古今杂剧》第11册，文学古籍刊行社，1957年，第39—40页；第14册，第71页。
2 《事林广记》后集卷一〇，《续修四库全书》第1218册，第373页。
3 叶子奇：《草木子》卷三下《杂制篇》，第61页。

171

— 图像、观念与仪俗：元明时代的族群文化变迁

色；目前发现的钹笠陶俑，有确切年代可以追溯的，最早见于刘元振郝柔夫妇合葬墓（郝氏大德六年［1302］下葬），[1] 此前的傅元明夫妇墓（1254）、刘黑马墓（1261）、段继荣夫妇墓（1266）、袁贵安墓（1295）出土陶俑，均未见此种帽式。[2]

值得玩味的是，《元史》曾记世祖皇后察必（1227—1281）改进胡帽的故事：

> 胡帽旧无前檐，帝因射日色炫目，以语后，后即益前檐。帝大喜，遂命为式。……（又制比甲）以便弓马，时皆仿之。[3]

《元史》记载的这个故事，未必是史官杜撰。故宫南熏殿藏元代帝王画像，太祖、太宗、世祖所戴帽均无前檐；而成宗以降诸帝（血统皆出自察必），皆戴钹笠。从上述材料推断，钹笠很有可能就是察必皇后的创造；明代类书《事物绀珠》，也认为察必皇后创制的这种帽子，即是大檐帽。[4] 钹笠的出现与流行，已后于幔笠一个多世纪。

从钹笠衍生出的大帽，[5] 在明代依然为某些特定群体使用。明人王圻《三才图绘》称"（大帽）今起家科贡者，则用之"[6]，并非虚语。清人顾沅所辑《吴郡名贤

---

1 参看陕西省考古研究院编：《元代刘黑马家族墓发掘报告》，文物出版社，2018年，第72页。
2 对于关中元墓随葬陶俑及其类型的梳理，参看杨洁：《陕西地区出土蒙元陶俑类型分析》，《文博》2013年第5期；杨洁：《陕西关中蒙元墓葬出土陶俑的组合关系及相关问题》，《考古与文物》2015年第4期。袁贵安墓陶俑，参看《西安曲江缪家寨元代袁贵安发掘简报》，《文物》2016年第7期。
3 《元史》卷一一四《后妃一》，第2872页。
4 黄一正辑：《事物绀珠》卷一三："大帽：元世祖出猎，恶日射目，以树叶置胡帽前，其后雍古剌氏，乃以毡片置前后，今大檐帽。"《四库全书存目丛书》子部第200册，第728页。
5 元代民众多从金元辫发之习，故今日所见之元代钹笠，无论实物还是图像，形状皆扁浅；而明人恢复束发，故明代大帽皆帽筒高深，以为贮发髻之用。二者虽然在形制上有所差别，但大帽系由钹笠演变而来，此点当无疑义。
6 参看图4-27，采自王圻辑：《三才图绘·衣服》，《四库全书存目丛书》子部第191册，第632页。

图传赞》收载众多明人肖像,凡着大帽者均为举人,无一例外。[1]然而从小说、版画等资料来看,明代使用大帽的另一人群,是经常外出公干的胥吏。[2]明代重视用不同的衣冠类型来区分各个社会阶层,明代士大夫对身份象征物也极为敏感。为何举人会与为人贱视的胥吏共享大帽?其中尚有待发之覆。

---

1 如《唐解元像》《张孝廉像》《顾孝廉像》,参看顾沅:《吴郡名贤图传赞》卷七,第12页;卷一〇,第15页;卷一五,第7页。按,顾氏此书图绘乡邦名贤五百七十人,"其像或临自古册,或访得自各家后裔,其冠服悉仍其旧,均有征信,无一凭虚造者"(石韫玉:《后序》)。
2 参看罗玮:《汉世胡风:明代社会中的蒙元服饰遗存研究》,首都师范大学2012年硕士学位论文,第11页。

第五章

衣冠与认同：明初朝鲜半岛袭用
"大明衣冠"历程初探

引言　"大明衣冠"何所来

在儒家文化传统当中，"衣冠"长久以来被视作"文明"的象征。与中国同属儒家文明圈的朝鲜王朝（1392—1897），对衣冠制度也极为重视。明清鼎革之后，东国士大夫以固守"大明衣冠"，来表示其对"中华"文明的坚持与传承，这点已为学界熟知。[1] 然而，中国的东邻究竟在何种背景下接受明朝的服饰体系，"衣冠"在明初中国与朝鲜半岛政权的互动中曾经扮演过何种角色，笔者尚未见有学者对此进行专门讨论。[2] 中国的元明易代（1368），与朝鲜半岛的丽鲜更

---

1 关于"衣冠"在古代东亚国际政治中的意义，以及朝鲜对"大明衣冠"的坚持，参看葛兆光教授的系列研究：《朝贡、礼仪与衣冠——从乾隆五十五年安南国王热河祝寿及请改易服色说起》，《复旦学报》2012年第2期；《大明衣冠今何在》，《史学月刊》2005年第10期；以及《文化间的比赛：朝鲜赴日通信使文献的意义》，《中华文史论丛》2014年第2期。又，"大明衣冠"一语，首见于《高丽史》卷一三六《辛禑四》（禑王十三年），第3册，第745页。需要说明的是，明代服饰对朝鲜的影响，主要体现在官员和士人两大阶层，庶民和妇女服饰，则更多延续了自身的传统。

2 关于元明之际中国与朝鲜半岛的关系，日韩及中国学界已有不少研究。具体可以参看叶泉宏：《明代前期中韩国交之研究，一三六八——一四八八》（台湾商务印书馆，1991年），以及范永聪：《事大与保国——元明之际的中韩关系》（香港教育图书公司，2009年）两部专著的研究综述。不过就笔者管见所及，仅内藤雋辅：《高麗風俗に及ぼせる蒙古の影響について》一文（收入氏著《朝鮮史研究》，京都东洋史研究会，1961年，第81—117页）曾简要概述丽末接受明朝服饰的经过，此外未见有对此问题的详细探讨。

迭（1392）近乎同时，二者之间存在着深刻的内在关联；可能稍异于后人的想象，不同于明亡后朝鲜士大夫对"衣冠"的固执，丽末鲜初对"大明衣冠"的接受，经历了一段较为曲折的历程。十四世纪后期的明丽、明鲜关系起伏跌宕，"冠服"曾是其中的重要议题，而且是双方宗藩关系得以确立的文化基础之一。

一 "胡化"与"复古"：蒙古风下的中国与高丽

至迟从汉代开始，朝鲜半岛就与中原王朝存在着持续而密切的政治文化关系；而蒙元以降，朝鲜半岛诸多政治与社会变化，更显示出与中原地区的联动性。十三世纪草原蒙古民族迅速崛起，建立起涵括众多族群、疆域空前辽阔的蒙古帝国。不仅中原金、宋故地被悉数纳入版图，高丽王朝在九次残酷的抗蒙战争（1231—1273）失败之后，也被卷入蒙古世界体系，仅通过王族入元为质、与蒙古皇室联姻等方式，维持一种半独立状态。忠烈王以降，高丽国王世代为蒙元驸马，并担任元朝在其国土上设立的征东行省长官；高丽人和原先金朝辖区内的各族群一样，被归为第三等级的"汉人"。虽然蒙元统治者并未长期推行强制蒙古化政策，但在族群混融的背景下，蒙古风俗作为一种优势族群的文化，开始在东亚大陆弥散。中国南北方，经历了蒙元一个到一个半世纪的直接统治，汉族民众的日常生活，无论服饰、语言还是婚丧习尚等，都可以看到蒙古风俗的影响。[1]《明太祖实录》谓：

> 元世祖起自朔漠以有天下，悉以胡俗变易中国之制。士庶咸辫发椎髻，

---

[1] 参看李治安：《元代汉人受蒙古文化影响考述》，《历史研究》2009年第1期。

第五章　衣冠与认同：明初朝鲜半岛袭用"大明衣冠"历程初探

> 深瀳胡俗，衣服则为袴褶窄袖及辫线腰褶；妇女衣窄袖短衣，下服裙裳，无复中国衣冠之旧。甚者易其姓字为胡名，习胡语。俗化既久，恬不知怪。[1]

虽然元代"悉以胡俗变易中国之制"的说法有所夸张，但蒙元时代中国胡汉风俗混融程度之深、波及人群之广，是不容置疑的事实。[2]

高丽王室与蒙元贵族关系密切，曾以政令的形式，强制推行蒙古化生活方式。因此高丽"胡化"的程度，可能要超过中原地区。[3]高丽与元朝世为"甥舅之国"，元丽联姻对高丽上层社会习俗的影响，萧启庆先生归纳为"通血缘、用蒙名、易服发、行胡礼、奏胡乐、嗜狩猎"六个方面。[4]就服饰而言，《高丽史・舆服志》总括高丽五百年间的习尚演变，称高丽前中期大致参用唐代制度，然而成为元朝藩属之后，情形大变：

> 事元以来，开剃辫发，袭胡服，殆将百年。及大明太祖高皇帝赐恭愍王冕服，王妃、群臣亦皆有赐，自是衣冠文物焕然复新，彬彬乎古矣。[5]

1　《明太祖实录》卷三〇，第525页。
2　参看 Henry Serruys (司律思), "Remains of Mongol Customs during the Early Ming", *Monumenta Serica*, vol.XVI, 1957. 甚至在明初禁革胡俗之后尚有残留，参看罗玮：《汉世胡风：明代社会中的蒙元服遗存》，首都师范大学2012年硕士学位论文。
3　有关蒙古风尚在高丽的兴衰历程，参看前引内藤雋辅：《高麗風俗に及ぼせる蒙古の影響について》，收入氏著《朝鲜史研究》。当然，元丽交流是双向的，由于不少高丽人以移民、宿卫、内侍等方式进入元朝，高丽风尚对蒙元也有所影响。参看王子怡：《"宫衣新尚高丽样"——元朝大都服饰的"高丽风"研究》，《艺术设计研究》2012年第3期。
4　萧启庆：《元丽关系中的王室婚姻与强权政治》，收入氏著《元代史新探》，新文丰出版公司，1983年，第249—252页。
5　《高丽史》卷七二《舆服一》，第2册，第472页。

— 图像、观念与仪俗：元明时代的族群文化变迁

高丽在元宗（1260—1274年在位）当政时，彻底降附蒙古。在蒙古扩张时期，改易蒙古式的发式与冠服，是被征服者表示降顺的一种方式。[1]然而当大臣劝说"效元俗、改形易服"时，元宗以"未忍一朝遽变祖宗之家风"为由拒绝。[2]高丽自上而下的大规模蒙古化，始于元宗之子忠烈王在位时期（1274—1308）。忠烈王在大都做人质时接受了蒙古习俗，元宗十三年（1273）回国，即"辫发胡服"，尽弃高丽旧俗。[3]忠烈王四年（1277），更直接下令在国内推行蒙古服装与发式：

> 令境内皆服上国衣冠，开剃。蒙古俗，剃顶至额，方其形，留发其中，谓之开剃。时自宰相至下僚，无不开剃。[4]

据说大小臣僚当中，仅有禁内学馆的儒士不肯剃发，"左承旨朴桓呼执事官谕之，于是学生皆剃"（图5-1）。高丽的大规模蒙古化，自此以政令的形式由上而下展开。

流行于东亚大陆的蒙古风，直至元帝国衰落时方告衰歇。开创明朝的朱元璋集团，脱胎于元末北系红巾军组织。红巾军起事时，曾以"驱胡"为口号，鼓动民众反元。朱元璋部沿袭了红巾武装的民族主义策略，明朝建立之初，便以

---

[1] 蒙古人在扩张早期，有令被征服者改易蒙古服饰的事例。南宋使臣徐霆称，金亡后士大夫为道士者，可以"免跋焦"；蒙古攻金之时，金朝将领徒单镒（？—1214）"不肯改易髻发，以至于死"；而崔立（？—1234）以开封城降蒙，即令"在城皆断发，为大朝民"（以上参看许全胜校注《黑鞑事略校注》，兰州大学出版社，2014年，第88、93页）。1254年蒙军入侵高丽，也将高丽"君臣百姓出陆，则尽剃其发"，作为撤军的条件（《高丽史》卷二四《元宗一》，第一册，第365页）。不过，蒙古灭宋后并无类似命令；高丽降附后，也获得"衣冠从本国俗，皆不改易"的许可（《高丽史》卷二五《元宗一》，第一册，第384页）。忠烈王的强制胡化政策，并非蒙古人的要求，而是高丽主动示好的表现。

[2] 《高丽史》卷二八《忠烈王一》，第1册，第428页。

[3] 《高丽史》卷二七《元宗三》，第1册，第417页。

[4] 《高丽史》卷七二《舆服一》，第2册，第476页。

第五章　衣冠与认同：明初朝鲜半岛袭用"大明衣冠"历程初探

图5-1　韩国密阳朴翊墓壁画人物（左）与福建将乐元墓壁画人物（中）、西安元墓陶俑（右）

"用夏变夷""复中国之旧"为口号，清理社会生活中的各类"胡俗"。洪武元年（1268）二月，明太祖下诏"复衣冠如唐制"，"胡服、胡语、胡姓一切禁止"。[1] 经过洪武三十余年间的增删损益，一套以"别华夷、明贵贱"为主旨的"大明衣冠"体系，基本成型。[2]

与中国基本同时，反元潮流也开始在高丽滋长。恭愍王（1351—1374年在位）即位之初，元朝开始陷入动荡，腹里地区和长江流域分别爆发了刘福通、徐寿辉红巾起义，作为财赋重地的江浙一带，也被方国珍、张士诚等人占领。恭愍王认定元朝实力已衰，趁蒙古人忙于内乱之机，一方面积极向半岛东北地区拓展疆土，攻占元双城总管府等地；另一方面废除征东行省理问所，削弱元朝对内政的干预。在这期间，恭愍王为加强王权而诛除元朝皇后奇氏家族，更造成了高丽与

---

[1]《明太祖实录》卷三〇，第525页。
[2] 关于明初服饰体系的形成过程，参看张佳：《重整冠裳：洪武时期的服饰改革》，香港中文大学《中国文化研究所学报》2014年第58卷。

181

元朝长期难以弥合的裂痕。[1]这一事件虽因蒙古人无暇东顾而暂得平息，却造成了元廷对恭愍王的不信任，并在以后的元丽关系中屡屡发作。[2]

在文化上，高丽也有意祛除蒙古的影响。恭愍王当政后，表现出修举礼乐的强烈热情。他甫一即位，便以"箕子受封于此，教化礼乐，遗泽至今"为由，下令平壤府"修祠奉祀"。[3]按照传说，箕子是最早将朝鲜半岛与中原文化联系起来的人物，认同儒家文明的半岛士人，多以"箕封""箕壤"作为本国的代称。[4]恭愍王因箕子"教化礼乐"之功而令平壤府奉祀，透露出对高丽此前"衣冠礼乐""古国之风"的向慕。高丽礼乐曾经大量吸纳唐宋制度，然而由于蒙古入侵，国都迁徙，"乐工散去，声音废失"，直至一百余年后，恭愍王八年（1359）方才下令"有司新制乐器"。[5]对于国家最为重要的宗庙祀典，恭愍王在位期间也反复予以修整。恭愍王六年，下令重订太庙昭穆次第，十二年又命补造太庙祭器、礼服，并新撰祭祀乐章。[6]在衣冠上，恭愍王对忠烈王以来"辫发胡服"的旧习亦有所不满。按照史书记载，他曾接受大臣建议"解辫发"：

---

[1] 高丽迎娶蒙古公主的目的之一，是假借蒙古人之势，压服国内权门大族。然而，高丽宫女奇氏（名完者忽都，顺帝太子，也即后来的北元昭宗之母）意外成为元顺帝皇后，却使得奇氏家族倚元室为后援，迅速崛起。恭愍王诛灭奇氏后，元朝曾为高丽另择新君，要求恭愍王退位。不过，元朝的要求因军事干预的失败而未能实现（参看《元史》卷一一四《后妃一》，第2880页）。由此造成的元丽关系裂痕，参看池内宏：《高麗恭愍王の元に対する反抗の運動》，收入氏著《满鲜史研究》中世第3册，吉川弘文馆，1979年，第175—195页。

[2] 参看特木勒：《北元与高丽的外交：1368年—1369年》，《中国边疆史地研究》2000年第2期，第78页。

[3] 《高丽史》卷三八《恭愍王一》，第1册，第576页。

[4] 朝鲜半岛箕子崇拜所反映的"慕华"心理，参看孙卫国：《大明旗号与小中华意识——朝鲜王朝尊周思明问题研究》，商务印书馆，2007年，第37—44页。

[5] 《高丽史》卷七〇《乐一》，第2册，第443页。

[6] 《高丽史》卷六一《礼三》，第2册，第325—326页；卷七〇《乐一》，第2册，第447页。

第五章　衣冠与认同：明初朝鲜半岛袭用"大明衣冠"历程初探

> 王用元制，辫发胡服坐殿上。（李）衍宗欲谏……既入，辟左右曰："辫发胡服，非先王制，愿殿下勿效。"王悦，即解辫发，赐衣及褥。[1]

李衍宗所提到的"先王制"，应当是指高丽建国之后，参用唐制建立起来的衣冠制度。在高丽太祖留下的《训要十条》当中，有对冠服的训诫：

> 惟我东方，旧慕唐风，文物礼乐，悉遵其制……契丹是禽兽之国，风俗不同，言语亦异，衣冠制度，慎勿效焉。[2]

高丽太祖遗命后世衣冠典制遵循"唐风"，不得效仿草原民族之俗。蒙古和契丹一样，都有髡发之俗，在文化上迥异于中原民族，效法其衣冠习俗自然与先王遗令不符。恭愍王有恢复"先王制"的愿望，不过在当时环境下，"解辫发"只能是个人行为。高丽与元虽有矛盾，关系却未完全断裂；而且高丽内部亲元派力量强大，从李衍宗谏言时"辟左右"的谨慎来看，恭愍王不可能公开下令国人革除"胡服"。不过，当以"驱除胡虏，恢复中华"为旗号的明朝崛起、蒙元势力退归塞北之后，高丽和明因为有共同敌人和相似的文化追求，两个国家迅速建立关系，便是顺理成章的事情。

二　拟之亲王：恭愍王时期的明朝赐服

恭愍王十七年（洪武元年，1368）九月乙卯，高丽得知明军已经攻克大都、

1　《高丽史》卷一〇六《李衍宗》，第3册，第266页。
2　《高丽史》卷二《太祖二》，第1册，第26页。

| 图像、观念与仪俗：元明时代的族群文化变迁

顺帝与太子先后北奔。仅仅三日之后，恭愍王便"令百官议通使大明"[1]，著名儒臣郑梦周（1337—1392）等人"力请于朝"，建议高丽正式弃元投明、与明朝建立宗藩关系。[2] 两个月后，高丽派遣礼仪判书张子温前往金陵通好。这是高丽与明朝之间的首次正式通使，[3]《高丽史》所记载的出使细节非常有趣：

> 吴王礼待甚厚，使六部、御史台宴慰。至台宴日，张乐。大夫谓子温曰："台宴未尝用乐，今日之乐，为使臣也。"子温曰："乐以和为主。[4] 诸公既以和气相接，何必乐为。夫子曰：'乐云乐云，钟鼓云乎哉？礼云礼云，玉帛云乎哉？'"大夫曰："尚书既知礼乐之本，不必用乐。"乃止。吴王闻之，加厚礼以送。[5]

因为朱元璋此时尚未向高丽遣使宣告建国，所以《高丽史》依据《春秋》义例，依旧称朱元璋为"吴王"而非皇帝，并无贬抑之意。高丽正使为礼仪判书，身份是文臣——丽末鲜初派往明朝的使臣，绝大多数为儒臣，这与遣元使形成了鲜明对比：根据统计，为了迎合蒙元的崇武风尚，高丽在朝聘活动当中派出的使者近半为武人。[6] 这表明高丽已经意识到明朝和元朝，在文化性格上的差异。以接受过

---

1 《高丽史》卷四一《恭愍王四》，第1册，第627页。
2 《高丽史》卷一一七《郑梦周》，第3册，第444页。郑梦周被后世推尊为韩国理学之祖，他对丽末鲜初的外交政策，有重要影响。参看叶泉宏：《郑梦周与朝鲜事大交邻政策的渊源》，《韩国学报》第15期（1998年）。
3 恭愍王十三年（1364），曾有"淮南朱平章"遣使高丽（《高丽史》卷四〇《恭愍王三》，第1册，第618页）。恭愍王与张士诚、方国珍、扩廓帖木儿等元季群雄多有交往，但元末僭号者众，此处"朱平章"尚难以断定其人为谁。
4 此语本于《礼记·乐记》。
5 《高丽史》卷四一《恭愍王四》，第1册，第627页。
6 参看颜培建：《蒙元与高丽人员交往探讨——以高丽使臣身份为中心》，南京大学2011年博士学位论文，第71页。

第五章　衣冠与认同：明初朝鲜半岛袭用"大明衣冠"历程初探

儒学训练的文臣作为使者，更有利于与明朝的沟通。张氏此行的成功正说明了这一点：张子温以言辞辩驳明朝台臣，朱元璋非但不以为忤，反而"加厚礼以送"，这不仅仅是出于联合高丽对付北元的政治需要，还因为张氏熟练地征引《礼记》《论语》等儒家典籍，向明方展示了一个"儒化"的高丽，成功拉近了与明朝在文化观念上的距离。而《高丽史》对本次出使细节的铺叙，意在暗示明丽关系可以在儒家意识形态框架内建立，绝非无心之笔。

由于文化相近、敌手相同，恭愍王时期高丽与明朝宗藩关系的建立，相当顺利。张子温回国后不久，恭愍王十八年（洪武二年，1369）四月，明朝遣使高丽，正式宣布朱元璋已"北逐胡君，肃清华夏，复我中国之旧疆"；而高丽历来"慕中国之风"，故此特地来告。[1] 恭愍王基于"尊王攘夷"的儒家义理，立即上表庆贺明太祖"复中国皇王之统"，承认明政权接续中国"正统"；并称赞明朝"典章文物之粲然，华夏蛮貊之率俾"，表示愿意认同明朝文化，成为藩属。[2] 一个月后，高丽再遣总部尚书成准得赴金陵祝贺明太祖生辰，并"请赐本国朝贺仪注"[3]"请祭服制度"[4]。对这些要求，明朝一概应允。有意思的是，明太祖不仅颁给了高丽所请求的冠服，而且还额外赠送了明朝重新校正的编钟、编磬等大型乐器，[5] 以及六经四书、《通鉴》等经史典籍。显而易见，明朝乐见高丽这类尊奉中国典制的"向化"举动。明太祖在给恭愍王的答书中即称："王欲制法服以奉家庙，朕深以为

---

[1] 《高丽史》卷四一《恭愍王四》，第1册，第628页。
[2] 《高丽史》卷四一《恭愍王四》，第1册，第628页。本表为李穑所拟，又见《牧隐稿·文稿》卷一一，《韩国文集丛刊》第5册，第95页。
[3] 《高丽史》卷四一《恭愍王四》，第1册，第630页。
[4] 《明太祖实录》卷四五，第883页。
[5] 这些乐器包括："编钟十六架、全，编磬十六架、全……笙、箫、琴、瑟、排箫一。"（《高丽史》卷七〇《乐一》，第2册，第445页）有关此次明丽音乐交流的背景，参see王小盾：《明朝和高丽的音乐交往——1368—1373》，《中国音乐学》2011年第3期。

185

喜",并劝说恭愍王切勿沉溺佛教,要"修仁义礼乐以化民成俗"。[1] 而在此前后,明朝先是派人来祭祀高丽山川、颁诏革正神灵封号,以示高丽境土已"归职方";又颁行开科举诏,提出高丽如有"经明行修之士",可以"贡赴京师会试"。[2] 无论是颁给冠服、乐器,还是祭祀山川、广开科举,明朝意在通过这些文化和礼仪的互动,宣示已将高丽纳入重新恢复起来的中华文化圈;而这也正合高丽的初衷。

根据《高丽史·舆服志》的记载,本次明朝颁给高丽的冠服,有国王和臣下的祭服、国王朝服以及王妃冠服。其中官员祭服共分七个等级,其规格"比中朝臣下九等,递降二等",也即高丽本国官员的服饰等级,比同品级的中国官员降低两等(参看表5-1):

表5-1　明朝与高丽朝臣祭服等级比较

梁冠等级		七梁	六梁	五梁	四梁	三梁	二梁	一梁
对应品级	明朝	一品	二品	三品	四品	五品	六、七品	八、九品
	高丽			一品	二品	三品	四、五品	六、七品

※资料来源:《高丽史》卷七二《舆服一》,第2册,第475页。

这种服饰等级的换算原则,后来也基本上被朝鲜王朝所继承。[3] 按照洪武初年制度,明朝王国(亲王封国)最高官员左、右相,品秩为二品;[4] 而高丽一品官则相当于明朝的三品。由此推断,高丽官员的这套服饰规则,很可能是依据高丽(朝鲜)

1　《明太祖实录》卷四六,第908页;《高丽史》卷四二《恭愍王五》,第1册,第634页。
2　以上参看《高丽史》卷四二《恭愍王五》,第1册,第632、636页。
3　参看《经国大典》卷三《仪章》,朝鲜总督府中枢院,1934年,第224—229页。
4　《明太祖实录》卷六四,第1212页。

"郡王爵"的地位制定的。[1]

然而有意思的是，明朝颁赐给恭愍王的冠服，却是高出郡王一等的亲王级别的冠服。明朝颁赐恭愍王祭服（衮冕）和朝服（远游冠、绛纱袍）两套冠服，其中渊源最为古老、最能反映穿着者身份的，是衮冕。按照《周礼》等儒家经典的构想，天子与群臣参加祭祀和典礼时，应当各自穿着不同种类的冕服。冕服共有六种，制度甚为烦琐。[2] 明初对冕服制度做了很大的修整：在种类上，仅保留衮冕一种，而将其余五种删汰；穿着冕服的人群，也仅限于皇族（皇帝、太子和亲王）内部。群臣参与典礼，只能头戴梁冠，不得服冕。[3] 明朝颁赐给恭愍王的祭服，是仅有皇族才可以穿着的衮冕，而非朝臣使用的梁冠。按照当时制度，衮冕又按照冕的旒数和衮服的章数，分为两个等级：皇帝衮冕十二旒、十二章，太子和亲王衮冕九旒、九章。而恭愍王衮冕为九旒、九章，等级基本与明朝亲王相同。[4] 这种比于亲王的特殊规格，还体现在印绶上。明朝颁降的高丽国王印，是和亲王相同的龟纽金印；[5] 而同为藩属的安南和琉球，所赐则为郡王级的驼纽涂金银印。[6]

作为恭愍王朝服的远游冠，在明初服饰体系里，地位也甚为特殊。按照汉唐

---

1 建文时颁赐朝鲜国王冕服，谓"朝鲜本郡王爵位"（参看《朝鲜太宗实录》卷三，太宗二年二月己卯，《朝鲜王朝实录》第1册，第226页）。唐代初期，曾封高句丽君主为辽东郡王、百济君主为带方郡王、新罗君主为乐浪郡王（参看《旧唐书》卷一四九上《东夷》），明初关于朝鲜（高丽）爵位等级的说法，可能渊源于此。

2 儒家经典中冕服的设计及制度演变，参看阎步克：《服周之冕——〈周礼〉六冕礼制的兴衰变异》，中华书局，2009年。

3 参看张志云：《重塑皇权：洪武时期的冕制规划》，《史学月刊》2008年第7期。

4 九章，即衣服上绣的九种纹案，明代皇帝冕服十二章。高丽国王冕服与明朝亲王的差别，在于亲王冕旒用五彩玉，而高丽国王用青玉，仅在装饰上稍有不同。要注意的是，冕服是依据旒数和章数来区分级别的，而非其他。

5 《高丽史》卷七二《舆服一》，第2册，第478页；《大明集礼》卷二一，《域外汉籍珍本文库》第3辑史部第27册，影印嘉靖内府刊本，第475页。唯亲王印朱绶，尺寸稍大；高丽国王印为鳖绶。

6 《明太祖实录》卷四三，第847页；卷一七〇，第2582页。万历《明会典》卷五五，中华书局，1989年，第347页。

旧制，亲王服远游冠。[1] 明初对此做了调整。根据洪武初年制度，皇帝服通天冠；而远游冠和通天冠形制相同，仅在梁数上有所差别（十二梁/九梁，参看图5-2）。[2] 为了凸显太子作为皇位继承人的特殊身份，远游冠成为皇太子的专有服饰，虽亲王亦不得服。恭愍王获赐的七梁远游冠，仅下皇太子一等。另外，明朝颁给恭愍王妃的冠服，虽然低于亲王妃的等级，但其装饰也为明朝皇室特有。恭愍王妃冠饰为七翟二凤，翟和凤是明朝内命妇（皇族之妻）专有的冠饰，外臣之妻不得佩。[3] 下面表5-2显示了高丽王室获赐的冠服，在明朝服饰体系当中的等级序列：

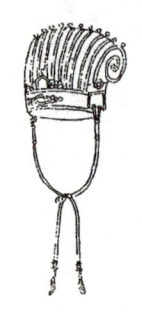

图5-2 明初皇太子远游冠

表5-2 高丽王室冠服在明初服饰等级中的位置

	皇帝（后）	皇太子（妃）	亲王（妃）	高丽王（妃）	明朝臣（妻）
冕服	十二旒十二章	九旒九章	九旒九章	九旒九章	无冕服
远游冠	（通天冠，十二梁）	九梁	无	七梁	无
命妇冠饰	九龙四凤	九翟四凤	九翟四凤	七翟二凤	无翟、凤饰

※ 资料来源：《明太祖实录》卷三六下；《高丽史》卷七二《舆服一》，第1册。

---

1 《大明集礼》卷三九，《域外汉籍珍本文库》第3辑史部第28册，第214页。
2 图5-2皇太子远游冠（九梁）式样，采自《大明集礼》卷四〇，《域外汉籍珍本文库》第3辑史部第28册，第237页。皇帝通天冠式样，参看同书第231页。需要说明的是，远游冠作为皇太子冠服，仅见于洪武元年制度（《明太祖实录》卷三六下，第684页）；到洪武后期，远游冠已从皇室冠服体系中退出。《大明集礼》成书于洪武三年（1370），但直至嘉靖年间（1522—1566）方才刊刻流传。嘉靖刊本根据当时的制度，对《大明集礼》的部分内容做了删改。故此，今本《大明集礼》卷三九《皇太子冠服》部分，没有明代皇太子用远游冠的内容；但《大明集礼》卷四〇《冠服图》，则删削未尽，仍然保留了远游冠式样图。
3 参看《明太祖实录》卷三六下，第686—687、691—693页。

显而易见，在冠服类别上，高丽国王与明朝皇室相同，等级上与亲王接近（图5-3）。按照儒家礼制，冠服是身份等级的外在表现。明朝将恭愍王比之皇族、拟之亲王，不能不说是"异典"[1]。这里可资比较的一个例子是琉球。洪武三十一年（1398），明朝亦曾给赐琉球中山王及其臣下冠服。[2]虽然史书未载冠服的具体名目，但从其他史料可以推知，当时国王受赐的冠服当中，规格最高的是郡王级别的七梁皮弁冠，而没有冕服。[3]洪武二十七年，明朝下令琉球国王相"秩同中国王府长史"，即相当于中国正五品官员。[4]冠服与官员的品秩相应，据此可以推知，琉球朝臣的冠服等级，应比中国递降四等。通过颁降服饰的规格，不难看出明朝对高丽的特别重视。

对于明朝颁降的礼服和乐器，高丽君臣喜出望外。著名文臣李穑（1320—1396）在草拟的谢表中，有"礼服乐器，示华制于方来；经籍史书，发良心于久昧"[5]之句。恭愍王久有摆脱蒙古影响、兴复礼乐之志，因此这些学习明朝礼乐的举动，并非故作姿态。儒臣郑道传（1342—1398），曾经参与恭愍王兴举礼乐的活动：

---

1 这可能还与前代元丽关系有关。元代高丽国王世代"尚主"，拥有"驸马"头衔，可以得到比照蒙古"黄金氏族"成员的待遇（参看萧启庆：《元丽关系中的王室婚姻与强权政治》，第246页），明初对高丽的优待，可能也受到这一历史因素的影响。
2 《明太祖实录》卷二五六，第3706页。蔡温：《中山世谱》卷三，《琉球王国汉文文献集成》第4册，复旦大学出版社，2013年，第146页。正统时（1436—1449），琉球给礼部的咨文亦称"洪武年间，钦蒙太祖高皇帝给赐本国各官冠、笏、朝服等件"，《历代宝案》卷四，冲绳县教育委员会刊，1992年，第126页。
3 永乐五年（1407），尚思绍袭封琉球中山王，明朝"给皮弁冠、朝服等件"；天顺五年（1461），册封尚德所颁赐的冠服详细名目保留下来，其皮弁冠服为"七旒皂皱纱皮弁冠一顶""五章锦绣皮弁服一套"，为郡王级（参看《历代宝案》，卷一，第15页；卷四，第125页）。此类册封赐服，均遵循先例，很少更动。
4 《明太祖实录》卷二三二，第3389页。蔡温：《中山世谱》卷三，第142页。
5 李穑：《谢赐纱罗表》，收入氏著《牧隐稿·文稿》卷一一，《韩国文集丛刊》第5册，第96页。

— 图像、观念与仪俗：元明时代的族群文化变迁

图5-3　鲁荒王朱檀墓出土明初亲王九旒冕

圣明龙兴，我玄陵（按，恭愍王）先天下奉正朔，天子嘉之，赐祭服、乐器。王于是躬祼大室，卿（按，郑道传）为太常，协音律，定制度。[1]

收到祭服和乐器后，恭愍王亲自穿着冕服祭祀宗庙，而且还任命官员仿效明朝重新考订音律、定立乐制。对明朝以去蒙古化为目标的礼仪复古运动，恭愍王也欲仿效实行。恭愍王二十一年（1372），高丽上表祝贺明朝平蜀，称赞明太祖"大勋斯集，污俗维新"。这里所谓的"污俗"，是明初文献里的常用词汇，指元代受蒙古影响的习俗。恭愍王同时请求派遣子弟入明求学，称：

秉彝好德，无古今智愚之殊；用夏变夷，在诗书礼乐之习。[2]

---

[1]《高丽史》卷一一九《郑道传》，第3册，第476页。
[2]《高丽史》卷四三《恭愍王六》，第1册，第646—647页。《贺平蜀表》和《请子弟入学表》均为李穑草拟，又见氏著《牧隐稿·文稿》卷一一，《韩国文集丛刊》第5册，第95—96页。

而在此两年之前，明廷以"胡元入主中国，夷狄腥膻，污染华夏"为由，下令兴举天下学校，以期"大振华风"，"复我中国先王之治"[1]。高丽表文所谓的"用夏变夷"，正与明朝重建中国文化的旗号遥相呼应。在服饰上，恭愍王决定仿行明代制度。明朝的衣冠体系，分为祭服、朝服、公服、常服四大类别，而此前明朝仅应高丽请求，颁给了国王和臣僚的祭服，以及国王的朝服。恭愍王二十三年五月，恭愍王先是下令"禁效胡剃额"[2]，也即禁止仿效蒙古人剃发垂辫，至九月又派使者"请冠服"[3]，准备全面实行明制。然而二十天后，恭愍王突遭国内亲元势力暗杀，请冠服的使臣未出国境便中途折返。[4] 此后，明丽关系急转直下，恭愍王时期频繁的文化往来，亦随之戛然而止。

三 曲折与反复：丽末"大明衣冠"的行废

高丽末期，国内始终存在以儒臣为主导的亲明派和倚蒙古为后盾的亲元武臣。两派势力随着时局变化，此消彼长。[5] 洪武七年（1374）十一月，恭愍王被弑后不久，明朝派往高丽的两个使臣，也一个被杀、一个被执送北元。这是明丽交恶的转折点。禑王（1374—1388年在位）即位后，权臣李仁任（1312—1388）当国，郑梦周、郑道传、李崇仁（1347—1392）、金九容（1338—1384）、朴尚衷（1332—1375）等大批亲明儒臣，同时遭到放逐。恭愍王生前推行的冠服改革，也

---

1 《明太祖实录》卷四六，第925页。
2 《高丽史》卷八五《刑法二》，第2册，第708页。
3 《高丽史》卷四四《恭愍王七》，第1册，第664页。
4 《高丽史》卷一一二《朴尚衷》，第3册，第361页；卷一一七《郑梦周》，第3册，第443页。
5 参看范永聪：《事大与保国——元明之际的中韩关系》第四章《禑王朝时武臣亲元派与儒家亲明派之争》，第119—165页。

陷入停顿。《高丽史·李仁任传》谓：

> 大明龙兴，续中原之正统。玄陵（按，恭愍王）先天下而奉正朔，将请衣冠而变胡服，下令国中，禁人剃头。升遐不日，仁任以侍中，剃玄陵所长之发。于是国人知仁任有无君之心，无事大之志矣。[1]

李仁任是亲元势力的代表，《高丽史》更直接指其为杀害明使的幕后主使，此后高丽一度全面倒向北元。禑王三年（1377），高丽正式接受北元册封，与明朝断绝关系。自恭愍王十九年（1370）获颁《大统历》以来，高丽一直使用"洪武"纪年，以示奉明之"正朔"。至此，高丽改行北元"宣光"年号，又下令"中外决狱，一依《至正条格》"。《至正条格》是元顺帝时颁行的法典，此时又被重新用作决狱的标准。明朝遣使祭祀高丽山川时所立的石碑，也被推倒。[2] 凡此种种举动，皆意在表示高丽不再遵从明朝建立的文化制度与国际秩序。[3] 然而北元实力日衰、难以尽恃，再加之国内亲元、亲明两派势力彼此制衡，高丽不得不长期依违于北元与明朝之间，实行"两端"外交。[4] 对于高丽多次的通好请求，明太祖都以"高丽隔海限江，风殊俗异""实非中国所能治"为由，"命绝往来，使自为声教"。[5] 所谓听凭高丽"自为声教"，即不再承认原先的明丽宗藩关系。

---

[1] 《高丽史》卷一二六《李仁任》，第3册，第583页。
[2] 直到禑王十一年明使再来时问及此碑，"乃命复立"。《高丽史》卷一三五《辛禑三》，第3册，第731页。
[3] 《高丽史》卷一三三《辛禑一》，第3册，第690页。
[4] 参看池内宏：《高麗末に於ける明及び北元との関係》，收入氏著《满鲜史研究》中世第3册，第265—332页。
[5] 《高丽史》卷一三六《辛禑四》，第3册，第740页。

第五章　衣冠与认同：明初朝鲜半岛袭用"大明衣冠"历程初探

禑王十一年（1385），高丽与明朝的关系终于有了实质性缓和。明太祖答应恢复高丽正常的朝聘往来，并派遣使臣册封禑王。使者至时，禑王身穿"先王所受法服"，率领臣僚至郊迎接，礼仪"悉如朝廷所降仪注"。[1] 明朝使臣逗留期间，对高丽的典章制度也特别留意。他们先后谒文庙、观社稷坛、请见祀典、求观城隍庙和籍田。[2] 以上礼仪，在明初或是新设，或是经历更革，意在考察高丽是否接受中国制度，以此判断高丽君臣是否真有"向化"之心。

而高丽儒臣，也有意以"慕华向化"的姿态，来弥合明丽关系的裂痕。"制册新颁周典礼，衣冠复见汉仪章"[3]，明朝册封使穿着的服饰，再次引起高丽儒臣的注意。郑梦周作诗赞美使臣"翩然乌纱帽，色映海东陲"，"路人奔走看乌纱"。[4] 此后两年之内，高丽接连三次遣使金陵，请求明朝赐予冠服。禑王十二年二月，郑梦周亲赴京师"请（国王）便服及群臣朝服、便服"[5]。著名文臣李穑与李崇仁合拟的《请冠服表》，盛赞明朝"议礼度制，大开华夏之明"，请求允许本国"用夏变夷""俾从华制"。[6] 当年八月，高丽又派密直副使李玿"再请衣冠"，希望明太祖"推一视之仁，遂使夷裔之民，得为冠带之俗"[7]。对这两次遣使，明朝都没有明

1　李穑：《受命之颂并序》，收入氏著《牧隐稿·文稿》卷一一，《韩国文集丛刊》第5册，第98页。
2　《高丽史》卷一三五《辛禑三》，第3册，第731—732页。
3　权近：《代人送国子周典簿玿》，收入氏著《阳村集》卷四，《韩国文集丛刊》第7册，第47页。
4　郑梦周：《洪武乙丑九月，七站马上次江南使张溥诗韵》《乙丑九月，赠天使周玿》，收入氏著《圃隐集》卷二，《韩国文集丛刊》第5册，第585页。
5　关于郑梦周本次出使的背景和经历，可以参看伍跃：《高丽使臣郑梦周到南京之行》，《明史研究论丛》第9辑（2011年）。
6　《高丽史》卷一三六《辛禑四》，第3册，第735页；又见李穑：《牧隐稿·文稿》卷一一，《韩国文集丛刊》第5册，第92页；李崇仁：《陶隐集》卷五，《韩国文集丛刊》第6册，第616—617页。
7　《高丽史》卷一三六《辛禑四》，第3册，第738页。本表为李崇仁拟，又见《陶隐集》卷五，《韩国文集丛刊》第6册，第615页。

193

确答复。礼部转述明太祖的谕旨说,"(高丽)表至,云及'用夏变夷'。变夷之制,在彼君臣力行如何耳"[1]。言外之意,是听任高丽自为。然而,高丽希望得到袭用明朝衣冠的明确表态,因为这意味着明朝同意将高丽重新纳入中华文化圈。十三年二月,高丽再派精通汉语的偰长寿(1341—1399)赴明交涉,终于如愿而归。《高丽史》记载了当时偰氏与明太祖的对话:

圣旨:如何,你有甚说话么?

长寿奏:臣别无甚的勾当,但本国为衣冠事,两次上表,未蒙允许,王与陪臣好生兢惶。想着臣事上位二十年了,国王朝服、祭服,陪臣祭服,都分着等地赐将去了,只有便服不曾改旧样子。有官的戴笠儿,百姓都戴着了原朝(按,元朝)时一般有缨儿的帽子。这些个心下不安稳。

圣旨:这个却也无伤。赵武灵王胡服骑射,不害其为贤君。我这里当初也只要依原朝样戴帽子来。后头寻思了:我既赶出他去了,中国却蹈袭他这些个样子,久后秀才每文书里不好看,以此改了。……伯颜帖木儿王(按,恭愍王蒙古名)有时,我曾与将朝服、祭服去。如今恁那里既要这般,劈流扑剌做起来,自顾戴。有官的纱帽,百姓头巾,戴起来便是,何必只管我跟前说?

长寿奏:臣来时,王使一个姓柳的陪臣直赶到鸭绿江,对臣说:"如今请衣冠的陪臣回来了,又未明降,好生兢惶。你到朝廷苦苦的奏。若圣旨里可怜见呵,你从京城便戴着纱帽、穿着团领回来,俺也一时都戴。"臣合无从京城戴去?

---

[1] 《高丽史》卷一三六《辛禑四》,第3册,第737页。

第五章 衣冠与认同：明初朝鲜半岛袭用"大明衣冠"历程初探

圣旨：你到辽阳，从那里便戴将去。[1]

至此，高丽正式得到袭用明朝衣冠的许可。偰长寿"服帝所赐纱帽、团领而来，国人始知冠服之制"（参看图5-4[2]）。高丽士大夫的兴奋之情，溢于言表。文臣权近（1352—1409）和从金陵回国的偰长寿中途相遇，得知"许令本国冠服皆袭华制"后，当即赋诗庆贺高丽"衣冠制度新"[3]。禑王十三年六月，高丽正式"依大明之制，定百官冠服"，"自一品至九品，皆服纱帽、团领"。[4]这次改制几乎涉及所有社会阶层，除官员外，学生士人、巡军螺匠以及工商百姓人等，皆改制新服，唯有丁吏和宫内奴仆"其头巾与带仍元制，以其微贱不改"[5]。而在此三个月前，司宪府已下令"禁辫发胡笠"，又效仿明朝出榜

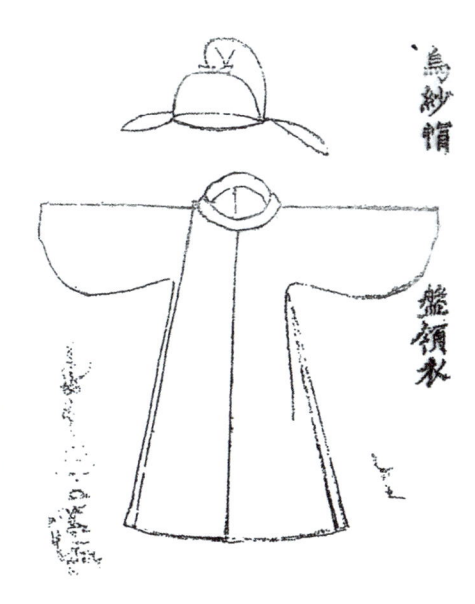

图5-4 明初官员常服

---

1 《高丽史》卷一三六《辛禑四》，第3册，第743—744页。
2 图5-4采自《大明集礼》卷四〇，《域外汉籍珍本文库》第3辑史部第28册，第248页。"盘领"即"团领"。
3 权近：《嘉州路上，逢偰密直长寿自京师还，钦蒙宣谕，许令本国冠服皆袭华制》，收入氏著《阳村集》卷五，《韩国文集丛刊》第7册，第51页。权氏系理学家，也是丽末鲜初中韩交往当中的关键人物。参看叶泉宏：《权近与朱元璋：朝鲜事大外交的重要转折》，《韩国学报》2000年第16期。
4 《高丽史》卷一三六《辛禑四》，第3册，第744页。
5 《高丽史》卷七二《舆服一》，第2册，第477页。胥吏倡优及宫内仆役等地位微人群，依旧穿着元时服饰、不预新朝之制，这点亦与明朝相同。

195

"禁胡跪，行揖礼"。[1]当时郑梦周与河仑（1347—1416）、廉廷秀、姜淮伯（1357—1402）、李崇仁等人，曾一道"建议革胡服、袭华制"[2]，应该就是这套方案的策划与推动者。据说明使看到高丽官员穿着明式冠服，感慨道："不图高丽复袭中国冠带，天子闻之，岂不嘉赏！"布衣元天锡（1330—1394后）所作诗歌多与丽末时政有关，可谓"诗史"。他曾为此专门赋诗四首，其前两首云：

天子宣威及海滨，衣冠法制已敷陈。着新革旧何其速，外国人为中国人。
自古三韩事大邦，从循典礼不蒙犹。得逢风教重兴日，方信殊方尽可降。[3]

对于高丽易服，元氏之诗大概可以代表当时一般士人的心情。"得逢风教重兴日，方信殊方尽可降"，意谓明朝复兴礼教，异域殊方皆可成为明朝藩属。毫无疑问，元氏对"天子"权威的认可，是建立在其"中国"文化认同的基础上的。

然而不到一年时间，形势再起波澜。祸王十四年二月，明朝通知高丽，准备在元朝双城总管府的故地，开设铁岭卫，以统辖当地的女真人。然而三十年前，高丽趁元朝势衰向北拓境，早已将这一地区纳入版图。[4]这个消息引起轩然大波。祸王一面派人赴明申辩，另一面却又不待明朝答复，便调动全国兵力并串联北元，准备进攻辽阳。祸王前往平壤做战前准备时，命随行人员"宜皆着大元冠

---

[1] 《高丽史》卷八五《刑法二》，第2册，第709页。关于"胡跪"与"揖礼"的区别以及此前明朝的禁令，参看张佳：《别华夷与正名分：明初的日常杂礼规范》，《复旦学报》2012年第3期。

[2] 《高丽史》卷一一七《郑梦周》，第3册，第445页。

[3] 元天锡：《是月朝廷奉大明圣旨改制衣服，自一品至于庶官、庶民，各有科等，作四绝句以记之》，收入氏著《耘谷行录》卷三，《韩国文集丛刊》第6册，第175页。元氏集中诗作皆按年编排，本诗系年在丁卯（祸王十三年，1387）六月。

[4] 高丽与明朝有关铁岭卫的争议，参看卜书仁：《论元末明初中国与高丽、朝鲜的边界之争》，《北华大学学报》2001年第3期。明朝最终在这一问题上做出让步。

服",一时"城中人编发胡服者已多"。[1] 四月,禑王下令攻辽,"左右军发平壤,号十万",同时命"停洪武年号,令国人复胡服",以示与明朝彻底决裂。元天锡作诗记其事云:

> 近闻有朝旨,除年号改服。
> 抽兵尽丁数,上下事驰逐。
> 貔貅十余万,欲渡鸭江绿。[2]

然而,这只是一段插曲。当时明朝已在东亚大陆取得了压倒性的军事优势,洪武二十年(1387)长期盘踞东北的北元军阀纳哈出(?—1388)降明,翌年明军又在捕鱼儿海之战中大获全胜,北元势力益加衰微,高丽更难以与明朝抗衡。在此背景下,大将李成桂(1335—1408)回师"兵谏",征辽之事草草收场,高丽王朝也从此进入尾声。值得注意的是,《高丽史》在叙述这段历史时,多次提到禑王喜好畋猎驰逐、胡服胡乐。如更易衣冠时,"禑与宦者及幸臣独不服,李沃以左常侍,胡服呼鹰,从禑驰射";攻辽前,禑王夜半使群妓"唱胡歌宴乐";下令攻辽后,"张胡乐于浮碧楼,自吹胡笛",于大同江泛舟时使人"奏胡乐,禑自吹胡笛,且为胡舞"。[3] 史书中这些细节描写,都意在表现辛禑蔑弃礼教、喜好胡风,暗示其对以华夏文化认同为基础的明丽宗藩关系,并非心悦诚服。

威化岛回师后,李成桂成为高丽实际掌权者。此后高丽内部虽然分化出拥护

---

[1] 《高丽史》卷一三七《辛禑五》,第3册,第750页。
[2] 元天锡:《病中记闻》,收入氏著《耘谷行录》卷三,《韩国文集丛刊》第6册,第183页。
[3] 《高丽史》卷一三六《辛禑四》,第3册,第744页;卷一三七《辛禑五》,第3册,第750、751、752页。

一 图像、观念与仪俗：元明时代的族群文化变迁

图5-5　十四世纪末明鲜两国官员常服画像：郑梦周（左）与方孝孺（右）

王室与拥护李成桂的不同派系，[1]但他们在尽力维系明丽宗藩关系上，态度并无二致。李成桂回京后，立即下令"复行洪武年号，袭大明衣冠、禁胡服"[2]。不久禑王被废、昌王即位（1388），文臣赵浚上《陈时务疏》，其中专门提到冠服问题。他简要回顾了高丽冠服演变的历史：

> 祖宗衣冠礼乐，悉遵唐制。迨至元朝，压于时王之制，变华从戎，上下不辨，民志不定。我玄陵（按，恭愍王）愤上下之无等，赫然有志于用夏变夷，追复祖宗之盛。上表天朝，请革胡服，未几上宾。上王继志得请，中为执政所改。殿下即位，亲服华制，与一国臣民涣然更始，而尚犹不顺其品

1　拥戴高丽王室的文臣，以李穑、郑梦周、李崇仁等为首；拥护李成桂者，则以郑道传、赵浚等为代表。虽然对内政治立场不同，但在维系明丽关系上两派是基本一致的。
2　《高丽史》卷一三七《辛禑五》，第3册，第755页。

198

制，以梗维新之政。愿令宪司定日立法，其不从令者，一皆纠理。[1]

按照明初的宣传，明朝衣冠体系是仿照唐代制度建立的，明初官员所戴的乌纱帽，名字即为"唐巾"[2]。因此在高丽士大夫看来，使用明朝衣冠，具有"追复祖宗之盛"的意义。昌王即位后即"亲服华制"，但尚有人不遵从衣冠新制，赵浚建议专门立法纠察。至此，在经历了禑王时期的反复之后，明朝冠服在高丽的行用再未发生波折（参看图5-5[3]）。

四 一代之制：朝鲜王朝对明朝服饰的沿用

高丽王朝最后的二十年里，王位凡四易（恭愍王、禑王、昌王、恭让王），最终王族覆灭、国家易主。明朝正式册封过的恭愍王和禑王，一个遇弑，一个废黜后被杀；恭让王（1389—1392年在位）曾派世子亲朝金陵，但也未摆脱被废黜的命运。曾被明朝册封的高丽国君一再被弑、被废，这对宗主国的权威无疑是严重的挑战。对于权臣操纵下频繁的王位更迭，明太祖极为不满。他对朝鲜王朝开国君主李成桂有极为负面的评价：

朝鲜国，即高丽。其李仁人（任）及子成桂，今名旦者，自洪武六年至

---

[1] 赵浚：《松堂集》卷三，《韩国文集丛刊》第6册，第425页。
[2] 王圻：《三才图绘·衣服》，《四库全书存目丛书》子部第191册，第633页。
[3] 郑梦周画像采自《圃隐集》卷首（《韩国文集丛刊》第5册，第560页），底本绘制于洪武二十二年；方孝孺画像采自《逊志斋集》卷首，底本绘制于洪武二十五年稍后。这两幅画像虽然模勒不及绘本细致，但依然较为真实地反映了明初纱帽的特点（展脚下垂，可与图5-2对比），非后世想象之作可比。

图像、观念与仪俗：元明时代的族群文化变迁

> 洪武二十八年，首尾凡弑王氏四君，姑待之。[1]

可能因情报有误，明太祖错把李成桂当作丽末亲元派首领李仁任之子。[2] 不过，高丽末年的王位更迭，确实操控于李仁任、李成桂两位权臣之手。在明丽宗藩体系下，李成桂擅行废立，不仅破坏了高丽的政治秩序，也损害了明朝的权威。再加上两国间的军事猜疑，终洪武之世，明与新建立的朝鲜关系并不融洽。虽然明太祖为李成桂选定了"朝鲜"国号，但却始终拒绝给予正式册封；明朝的不满，还借所谓的"表笺"问题反复发作。[3]

然而身为"乱臣贼子"的李成桂，需要以明朝的认可作为新王朝的合法性基础，不得不尽力维系明鲜关系。而且与高丽尊崇佛教不同，朝鲜王朝以儒家意识形态立国，当政者对内也和明朝一样，以变易"胡俗"作为新政权的合法性证明。开国之初，权近所作《平壤城大同门楼记》曾谓"王氏之世（按，即高丽），辽金与元境壤相邻，熏染胡俗，益以骄悍"；李成桂建国后，明太祖锡以"朝鲜"国号，士大夫都希望能"丕变旧时骄悍之习，以兴礼义之化"，恢复箕子古风。[4] 因此在服饰上，朝鲜自然也沿袭了作为"华夏制度"的明朝衣冠。洪武二十五年

---

1 朱元璋：《皇明祖训》，《四库全书存目丛书》史部第264册，第168页。
2 这引发了后来朝鲜持续颇久的"宗系辨诬"交涉，参看黄修志：《书籍外交：明清时期朝鲜的"书籍辨诬"论述》，《史林》2013年第6期。
3 参看刁书仁：《洪武时期中朝外交中的表笺风波》，《明史研究》第10辑（2007年）；夫马进：《明清时期中国对朝鲜外交中的"礼"和"问罪"》，《明史研究论丛》第10辑（2012年），第290页。宗主国对属国的政治稳定负有义务，一旦有篡夺废立等情况发生，必须采取措施以示惩戒。可以与朝鲜对比的例子是安南。洪武二十六年，闻知权臣胡季犛（1336—?）杀害国王陈日焜（陈废帝）后，明太祖以"安南弑主废立"为由，下令"绝安南朝贡"；洪武二十九年安南前王陈叔明卒，明朝亦因其以"篡弑得国"，认为"若遣使吊慰，是抚乱臣而与贼子也"，拒绝遣使祭祀（《明太祖实录》卷二二七，第3314页；卷二四四，第3547页）。
4 权近：《平壤城大同门楼记》，收入氏著《阳村集》卷一二，《韩国文集丛刊》第7册，第135页。

（1392），李成桂祭祀宗庙，即先"服绛纱袍、远游冠"，"百官公服前导"入庙斋戒，然后改着冕服行礼。[1] 洪武三十一年，定宗李芳果即位，也是"改服绛纱袍、远游冠"接受百官朝贺，然后再改着冕服，率领官员为李成桂上尊号。[2] 朝鲜国王在典礼上穿着的这些冠服，皆系高丽时代明朝颁降。

明太祖去世后，明鲜关系逐渐取得实质性改善。尤其在靖难之役期间，出于军事需要，高丽成为建文政权拉拢的对象。[3] 经过不断奏请，建文四年（1402），危在旦夕的建文朝廷正式颁赐朝鲜冕服。明廷的敕书，详细解释了颁赐的理由：

> 日者陪臣来朝，屡以冕服为请。事下有司，稽诸古制，以为："四夷之国，虽大曰子。且朝鲜本郡王爵，宜赐以五章或七章服。"朕惟《春秋》之义，远人能自进于中国则中国之。今朝鲜固远郡也，而能自进于礼义，不得待以子男礼。且其地邈在海外，非恃中国之宠数，则无以令其臣民。兹特命赐以亲王九章之服，遣使者往谕朕意。呜呼！朕之于王，显宠表饰，无异吾骨肉，所以示亲爱也。王其笃慎忠孝，保乃宠命，世为东藩，以补华夏，称朕意焉。[4]

与洪武时期的严厉语气相比，本次敕书行文极为亲切柔和。按照明廷的解释，因为朝鲜能"自进于礼义"，故此按照"远人能自进于中国则中国之"的《春秋》大义，特旨赐予朝鲜国王"亲王九章之服"，以此显示明廷对于朝鲜"无异吾骨肉"的亲爱之情。这是朝鲜开国二十年来，首次获得明朝赐服；而且朝鲜国王等

---

1 《朝鲜太祖实录》卷八，太祖元年十月甲午、乙未，《朝鲜王朝实录》第1册，第83—84页。
2 《朝鲜太祖实录》卷一五，太祖七年九月丁丑，《朝鲜王朝实录》第1册，第136页。
3 靖难之役期间建文帝对朝鲜的怀柔政策，参看朴元熇《靖难之役与朝鲜》，《明史研究》第1辑（1991年）。
4 《朝鲜太宗实录》卷三，太宗二年二月己卯，《朝鲜王朝实录》第1册，第226页。

同于中国亲王的服饰等级，也正式得到了明廷确认。然而不久之后，朱棣以藩王的身份夺位，宣布革除建文旧政，恢复"祖制"。此时不仅朝鲜需要明朝的支持，朱棣也需要藩国的认可来显示自身的合法性。因此，当朝鲜"奉表贡献"之后，朱棣立即给予国王诰印，并按朝鲜请求赐给冕服，等级亦为九旒九章，朝鲜国王冠服的地位再次得到了确认和巩固。[1]

结语　作为文化符号的"衣冠"

中国和高丽都被蒙古风笼罩接近百年，而明朝服饰体系的建立和流行，是东亚在文化上走出蒙古时代的一个标志。在丽末鲜初接受"大明衣冠"的过程中，李穑、郑梦周、郑道传、李崇仁、赵浚等大批文臣，起了直接的推动作用。明朝以"用夏变夷"为口号推动的礼仪重建，迅速和高丽士大夫的儒学信仰形成共鸣。出使金陵的高丽使者，每每赞叹"汉家礼乐睹新仪""礼乐衣冠迈汉唐"；[2] 朝鲜初河仑历数明太祖之勋业，更首推其"雷厉逐异类，正统接皇王，衣冠复华夏，礼乐尊唐虞"[3]之功。不仅明朝着意塑造的汉唐中国"正统"继承者的形象获

---

[1] 《朝鲜太宗实录》卷六，太宗三年十月辛未，《朝鲜王朝实录》第1册，第281页。永乐时颁降的朝鲜国王冕服图示，参看《国朝五礼仪序例》卷一，信兴印刷株式会社，1982年，第58—59页。有意思的是，恭愍王时期出现的高丽国王与王妃冠服等级不侔的情况，此时依然延续，且终明之世未改。永乐元年朝鲜国王所受冕服为亲王级，而王妃却为郡王级。朝鲜与明朝间的冠服交涉，并未就此停止。正统、景泰年间（1436—1456），明朝又先后颁降朝鲜国王远游冠服、翼善冠和衮龙袍；朝鲜世子亦得比照中国亲王世子之例，使用七章冕服。朝鲜仿行的明代冠服体系，至此始臻完备。参看《朝鲜世宗实录》卷一一三，世宗二十八年八月壬戌，《朝鲜王朝实录》第4册，第699页；《朝鲜文宗实录》卷一，文宗即位年五月庚申，《朝鲜王朝实录》第6册，第236页。

[2] 郑梦周：《常州除夜呈诸书状官》，收入氏著《圃隐集》卷一，《韩国文集丛刊》第5册，第579页；李崇仁：《元日奉天殿早朝》，收入氏著《陶隐集》卷二，《韩国文集丛刊》第6册，第564页。

[3] 河仑：《赠陆礼部还朝》，收入陆颙：《颐光先生外集》卷二，《北京图书馆古籍珍本丛刊》第97册，第546页。本诗作于建文三年礼部主事陆颙出使朝鲜之时，河仑《浩亭集》失收。

得了认可，而且高丽"祖宗衣冠礼乐，悉遵唐制"的历史记忆，也被重新唤醒。在此影响下，丽末也以明朝为模板，出现了以"追复祖宗之盛"为目标的服饰改革。高丽袭用的"大明衣冠"，其后又为李朝继承，明清易代后更被视作华夏正统在本国延续的象征。

迥异于前代以暴力征服为基础，以质子、联姻、助兵、贡纳等方式来维护的元丽关系，明丽（包括后来的明鲜）宗藩关系是在大致和平的背景下缔结，[1]并依靠朝聘礼仪来维持的，这在中国王朝与朝鲜半岛两千多年的交往史中，是极为少有的特例，值得特别关注。在这一过程中，虽然存在双方对现实需求的考虑，以及对各自国力强弱的权衡，[2]但不容否认，东国士大夫长久以来的"慕华"心理，或者说两国共同的儒家文化认同，是这种宗藩关系得以和平建立的重要基础。明太祖曾回忆明丽顺利缔结宗藩关系的缘由说：

> 当即位之初，法古哲王之道，飞报四夷酋长，使知中国之有君。当是时，不过通好而已。不期高丽王王颛，即称臣入贡。斯非力也，心悦也。[3]

其时明朝与高丽接壤的辽东地区，尚为北元控制，明军力不能及。[4]明丽宗藩关系迅速建立，不是因为高丽惧怕明朝武力，而是因高丽"心悦"，也即对"中国"

---

1 野史所记载的明丽战争，仅有"濮真征高丽"一事，实系误传，濮英与北元纳哈出作战，阵亡于辽东。参看叶泉宏：《"明初濮真征高丽"传说探原——明清野史谬误剖析之一例》，《东吴历史学报》2007年第17期。
2 关于这方面的研究，参看伍跃：《外交的理念与外交的现实——以朱元璋对"不征之国"朝鲜的政策为中心》，《明史研究》第11辑（2010年），第26—54页。
3 《高丽史》卷一三三《辛禑一》，第3册，第696页。
4 洪武四年二月，元辽阳行省平章刘益降明，明朝势力才到达辽东半岛南部。而与高丽接壤的辽东北部，直到洪武二十年元将纳哈出投降，方为明朝完全控制。

的认同。[1] 丽季名臣李穑称高丽崇尚儒学,一旦中国"有圣人者出,未尝不为之依归焉"[2];郑梦周亦谓高丽之事中国,"视天下之义主而已"[3],所谓"义主"即文化上的宗主。而作为文化象征的衣冠,在明丽新宗藩关系形成过程中发挥了重要的媒介作用。丽末士大夫屡屡通过"请冠服"这一举动,来表示对华夏文明,进而是对自称接续中国"正统"的明王朝的认同;而站在华夏中心主义立场上的明王朝,也乐于通过颁赐冠服的形式,来显示对藩属国在文化上的接纳。"大明衣冠"在丽末鲜初的行废,与明朝和朝鲜半岛关系的起落相同步;在明初的东亚国家关系里,衣冠成为构建政治认同的重要文化符号。

---

1 洪武三年明朝给恭愍王的册文中,称高丽"良由素习于文风,斯克谨修于臣职"(《高丽史》卷四二《恭愍王五》,第1册,第633页),表达的也是类似含义。
2 李穑:《送偰符宝使还诗序》,收入氏著《牧隐稿·文稿》卷九,《韩国文集丛刊》第5册,第75页。
3 《高丽史》卷一一七《郑梦周》,第3册,第443页。

第六章

朝鲜通信使礼仪交涉发微：
兼论明代礼仪的东亚影响

引言　礼仪与"国体"

对于李氏朝鲜王朝而言,"事大"(对明)与"交邻"(对日)是两项最为重要的外交活动。朝鲜与日本之间的通信使交流,时间跨度长达四百余年,留下了日记、笔谈、唱和、书画等类型多样、数量庞大的通信使文献。[1]除去"壬辰倭乱"期间外,朝日两国间的交往基本都是以维护"和好"为目的,在相对和平的国际环境下进行的。在此背景之下,朝鲜通信使与日方进行的各种交涉,大多围绕着礼仪问题展开。已经有研究者指出,朝日两国在外交礼仪上锱铢必较、尺寸必争,是因为礼仪代表国家的颜面,牵涉各国的政治自尊。[2]然而目前有关通信使的各类研究,很少专门从礼仪的角度切入;在朝日交涉所涉及的众多礼仪当中,也仅有两国文书涉及的年号、称谓、避讳、书式等少数问题受到关注,[3]此外尚有

---

[1] 韩国编纂的《海行总载》(韩国民族文化推进会,1985年)和日本出版的《大系朝鲜通信使》(仲尾宏、辛基秀编,明石书店,1994—1996年),是最为重要的两部通信使文献汇编。对这两部资料集的简要评介,以及有关通信使研究的综述,参看葛兆光:《文化间的比赛:朝鲜赴日通信使文献的意义》,《中华文史论丛》2014年第2期,第16—18、54—62页。

[2] 参看葛兆光:《文化间的比赛:朝鲜赴日通信使文献的意义》中篇《政治上的自尊:名分与礼仪》,《中华文史论丛》2014年第2期,第18—32页。

[3] 对上述礼仪问题的讨论,除前引葛兆光教授文外,还可参看岩井茂树:《明代中国的礼制霸权主义与东亚的国际秩序》,收入《日本中国史研究年刊(2006年度)》,上海古籍出版社,2007年;米谷均:《近世日朝関係における対馬藩主の上表文について》,《朝鮮学報》154卷(1995年);米谷均:《文書様式論から見た一六世紀の日朝往復書契》,《九州史学》第132号(2002年7月)。

— 图像、观念与仪俗：元明时代的族群文化变迁

图6-1 《东照社缘起》绘卷（丙子使行）

大量内容有待探讨。本章试以崇祯丙子（1636）、癸未（1643）两次通信使行为中心，具体考察双方在觐见礼仪、礼物辞受和国书格式三个方面产生的分歧（图6-1），探讨纠纷产生的原因，以及双方最终妥协的依据。

一 隆杀之等：朝日双方有关拜礼的争议

按照朝日对等、两国钧礼的外交原则，通信使拜谒幕府将军与觐见本国国王一样，所行都是四拜之礼，这是通信使往来的成例，双方均无异议。然而，癸未使行出现了新的情况。本次通信使是以庆贺"若君"（德川家光之子，后来的四代将军家纲［1641—1680］）诞生为名，前往日本的。此前"关白生子，曾无送使庆祝之规"，在此后的朝日交往中也再无其例，确如使臣所言"实出异数"。[1]对于遣使祝贺若君降生，并赴日光山拜谒德川家康陵墓的邀请，朝鲜君臣内心其实甚为反感，认为"我之受辱，固已多矣"。然而这时的朝鲜正如之前的明朝，饱受

---

[1] 佚名：《癸未东槎日记》，《海行总载》第5辑，第29页。

"北虏（清）南倭"的威胁。考虑到强邻环伺的国际环境，朝鲜君臣不得不答应日方的请求，以维持两国和好的局面。甚至在通信使出发前，国王一再告诫到江户后"辞令之间，须十分善为之"。朝鲜遣使的无奈，亦由此可见一斑。

既然以祝贺储君诞生为名，如果时年不过两岁的若君接见来使，使臣是否应当下拜？若不行拜礼，使臣又该遵用何种礼仪？早在出发之前，朝鲜君臣便已考虑到了这个问题，而且君臣之间还产生了不小的分歧。副使赵絧坚持认为若君处不当下拜，如果日本方面"以非礼强我"，则当"据理拒之"；如若下拜，便是"为非礼之礼，反见笑于彼"，是为"辱命"。[1] 面对赵絧的一再坚持，害怕因此破坏朝日和平关系的仁祖，专门指示使臣：

> 彼不出示其子，则幸矣。彼既出示，则虽是襁褓之儿，在我之道，不可无礼而见之。中国之人虽在平交，亦有再拜之礼。不可以小节惹起争端也。[2]

"再拜之礼"，便成为朝鲜君臣在庙堂之上商定的应对底线。仁祖认为此系中国人平交相见之礼，行礼双方身份并无尊卑之分；这样既可以避免"以小节惹起争端"，又不会矮化朝鲜的地位。使团到达江户后，日方果然前来商讨觐见若君的礼仪。好在通信使据理力争，以"事要当理，礼贵得中；邻国王子尚无此拜"为名，坚持不向"三岁稚儿"（若君）下拜。明代中国的交际礼仪，基本由拜礼和揖礼两大部分构成。拜礼使臣既不肯行，而揖礼又降杀太多，难与若君身份相匹。可能基于这方面的考虑，日方最终做出让步，决定若君将不接见来使，一场

---

1 《朝鲜仁祖实录》卷四四，仁祖二十一年正月戊午、二月甲申，《朝鲜王朝实录》第35册，第148、150页。

2 《朝鲜仁祖实录》卷四四，仁祖二十一年二月甲申，《朝鲜王朝实录》第35册，第150页。

— 图像、观念与仪俗：元明时代的族群文化变迁

礼仪风波就此而化解。

　　同样的，日光山"致祭"之时，通信使也只肯行再拜之礼。日光山献香是癸未使行的重要事项。早在此前一年，朝鲜已经同意向刚刚建成的日光山社堂赠送仁祖御笔、大臣诗文及撞钟等物，以"积我诚信，深得其欢心，冀或消祸于冥冥"[1]。虽说德川家康有"息兵之功"而且铲除丰臣遗族，让朝鲜得到一丝心理安慰，但日光"致祭"毕竟有类臣下谒陵，有矮化国格之嫌，朝鲜也是迫不得已而为之。[2]为了避免给人带来朝鲜臣服的观感，朝方在日光"致祭"的礼仪上相当谨慎。正使尹顺之（1590—1665）担心出现差错，临行前特别要求将相关礼仪"自朝廷预讲，作为仪注，使使臣持去"[3]，以脱专断之责。使团停留釜山期间，还专门进行了演练。然而抵达日本后，双方却就日光山拜礼的等级争执不休。日方认为使臣应像觐见将军一样行四拜礼，朝方则坚执丁未年（1607）使臣吕祐吉（1567—1632）以再拜之礼见德川家康的旧例。对此，日方辩称当时家康已退位，"国无二主，故前日只行再拜矣；今此日光山，则四拜之礼亦所当然"。朝方则坚持认为"家康生时既行再拜，生前死后事无异同"。双方各执己见，相持不下。对马岛人甚至不惜威胁说，若日光拜礼不妥，"则从前大君接待之礼、喜悦之意，归于虚地"[4]。经过数度往复，双方终于达成妥协，献香时朝鲜使臣"前后再拜"。可能在日方看来，祭前和祭后再拜，加起来一共为四拜，多少符合了己方

1　《朝鲜仁祖实录》卷四三，仁祖二十年六月庚戌，《朝鲜王朝实录》第35册，第133页。
2　为挽回颜面，后来朝鲜使用君主对臣下的"赐祭"一词，来指称此前通信使日光祭拜之举（申维翰《海游录》）。显然在朝鲜人看来，日光之行并不妥当。岩井茂树也指出，当时通信使是将此举比拟为明朝向藩国君主的"谕祭"或"赐祭"，用这种"精神胜利"的方法来说服自己接受的。参看氏撰《明代中国的礼制霸权主义与东亚的国际秩序》，收入《日本中国史研究年刊（2006年度）》，第264页。
3　《朝鲜仁祖实录》卷四四，仁祖二十一年正月戊午，《朝鲜王朝实录》第35册，第148页。
4　佚名：《癸未东槎录》，《海行总载》第5辑，第30页。

210

的要求；而朝鲜使臣明白，"前后再拜"亦终为再拜之礼而已，与日方一开始要求的四拜，等级终有天壤之别。基于对同一礼仪的不同理解，双方各自达到了心理平衡。

不管是觐见将军的四拜礼、日光"致祭"的再拜礼，还是仁祖所援据的"中国平交"相见礼，其渊源都是中国，确切地说是明代制定的交际礼仪制度。这套制度确立于明初，洪武四年、五年，明廷两度发布诏令，要求废止元代流行的"胡礼"，重新恢复以揖礼和拜礼为中心的汉族传统交际礼仪。按照洪武四年的诏令，根据行礼对象的不同，拜礼可以分为不同的等级（参看表6-1）：

表6-1　洪武四年定官民拜礼等第

拜礼＼拜数	五　拜	四　拜	再　拜
稽　首	见皇帝	见太子、亲王	
顿　首		子孙弟侄甥婿见尊长；生徒见师范；婢仆见主人	卑幼见祖、外祖、父、岳父、伯、叔、舅之外疏属长者；官员间平级或以下见上
空　首			庶民平交相见；官员以上答下

※资料来源：《明太祖实录》卷七〇，第1310—1311页。

洪武五年，礼部又对在何种情境下当行揖礼或拜礼，做了更加详细的规范。[1] 这些规定被载入《礼仪定式》《大明会典》等多种礼书和政书。朝鲜半岛在高丽后期深受蒙古文化影响，社交礼仪也是如此。朝鲜与明朝建立宗藩关系后，不仅衣冠服饰，在交际礼仪上亦遵用明代制度。朝鲜太宗二年（1402），在河仑等亲

1　参看《明太祖实录》卷七三，第1335—1336页。

华文臣推动下，朝鲜也废除了蒙古式跪拜，改行明朝的揖拜礼。[1]在明朝的宗藩体系当中，明朝给予朝鲜"亲王"一级的特殊地位，因此朝鲜臣民觐见国王时，按明制行四拜礼。按照朝日对等、两国钧礼的原则，朝鲜使臣面见幕府将军，也须像面见本国国君一样四拜。在明代礼制中，两拜之礼用途较广，可用于卑幼见尊长、下官见长官，也可以用于身份相等的"平交"之间。按照洪武五年的规定，对于关系疏远的长亲，长时间未见或者节庆致贺"止行两拜礼"，"民间平交者亦如之"。[2]讨论若君礼仪时，仁祖所说的"中国之人虽在平交，亦有再拜之礼"，出处即在于此。而日光"致祭"时，使臣强硬坚持行再拜而非四拜之礼，其潜台词即是不以事君之礼侍家康，以免给人造成日光进香、朝鲜臣服的印象。明朝制定的这套交际礼仪，朝鲜使臣不仅在国内遵行，而且还将其带到了日本，与日方人员见面时，也以此为标准斟酌行礼。如壬戌（1682）使行译官洪禹载，便记下了使臣接见对马岛主等人的仪节：

（使臣）与岛主先相再揖，（显）森、（玄）灵次之；西山再拜，三使答揖。[3]

对马岛主系日本大名，显森和玄灵是江户派驻对马岛主管对朝外交的文书僧。他们的身份地位，与使臣在朝鲜国内相当。按明代礼制，官员相见"品秩等者互揖"[4]，故此使臣与之互行揖礼。而西山（玄常）只是岛主的文书僧，故相见时行以下见上的再拜之礼；使臣亦按照长官对待下属的规格，答以揖礼。礼仪隆杀的标

---

1 杜宏刚等辑：《韩国文集中的蒙元史料》下册，广西师范大学出版社，2004年，第758页。
2 《明太祖实录》卷七三，第1336页。
3 洪禹载：《洪译士东槎录》，《海行总载》第6辑，第25页。
4 《明太祖实录》卷七三，第1336页。

准，完全依据洪武礼制。

关于拜礼，癸未使行还有一个小小的插曲。本次使团受到了日方的热情接待，为"蠲使臣之劳"，将军下令把使臣辞行时的四拜礼减为再拜，还特意安排"宴享时动乐"，以示优待。据说此系"无前盛礼"，日方提出，使臣"似当有谢礼"。面对突如其来的新问题，使臣们商讨后认为，"《春秋》大夫报聘，有奏乐重拜之礼"，同意答以再拜。春秋时鲁国大夫叔孙豹使晋，宴会上听到"（工）歌鹿鸣之三"，便三次下拜答谢"君所以劳使臣之意"。[1] 朝方所援据的"《春秋》大义"，便出自这个典故。朝鲜使臣对待礼仪问题一贯谨慎，然而在儒家"以《春秋》决狱、以三百五篇当谏书"[2]的传统当中，经典具有天然的权威；背靠《春秋》义理，便可摆脱"自专"之嫌。使臣临机决断的正当性与合理性，正是来自儒家经义的支持。

二 辞受之间：通信使对日方私赠礼物的态度

礼尚往来是人际交往的常情，礼经中也有对"用贽"的种种规定，然而在朝日通信使往来当中，礼物的辞受取予，却是一个让双方都感觉棘手并且极易产生纷扰的问题。

对于日方所赠送的礼物，历行通信使都表现得非常审慎。当然，对于使团必需的日常供应（"下程物料"），"系是口食，不得不受"[3]，通信使非但不拒绝，甚至供应不好时会有怨言。如丙子使行停驻冈崎时，正使任统（1579—1644）便抱

---

1 《春秋左传正义》卷二九（襄公四年），阮元校刻：《十三经注疏》，第1931—1932页。
2 皮锡瑞：《经学历史》，中华书局，2004年，第56页。
3 姜弘重：《东槎录》，《海行总载》第3辑，第30页。

怨此地接待"比已经处颇劣,未知物力有所不逮耶"[1]。但是,对日方提供的,生活必需品之外用以表敬的私赠("别下程"),使臣却非常谨慎。虽然通信使也知道,按照日本风俗,不接受赠物会令对方难堪,"非徒自惭,人亦讥之"[2],但是对于沿途官员赠送的别下程等礼品,使臣原则上还是一概辞却。甲子(1624)使行离发蓝岛时,当地守官赠以银子三盘,使臣见之"极骇","拒之甚截",并切责日方伴行人员"不能预防之失,俾无前路更有此事"。[3]而当固辞不得,或者需要顾及对方情面时,使臣也仅取微物示意。丙子通信使团,即屡屡辞绝沿途"无名之馈":明石太守所赠礼物极其繁多,"累辞不得,只领酒桶、果桶、茶封,余皆却还";小仓太守致送米馔酒牛等物,三使"再三辞,不得已",仅各取酒一筒、果一器。[4]癸未使团也同样谨慎。归国时山城太守赠以白布三十端、香盒十枚,使臣只受一个香盒;只有日僧周旦,使臣顾念其有万里伴行之谊,故此礼物"不宜全却",在所赠书籍纸张等诸多礼物当中,留下一部医书作为纪念。[5]而乙未(1655)从事官南龙翼(1628—1692)停留江户时,面对"鳞次山积"的日本官员私赠物品,不禁感叹为此所费之唇舌:"辞却之际,说烦长,诚不胜其苦也。"[6]

对于一般官员的馈赠,这种严苛的态度虽然常常会引发一些不快,但基本无碍使事的正常进行。然而,如何处理幕府将军数额庞大的私人赠予,却给丙子前后几次通信使以及负责接待的日方人员,带来了莫大的困扰。如何劝说顽固的朝鲜使臣接受将军的赠物,以何种理由谢绝或者如何处置关白的礼品,都是令双方

---

1 任絖:《任参判丙子日本日记》,《海行总载》第3辑,第56页。
2 庆暹:《庆七公海槎录》,《海行总载》第2辑,第47页。
3 姜弘重:《东槎录》,《海行总载》第3辑,第29页。
4 任絖:《任参判丙子日本日记》,《海行总载》第3辑,第54、64页。
5 佚名:《癸未东槎日记》,《海行总载》第5辑,第32页。
6 南龙翼:《南壶谷扶桑录》,《海行总载》第5辑,第63页。

头疼不已的问题。有意思的是，双方围绕着礼物的攻防战，却是依据《孟子》展开的。《孟子》对士人交际辞受取予的原则，有相当细致的讨论，因此成为双方论争的依据。早在丁巳（1617）使行，日方便援据《孟子》尊者之赐"却之为不恭"[1]之义，向使臣施压称："尊者有馈，不敢辞却。"在如此有力的理由之下，使臣词穷，只得承认"礼则然矣"[2]。日方援引《孟子》经义迫使朝方就范，并非仅此一例。孟子曾经接受宋国的赠金，却拒绝齐王的赠予，有人认为孟子前后不一，孟子辩解称：

> 当在宋也，予将有远行。行者必以赆，辞曰"馈赆"，予何为不受？……若于齐，则未有处也。无处而馈之，是货也。焉有君子而可以货取乎？[3]

向远行者赠送财物的"赆礼"，儒家经典之中，唯见于《孟子》此章。甲子使行之时，面对朝方的再三推辞，日方即执此施压："行者有赆，古之礼也。将军以赆行送之，则绝无可还之理。"[4]面对日方强大的义理，使臣"再三论难，终无可据之辞，不得已收领"[5]。

朝方看似论战失利，然而使臣面从而心未服。"朝廷遣使既出羁縻之计，一向麾却，恐有意外之患"，他们担心影响朝日国交而不敢深辩，关白礼物"再三牢拒，终以权辞领受者，实出事势之不得不尔"，并不真的认为"有当受之义"。[6]

---

1 《孟子·万章下》，朱熹：《四书章句集注》，中华书局，1983年，第318页。
2 李景稷：《李石门扶桑录》，《海行总载》第3辑，第13页。
3 《孟子·公孙丑下》，朱熹：《四书章句集注》，第243—244页。
4 姜弘重：《东槎录》，《海行总载》第3辑，第38页。
5 姜弘重：《东槎录》，《海行总载》第3辑，第50页。
6 姜弘重：《东槎录》，《海行总载》第3辑，第50页。

使臣表面依从，背后却想尽各种办法，千方百计将关白赠物留在日本。丁巳使行把将军所赠的银子、金屏等物，以酬赏为名悉数转赠给对马岛人，以示终无所取。甲子使行也师法前人，把新旧将军赠送的巨额财货，作为刷还被掳人的"偿费"，转交给对马岛。[1]然而丙子使团在关白赠金的处置上，却险些酿成一场外交风波。丙子使团离发江户之前，成功地推辞掉"大君及诸执政赆行之物"，然而行至中途，将军突然命令将招待使团所用余的物资，折合为黄金一百七十锭，追送一行。面对突如其来的难题，使臣认为虽然"赆行者，礼也"，但赠金太过丰厚，受之非宜而"还送则不恭"。左右为难之间，只得效仿唐使杜暹不受突厥之赠、埋金幕下的典故，决定将赠金中途"投诸浅流"。[2]尽管因日方发觉而初次投金不果，使臣还是不顾对马岛人的接连苦劝，中途寻机将赠金悉数投入今绝河。[3]日方对此深感不快，岛主义成"连日不为问安"，伴行僧人亦"致憾投金，绝不致候"，[4]几乎引起外交争端。有了这次投金的教训，后来的癸未通信使团归国时，对马岛人一直把将军的赠银护送到釜山，方才交给朝方。[5]

通信使在礼物问题上的顽固立场，固然有情感因素的影响，尤其对壬辰之役结束后的几任使臣而言，接受"敌国"馈赠，情感上难以适应。例如丁巳从事官

---

[1] 对马岛人本次只是佯为接受。通信使回还后，岛主即致书朝鲜礼曹："孟子曰：'行者必以赆。'我殿下谢三使贤劳，代币物以薄物"，将军此举乃遵圣贤遗教，而使臣"却之已甚，至于不恭"。对于使臣的转赠，"（马岛）安敢以殿下赆物私用于中间乎"，名正言顺地把将军赠物送还朝鲜。但即便至此，使臣依然上疏国王拒绝领受。关于这些后续交涉，参看姜弘重：《东槎录》，《海行总载》第3辑，第50页。

[2] 金世濂：《金东溟海槎录》，《海行总载》第4辑，第18页。这一事件始末，参看郑章植：《使行錄に見る朝鮮通信使の日本觀》，明石書店，2006年，第137—140页。

[3] 今绝河投金一事，在朝鲜国内传为美谈，正使任絖更成为廉介的楷模。因为这个故事，日本的今绝河，在后世通信使文献中多被写作"金绝河"。

[4] 任絖：《任参判丙子日本日记》，《海行总载》第3辑，第62页。

[5] 《朝鲜仁祖实录》卷四四，仁祖二十一年十一月辛亥，《朝鲜王朝实录》第35册，第168页。

李景稷（1577—1641），便觉得"受其物置诸橐中，非有血气者之所忍为也"[1]，甲子使行军官姜德聚等，也视将军赠金为"浼己"[2]。但更深层的，通信使对待礼物的严苛态度，同样是以《孟子》衍生出来的礼学原则作为支撑。前文已经提到，孟子将是否"有处"，也即是否有正当的名义和理由，作为士人交际之时辞受取予的基本原则，这点普遍为后儒所接受。丙子通信正使任絖，屡屡以"无名之馈"为由拒绝日方赠物，其所谓的"名"，也便指正当的名义。《孟子》中的确有以财货送行的赆礼，然而将军动辄数千两的金银私赠太过丰厚，"银货非授受之礼物"[3]，这在使臣看来并非赆礼，而是孟子所谓的"货取"——即用财货邀买人心，一旦接受便有"伤廉"之嫌。丙子副使金世濂（1593—1646）就认为，接受将军赠金，"是为货取"；而他刚踏上日本国土时，便作诗自勉"志士思丧元，君子焉货取"。[4] 癸未副使赵䌹，也作诗称"邹圣却兼金，优孟笑廉吏……君子鄙货取，皇华侈恩赐"，径把将军的赠银，比作孟子所拒绝的兼金百镒。[5] 乙未从事官南龙翼辞谢日本官员私赠，也专门写信告诉对方"不可货取之意"[6]。孟子所谓"可以取、可以无取，取伤廉；可以与、可以无与，与伤惠"[7]，这是后世儒者人际交往辞受取予所遵循的原则，深受儒学熏染的朝鲜士大夫，自然亦莫能外。可以说，复杂的民族情感与固执的礼学观念交织在一起，造成了朝鲜使臣对于日方赠物的严苛态度。

同样是礼物，一个有意思的对比是，对于幕府将军回赠朝鲜国王、日本官员

---

1 李景稷：《李石门扶桑录》，《海行总载》第3辑，第14页。
2 姜弘重：《东槎录》，《海行总载》第3辑，第40页。
3 李景稷：《李石门扶桑录》，《海行总载》第3辑，第13页。
4 金世濂：《金东溟海槎录》，《海行总载》第4辑，第18页；金世濂：《金东溟槎上录·对马岛次权学官韵》，《海行总载》第4辑，第31页。
5 赵䌹：《赵龙洲东槎录·大阪城次从事韵》，《海行总载》第5辑，第9页。
6 南龙翼：《南壶谷扶桑录》，《海行总载》第5辑，第63页。
7 《孟子·离娄下》，朱熹：《四书章句集注》，第296页。

回赠朝鲜礼曹的物品不会有所推辞,因为这是属于"公事";然而一旦涉及将军或者日本执政对于使臣的私赠,使臣们会变得极为审慎,想方设法百计推辞。如任絖对"大君所送别幅中方物,及礼曹回礼之物"即照单全收,而"吾等处大君及诸执政赆行之物"则坚辞不受。[1] 朝鲜使臣对日方私赠的敏感,背后还涉及"人臣无外交"的礼学原则。按照《礼记·郊特牲》的说法,"为人臣者无外交,不敢贰君也",也即作为臣下,不可私自与外国君臣交往,否则便是对自己的国君怀有二心。[2] 这是后世臣僚处理外交事务普遍遵守的原则,北宋名臣范仲淹(989—1052)即曾因私自与西夏国君通信,而遭弹劾降职。本来出使"敌国"便易涉瓜李之嫌,使臣们不得不屡屡在日记中借思君念亲的"忠孝梦"来剖白心迹;[3] 而将军的丰厚赠予,形同私下拉拢之"货取",对此极端敏感问题,使臣更须表明立场,否则便有失臣节。丁巳通信使便曾明确回复前来致送将军礼物的日本官员:"奉命出疆,礼无私受。既领将军厚意,不敢受去。"[4] 朝鲜使臣对待日方私赠的固执与决绝态度,由此也便可以得到理解。

丙子使行还有一个有趣的礼仪细节。使臣审看日本回赠国王的礼单时,发现其中有"锦衣五十领"[5],骤然产生警惕:"别幅中何不送绣段,如我国赠以缯段之规,而乃以衣领为之耶?"[6] 并一度想让日方改换礼物。熟悉日本情况的译官连忙解释说:"此乃日本国俗也。关白之进上于天皇、诸将及岛主献于关白,必用衣服。至于锦衣、绣衣,则极敬极尊处所用,其出于尊敬而断无他意。"[7] 然而直到回程在

---

[1] 任絖:《任参判丙子日本日记》,《海行总载》第3辑,第61页。

[2] 《礼记正义》卷二五,阮元校刻:《十三经注疏》,第1447页。

[3] 参看段志强:《朝鲜通信使的"忠孝梦"》,《文汇学人》2015年12月11日。

[4] 李景稷:《李石门扶桑录》,《海行总载》第3辑,第13页。

[5] 日方所赠礼单的内容,参看金世濂:《金东溟海槎录》,《海行总载》第4辑,第17页。

[6] 黄㦿:《黄浪漫东槎录》,《海行总载》第4辑,第51页。

[7] 黄㦿:《黄浪漫东槎录》,《海行总载》第4辑,第51页。

神奈川过年时，使臣得知日本新年馈赠之俗"平交用纸与扇，尊处则用衣服，故关白此日亦进岁衣于天皇"[1]，才确然无疑。使臣对日方赠送的"锦衣"的敏感，实际上源于朝鲜与明朝交往的经验。在明朝或者儒家政治文化当中，衣冠不仅仅是蔽体保暖或者修饰容止的用品，而且蕴含政治意义，是社会地位与身份等级的象征。授予冠服与颁历、赐爵一样，是"天子"威权的体现，授受双方存在上下服属关系。在朝鲜与明朝的交往过程中，朝方所进贡的物品是布、帛等原料，而无衣物；只有明朝回赐的礼品当中才有冠服。[2] 明朝在册封藩属国国王或者世子时，也要赐给相应等级的衣冠，象征其已得到华夷宗藩秩序的认可与接纳。万历二十三年（1595）丰臣秀吉"请封"时，礼部即援引旧例，指出"外夷袭封，例赐皮弁冠服"[3]。除了册封诰命，明朝使臣也确实给丰臣秀吉带去了包括纱帽、皮弁服、常服等多套与"藩王"身份相应的冠服。[4] 朝鲜使节对这些典故与制度必然耳熟能详，他们对日方赠物的警觉，实际上是担心本国在礼仪上被矮化为日本的臣属。这种警觉实际上来自儒家的礼制，以及朝鲜与明朝交往的经验。

三　平阙之式：癸未使行的国书格式问题

在数百年的朝日通信使往来当中，朝鲜使臣海陆奔波、跋涉千里的基本任务有两个：一是传送朝鲜国王写给将军、朝鲜礼曹写给执政的书信，二是把将军的

1　黄㦿：《黄浪漫东槎录》，《海行总载》第4辑，第52页。
2　朝鲜向明朝例行进贡的纺织品，万历《明会典》记载为"白绵䌷、各色苎布"（卷一〇五，第572页）；明朝的回赐，参看同书卷一一一，第592页。
3　《明神宗实录》卷二八一，史语所校印本，1962年，第5188页。
4　谈迁：《枣林杂俎·智集·日本关白求封》，中华书局，2006年，第55页。明朝赐给丰臣秀吉的冠服，至今仍藏于日本京都妙法院。

一　图像、观念与仪俗：元明时代的族群文化变迁

回答国书以及日本执政给礼曹的回书带回国内。这是使臣最为重要的使命，因此在历次有关礼仪的交涉当中，日方回答国书的写法，往往是争议的核心内容。学者已经注意到，双方在回答国书上的争议，主要涉及以下几点：幕府将军的位号（是否用"日本国王"或者"大君"的称谓），这关系到两国交往是否对等；纪年方式或曰"正朔"的问题（用干支还是年号纪年，使用明朝还是日本的年号），这牵涉到以哪国为正统；国书用词的问题（是否体现两国地位平等）；某些时候甚至还有关于文字避讳的争论。[1]对于丙子、癸未两次使行而言，在前面三个问题上，双方都进行过协商。而癸未使行的交涉，不仅限于国书的内容，而且还有国书的书写格式。

癸未使行日方回答国书草稿撰出之后，朝方的不满主要集中在两点：一是日本国书落款仅署将军姓名而未书"大君"职衔，而朝方是明确以"朝鲜国王"的名义与日本通信，这样一来便难以体现朝日敌礼的原则。但日方遵循的是之前丙子使行的旧例，而且当时日方对此的解释理由充足，[2]而本次使臣亦无力辩驳，略表不满之后亦只能依从。二是国书用词与书写格式不当，使臣向对马岛主抗议说：

> 两国交际，必相尊敬。今此答书中，有"且呈亲笔"等字。相敬之间，下字之际，必相尊重，乃其礼也。今于答书中猥用"呈"字，又不书于别行，事极未安。[3]

1　参看葛兆光：《文化间的比赛：朝鲜赴日通信使文献的意义》中篇《政治上的自尊：名分与礼仪》，《中华文史论丛》2014年第2期，第18—32页。
2　金世濂：《金东溟海槎录》，《海行总载》第4辑，第17页。佚名：《癸未东槎日记》，《海行总载》第5辑，第31页。
3　佚名：《癸未东槎日记》，《海行总载》第5辑，第31页。

220

日本答书中有"且呈亲笔"之语（亲笔，即朝鲜国王御书），使臣看来"呈"字系"猥用"以下对上的敬语，不但不符合自谦而敬人的书信体例，而且矮化了朝鲜国王的地位，有违两国钧礼的原则。"不书于别行"，则是指书格式违背了书仪中的平阙之制。按照中国中古时代即已成熟的书仪规范，信札中遇到指涉对方的词语（或事关国家、君主等的特殊词汇）时，为表示尊敬，要在该词前阙字空格而后书写（"阙"）；更为隆重的做法，则是提行另书，与上一行的开头齐平（"平出"），甚至高出一字至数字书写（"单抬"至"四抬"）。[1] 作为基本的文书礼仪，平阙之制不仅长期为中国遵行，而且也影响到了周边国家。从现存实物来看，朝鲜国书在格式上即严格遵循平阙之式。[2] 如丁未使行朝鲜宣祖致将军秀忠国书（参看图6-2），遇到"日本国王""贵国"等词，均平出另起一行；而"天朝"则另行抬一字书写。然而，这种书仪似乎在日本并不流行。壬戌使行停驻小田原时，译官洪禹载专门记下了当地官员所送礼单的书写格式：

　　"寅具"二字，先题极行；香饵、粉蒸、金饴、玉饴、仙饴五种，列书平行；之后"聊申"二字、"延敬"二字，双书极行，而"延敬"尤上，其意敬勤矣。

上文所描述的，便是礼单书写的平阙之式；洪禹载之所以详加记录，是因这种格式的礼单，为沿途所仅见。当然，对于这种源自中国的书信体式，日方并非全然

---

[1] 这套平阙格式，在唐代正式进入国家法令，到清代则发展得更为严格。对相关历史的简要梳理，可以参看张我德：《清代文书的抬头制度》，《档案学通讯》1990年第3期。
[2] 仲尾宏、辛基秀所编《大系朝鲜通信使》收录有丁未（1607）、丁巳（1617）、癸未（1643）、壬戌（1682）四次使行的朝鲜国书原件，参看《大系朝鲜通信使》第一卷，第66、67页；第二卷，第46页；第三卷，第41页。

一　图像、观念与仪俗：元明时代的族群文化变迁

图6-2　万历丁未使行朝鲜宣祖致将军秀忠国书

不知。因此当通信使表示不满之后，他们承认此系"不解文字"之失，并立即予以纠正，新国书"去'呈'字，而书'惠'字于极行"[1]。

除去平阙之式等中国中古时代即已成熟的书仪，在朝日往来文书当中，我们还明显可以看到明代礼制的影响。作为一种"不见面的礼仪"，信札在用词上极为讲究，以不同的称谓格套显示通信双方的身份高下。为革除社会交往中名实乖违的虚浮之风，洪武三年（1370）明太祖曾下令制定一套新的书札规范：

---

[1] 佚名：《癸未东槎日记》，《海行总载》第5辑，第32页。不过，从保留下来的日本回答国书原件来看，日方对这套书仪并不熟悉，以致运用失当。如壬戌回答国书，"庆我继前业"一句，"我"字以下提行另写，有违平阙之意。参见《大系朝鲜通信使》第三卷，第41页。

上谕中书省臣曰：今人于书札多称顿首、再拜、百拜，皆非实礼，其定为仪式，令人遵守。……于是礼部定议：凡致书于尊者，称"端肃奉书"，答则称"端肃奉复"；敌己者，称"奉书""奉复"；上之与下，称"书寄""书答"。卑幼与尊长，则云"家书敬复"；尊长与卑幼，则云"书付某人"。[1]

朝日间的通信使文书往来，大体上遵照了明代制定的这套格式。朝日为对等之国，国王与将军、朝鲜礼曹与日本执政之间相互通书。按照"敌体"原则，朝鲜国书开头称"朝鲜国王李某奉书日本国王殿下"，日本回答国书则多称"日本国源某奉复朝鲜国王殿下"。[2] 礼曹与执政通书往来亦多以"奉书"和"奉复"两词表示双方的平等关系。这套确立于洪武初年的书仪，不仅在中国通行，两百多年后竟然还成为朝日国书的写作规范，这大约是明太祖本人都未能预料到的，由此也可以看出在当时的东亚，中国依然具有相当强的文化辐射力。

结语　通信使礼仪交涉背后的中国影响

无论是上文分析的拜礼还是国书的书写格式，通信使所遵循的是中国的，具体说是明朝制定或者通行的礼仪。元明易代之初，明朝曾以"复古"为旗号，进

---

[1] 《明太祖实录》卷五二，第1011—1012页。
[2] 朝方的例子，可以参看万历丁未、丁巳（1607、1617，《大系朝鲜通信使》第一卷，第66、67页）、崇祯癸未（1643，《大系朝鲜通信使》第二卷，第46页）、乙未（1655，南龙翼：《南壶谷扶桑录》，《海行总载》第5辑，第36页）、壬戌（1682，《大系朝鲜通信使》第三卷，第40页）诸次国书。日本的例子可以参看万历丁巳（1617，李景稷：《李石门扶桑录》，《海行总载》第3辑，第39页），天启甲子（1624，姜弘重：《东槎录》，《海行总载》第3辑，第39页），癸未（1763，赵曮：《海槎日记》，《海行总载》第7辑，第69页）诸次回答国书。

行了大规模的礼制重建工作。高丽末年出使金陵的李崇仁,不禁艳羡明朝"礼乐衣冠迈汉唐",并作诗表示"吾国保小东,仪制慕华风"。[1]朝鲜与明朝建立宗藩关系之后,曾将相当多的明朝礼仪制度,移植到国内。随着朝日外交活动的展开,朝鲜通信使又将这些礼仪带到日本,并成为双方都遵循或者认同的礼仪规范。而朝鲜通信使对待日方私赠的审慎甚至严苛态度,乃是受了儒学当中礼学与理学的双重影响;面对某些突发情况时,儒家的经义,更成为他们临机决断的依据。从朝日间这些礼仪交涉不难看出,源自中国的经典与礼仪是双方思考问题的出发点,或者裁断纷争的准绳。即便在东亚各国政治离心趋势日益显现的近世,中国文化依然作为"文明"的标准,在东亚国际交往中发挥着影响。朝日间的通信使交流,中国虽然未直接参与其中,却如同影子一般,隐含于通信使活动的方方面面,中国的角色恰是一个"不在场的在场者"[2]。

---

[1] 李崇仁:《元日奉天殿早朝》《阻风留登州次壁上韵》,收入氏著《陶隐集》卷二,《韩国文集丛刊》第6册,第556、564页。
[2] 葛兆光:《文化间的比赛:朝鲜赴日通信使文献的意义》之《结语:不在场的"在场者":通信使文献中的中国》,《中华文史论丛》2014年第2期,第46—50页。

第七章

以礼制俗：明初礼制与墓室壁画传统的骤衰

引言　壁画发展史上的谜题

以彩绘、砖雕、石刻线作为壁面装饰的壁画墓，是一种至迟可以追溯到西汉时期、历史悠久的墓葬形式。[1] 从唐代后期开始，以模仿阳宅建筑样式为特征的仿木构砖雕壁画墓开始出现，经历了北宋的发展而到金代达至顶峰。精致繁复的砖雕与彩绘结合在一起，发展出令人叹为观止的墓葬艺术，因而成为近年考古学和艺术史研究的热点话题。然而，研究者已经注意到一个重要问题：壁画墓源远流长的发展历程，到明代却戛然而止，骤然步入尾声。与宋金元时代丰富的遗存相比，明代壁画墓在数量上屈指可数，艺术水准更无法比肩前代。罗世平指出，明清时期"以壁画装饰墓壁的做法渐渐被人们所遗忘"，"壁画墓数量急遽减少"；[2] 李清泉也指出，"进入明代以后，前后持续了大约一千五百余年的图坟画墓风气很快走向衰落"[3]。这个现象已经引起学者的讨论。王玉冬教授着眼于墓葬艺术的内在演变趋势，提出蒙元时代墓葬的"装饰化倾向"，可能是导致后来"中国墓室壁

---

[1] 本章所说的"壁画墓"取其广义，但不包括画像棺墓。有关墓室"壁画"定义的讨论，参看郑岩：《魏晋南北朝壁画墓研究》，文物出版社，2002年，第14—16页。

[2] 罗世平：《古代壁画墓》，文物出版社，2005年，第239页。

[3] 贺西林、李清泉：《永生之维：中国墓室壁画史》，高等教育出版社，2009年，第445页。

画消亡"的原因。[1] 然而,一种艺术传统或者社会习俗的自然演变,应该是平缓的、渐进式的;墓葬壁画传统在明代的骤然衰亡,如果仅仅着眼于墓葬艺术发展的"内在理路",难以对此做出完全的解释。对于壁画墓在明代的急遽衰落,还应当跳出艺术演变自身的脉络,思考和寻找外部干预的因素。本章尝试从明初的礼制与社会监控入手,探寻墓室壁画传统在明代衰歇的原因。

一 传统的中断:明代墓室壁画的骤衰

出于气候与地势的原因,壁画墓主要流行于中国北方地区。笔者以发现壁画墓葬最多的陕西、山西、河北(含北京)、河南和山东五省为中心,较为全面地统计了这五个省份截至2012年所发现的宋、金、元、明壁画墓的数量(参看表7-1)。统计数据清楚地显示,确如研究者已经指出的,墓室壁画在明代的衰落,乃是极为明显的事实:

表7-1 陕晋冀豫鲁五省发现的北宋以降壁画墓数量(截至2012年)

地区 时段	陕西	山西	河北	河南	山东	总计 (处)	平均 (处/百年)
北宋 (960—1127)	10	16	12	66	10	114	68.3
金 (1127—1234)	7	62	11	21	9	110	102.8
元 (1234—1368)	6	39	10	10	21	86	64.2

---

[1] 王玉冬:《蒙元时期墓室的"装饰化"趋势与中国古代壁画的衰落》,《古代墓葬美术研究》第2辑(2003年)。

第七章　以礼制俗：明初礼制与墓室壁画传统的骤衰

续表

时　段＼地　区	陕　西	山　西	河　北	河　南	山　东	总　计（处）	平　均（处/百年）
明前期（1368—1505）	0	0	1	0	2	3	2.2
明后期（1506—1644）	1	5	2	5	0	13	9.4

需要稍做说明的是，由于学术界对蒙元壁画墓的特征认识有限，不少蒙元壁画墓曾被误判属宋、金乃至辽代，现在正被陆续重新识别出来。[1] 因此蒙元时代壁画墓的实际数量，应当比表格中的数量更多一些。而且，北宋、金、元和明四个朝代统治北方的时间长短不一，明代的统治时间，超过了金元两代之和。如果换一种统计方式，考察各个朝代每百年壁画墓的数量，能够更加准确地反映壁画墓在不同时代的流行程度（参看表7-2）。

　　研究者曾经指出，壁画墓，尤其是仿木构砖雕壁画墓在金代达到艺术顶峰之后，在元代出现了衰落的迹象，表现为仿木结构趋简，精致繁复的砖雕装饰不再常见，等等。[2] 然而，如果不考虑艺术水准，单就数量而言，蒙元时代壁画墓的流行程度接近北宋；作为一种丧葬风俗，其并未显示出明显的衰落迹象。山西新绛

---

[1] 这方面的例子，参看董新林：《蒙元壁画墓的时代特征初探——兼论登封王上等壁画墓的年代》，《美术研究》2013年第4期；刘未：《尉氏元代壁画墓札记》，《故宫博物院院刊》2007年第3期；冯恩学：《北京斋堂壁画墓的时代》，《北方文物》1997年第4期。除上述墓葬外，还有不少误归于宋金时代的壁画墓，带有较明显的蒙元时代特征。如，陕西洛川潘窑科村宋墓出土女俑身着半袖交领衣，此种衣式不见于宋代，而与陕西红峪村元代壁画墓女侍相同；洛阳新区金墓虽已残损，但从人物衣饰来看，风格同于登封王上元墓。

[2] 侯新佳：《蒙元墓葬研究》，郑州大学2009年硕士学位论文，第46—50页。袁泉：《继承与变革：山东地区元代墓葬区域与阶段特征考》，《考古与文物》2015年第1期，第95页。

表7-2 宋金元明壁画墓频度

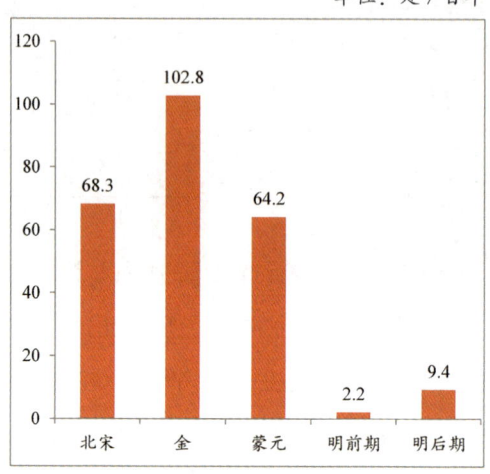

单位：处/百年

时期	频度
北宋	68.3
金	102.8
蒙元	64.2
明前期	2.2
明后期	9.4

寨里村元墓[1]、襄汾南董村元墓[2]和曲里村元墓[3]所发现的砖雕均为模制，这种制作方法本身便证实了其在当时的流行程度。元代仿木构砖雕壁画墓亦不乏精品，南董村元墓因其砖雕特征与金代一致，而被误认作金墓；[4]寨里村元墓（至大四年），砖雕之精细也与前代极为相似，若非墓中有明确的纪年题记，应当也会被归为金墓。而在山东济南地区，仿木构砖雕壁画墓更在元代达到了新的艺术高度。[5]

上面两个图表已经清楚地显示出，壁画墓衰落的真正转折点是在元明之际。表中五省发现的明代前期（洪武至弘治）壁画墓仅有三处。与宋金元时代相比

---

[1] 山西省文物工作文员会侯马工作站：《山西新绛寨里村元墓》，《考古》1966年第1期，第35页。

[2] 陶富海：《山西襄汾县南董村金墓清理简报》，《文物》1979年第8期，第24—25页。

[3] 陶富海：《山西襄汾县曲里村金元墓清理简报》，《文物》1986年第12期，第47页。

[4] 墓葬年代修正参看董新林：《蒙元壁画墓的时代特征初探——兼论登封王上等壁画墓的年代》，《美术研究》2013年第4期。

[5] 参看侯新佳：《试析山东元代砖雕壁画墓》，《洛阳理工学院学报》第23卷第1期（2008年8月）。

第七章 以礼制俗：明初礼制与墓室壁画传统的骤衰

较，明代壁画墓的衰落不是渐进的，而是急遽的，乃至断崖式的衰落。墓室壁画传统在明代前期骤然中断，虽然明代后期壁画墓数量略有增加，但基本呈零星、散发的状态，并不是宋金元墓葬壁画传统的延续。这一点在壁画的题材上清楚地表现出来。墓主夫妇并坐、妇人（或童子）启门以及孝行故事，是宋金元墓室壁画最为常见的表现内容。然而在有发掘报告或图录出版的十一座明后期壁画墓中，墓主夫妇共坐仅见于登封卢店和济源东街两座壁画墓；金元时代盛极一时的孝行故事图像，仅在济源东街明墓门楣上阴刻有三则；而可以一直上溯到汉代的启门图，只在张鹏墓砖雕墓主端坐图中作为一个修饰部分出现（参看表7-3）。

表7-3　明后期墓室壁画内容略表

墓葬名称	壁画内容	资料来源
登封卢店壁画墓 （嘉靖年间）	夫妇并坐、备侍图、 日月花卉	《登封卢店明代壁画墓》， 《中原文物》1999年第4期
猫儿岭壁画墓 （1529）	出行迎送图、备侍图	《山西榆次猫儿岭发现明代砖墓》， 《考古通讯》1955年第5期
集店村壁画墓 （1530）	侍女、挂轴画（？）	徐光冀主编：《中国出土壁画全集·山西》
张鹏墓 （1545）	升仙图（？）、 墓主端坐图	《沁县明朝张鹏墓》， 《文物季刊》1992年第2期
王忠墓 （1554）	神仙洞府	《北京香山明太监王忠墓》， 《文物》1986年第9期
原武温穆王墓 （1607）	佛国接引	《荥阳二十里铺明代原武温穆王壁画墓》， 《中原文物》1984年第4期
济源东街壁画墓 （1612）	夫妇共坐、伎乐图、 升仙图	《济源市东街明代壁画墓发掘简报》， 《中原文物》2013年第1期
彬县东关村石室墓 （1614）	男侍、瑞兽、瓶花	《山西彬县东关村明代石室壁画墓的发掘》， 《苏州文博论丛》2010年第1辑

续表

墓葬名称	壁画内容	资料来源
晋裕王墓（1632）	彩绘云气	《明晋裕王墓的清理工作》，《文物参考资料》1956年第6期
获嘉线描壁画墓（天启之后）	男女僮侍、幔帐牌位、云鹤	《获嘉明代线描壁画墓》，《中原文物》2009年第5期
北街村明墓	神仙献寿图	徐光冀主编：《中国出土壁画全集·河北》

从上表可以看出，宋代以来那些最为常见的主题，在明代壁画墓中没有得到明显继承。而且明代壁画墓彼此之间内容各异，除去稍为常见的升仙场景外，很难归纳出其他具有共同性的题材。这显示了宋金元墓室壁画传统在明代的中断，也表明这些零星、散发的壁画墓葬，并非当时流行的营葬习俗。

前文已经提到，一种艺术传统和社会习俗的自然演变，应当是渐进的、平缓的；明代墓室壁画断崖式的骤衰，不太可能是墓葬艺术自身演变的直接结果，而像是由外部因素干预造成的。联系到元明之际的社会文化史，笔者认为明初的礼制重建，以及由此导致的对民间礼俗的严厉约束，乃是墓室壁画传统骤然式微的直接原因。

二 "逾制"：墓室绘饰与明代房舍制度的冲突

按照古人的观念，墓穴是生人死后居住的场所，又被称作"外宅"或者"阴宅"。靖康元年修造的新安李村宋四郎墓，自题为"宋四郎家外宅坟"[1]。而在《五

---

[1] 叶万松：《新安县石寺李村的两座宋墓》，《中国考古学年鉴1985》，文物出版社，1985年，第173页。

车拔锦》《万用正宗不求人》《锦妙万宝全书》等明代民间日用类书里，造墓知识和修盖阳宅的技术常常放在一起，被统归入《茔宅门》。[1] 作为"阴宅"的墓穴，一定程度上是对地上建筑式样的模仿。元朝初年，山东儒士赵天麟针对当时民间生活的观察，很好地说明了仿木构砖雕壁画墓这类精美的墓葬形式流行的社会背景，他在给忽必烈的上书中称：

> 山节藻棁，复室重檐，黻绣绵诸，肩绘日月，皆古天子宫室衣服之制也。今市井富民，臧获贱类，皆敢居之服之……今之富人，墙屋被文绣，鞍辔饰金玉……比古者亦以奢矣。[2]

赵氏这段文字概述了元代民间房舍居室的"奢僭"情形，需要略做疏解。"山节藻棁，复室重檐"一语出自《礼记》，据说是周代天子宗庙专有的装饰，因此鲁国大夫臧文仲以此装饰灵龟的居舍，便遭到孔子的讽刺。按照后儒朱熹的解释，"山节藻棁"是指用山形的斗栱和画有水藻的短柱装饰屋宇；[3]"复室重檐"，依据礼学家郑玄以及唐人的疏解，指建造重檐的或者多层的房屋，[4]这些都被视作天子的特权。赵氏所说的"墙屋被文绣"，指采用壁画等作为装饰。陈高华先生曾经指出，"元代壁画非常盛行，上自宫廷，下至一般地主住宅，旁及寺观，都以壁画为饰"；释道人物故事和山水画两类题材都很流行，"一般地主住宅的壁画，则

---

1 参看《五车拔锦》卷一六《茔宅门》，《万用正宗不求人》卷三一《茔宅门》，《锦妙万宝全书》卷二三《茔宅门》，均收入《中国日用类书集成》，汲古书院，2003年。
2 黄淮、杨士奇编：《历代名臣奏议》卷一二〇《礼乐》，第1592页。
3 《论语·公冶长》："子曰：臧文仲居蔡，山节藻棁，何如其知也。"朱熹：《四书章句集注》，第80页。
4 《礼记正义》卷一三《明堂位》，阮元校刻：《十三经注疏》，第1490页。

以山水为主"。[1] 而现在的研究已经证明，表现隐逸情怀的释道人物与山水画，是元代墓室壁画中独具时代特色的内容。[2] 这从一个侧面显示了"阳宅"与"阴宅"之间的互动与关联。从赵天麟的描述来看，"山节藻梲，复室重檐""墙屋被文绣"，是当时元代富民家居的常态，而这些也正是宋金元墓室壁画所要表现的基本内容。

赵氏所揭示的房舍"奢僭"的情形，在元代并不鲜见。嘉靖《常熟县志》曾追忆元末富民的奢靡生活：

> 迨于元季，法制敦而习俗靡。邑之高赀，如陆庄曹氏、城北徐氏，最为雄长。徐以半州称，曹之岁租三十余万。园池亭榭，僭于禁御；饮食器用，侔于列侯。[3]

在儒家政治理念里，房舍服器不仅仅是日常生活的用具，而且是每个人身份等级的象征；在一个理想的社会当中，房舍服器应当各有等第，体现各个阶层之间的身份差别和秩序。因此作为儒士的赵天麟，建议忽必烈就"房室车马之类，明立节制"，以禁僭越。然而，草原游牧族群出身的蒙古当政者不同于汉族帝王，他们对遵照儒家政治理念"修明礼制，整齐风俗"，并没有太多的热情。虽有赵天麟等儒士建言，但终元一世，并未留下任何有关房舍等第的法令或规范。[4] 元明易

---

1 陈高华：《略谈元代的壁画》，《美术研究》1980年第4期。
2 孙大伦：《元墓壁画中的水墨写意性》，《文博》2006年第6期。董新林：《蒙元时期墓葬壁画题材及其相关问题》，收入中国社会科学院考古研究所编：《二十一世纪的中国考古学——庆祝佟柱臣先生八十五华诞学术文集》，文物出版社，2006年。
3 嘉靖《常熟县志》卷四，《北京图书馆古籍珍本丛刊》第27册，第1051页。
4 现存元代法典《元典章》《通制条格》《至正条格》以及《元史·舆服志》，均未见有关房舍制度的规定。

第七章　以礼制俗：明初礼制与墓室壁画传统的骤衰

代之后，随着儒家思想被重新确立为国家意识形态，明廷以"复我中国之旧"为旗号，展开大规模的礼制重建。明初对服色、器物、房舍等关系民众日常生活的礼仪规范极为重视，经过洪武三十余年间的反复修订，制定出一套空前详密的礼制体系。[1]

明代对不同阶层房屋等第的规范，始于建国伊始（洪武元年正月，1368）颁行的《大明令》，对于庶民房舍的等级，有如下规定：

> 房舍并不得施用重栱、重檐……庶民所居堂舍，不过三间五架，不用斗栱、彩色雕饰。[2]民间房舍，须要并依《令》内定式。其有僭越雕饰者，铲平；彩妆青碧者，涂土黄。其斗栱、梁架，成造岁久，不须改毁。今后盖造违禁者，依律问罪。[3]

以上这些内容规定构成了明代房舍制度的基础，并在洪武三年八月、十七年十二月、二十四年六月三次进行补充和细化，形成了一套细密的体系。[4]

明代房舍的等第，体现在房屋的间数、式样和装饰上；其中的各项禁令，必然会影响到墓葬建筑。首先是有关房舍形制的禁令。明初规定，官民人等建造房屋，均不得采用"歇山转角、重檐重栱"之类高规格建筑样式。所谓"歇山"即歇山顶，明代只准用于宫殿及寺院建筑；"转角"即转角铺作，是歇山或庑殿顶建筑必备的构件，作用是支撑挑檐。这类歇山、重檐建筑，在元代壁画墓中并不

1　具体参看张佳：《新天下之化——明初礼俗改革研究》。
2　《大明令·礼令》，收入杨一凡点校：《皇明制书》第1册，社会科学文献出版社，2013年，第22页。
3　《大明令·礼令》，收入杨一凡点校：《皇明制书》第1册，第24页。
4　参看《明太祖实录》卷五五，第1076页；卷一六九，第2573—2574页；卷二〇九，第3116—3117页。

一　图像、观念与仪俗：元明时代的族群文化变迁

图7-1　淄博大武村元墓（1357）后壁砖雕

罕见。历城大官庄元墓，北壁雕砌单檐歇山门楼；章丘刁镇茄庄元墓，墓门上方雕刻重檐阁楼；临淄大武村元墓，后壁正中用砖雕表现一座山花向前的重檐建筑（参看图7-1）。[1]

对仿木构砖雕墓影响更大的，是明初对斗栱使用的限制。按规定，官民之家一律不得使用四铺作以上的重栱；[2]一斗三升的简单斗栱，仅限于五品以上官员，其余低级官僚和庶民均"不得使用斗栱"。而宋金元时代流行的仿木构墓室建筑，即是用砖石等雕刻或堆砌出斗栱等木质建筑构件，以此营造墓室空间如同日常居室般的真实感。进入元代之后，虽然墓葬斗栱有简化的趋势，但四铺作重栱依然多见。例如，山西寺底村元墓、焦作西冯封和老万庄元墓，斗栱皆为四铺作；其中焦作两处元墓因斗栱做法精致，曾被误判为金墓。[3]而在山东济南、章丘等地

---

[1] 秦大树、魏成敏：《山东临淄大武村元墓发掘简报》，《文物》2005年第11期，第45页。
[2] 《稽古定制》，收入杨一凡点校：《皇明制书》第2册，第738页。
[3] 闻喜县博物馆：《山西闻喜寺底金墓》，《文物》1988年第7期；年代修正参看董新林：《蒙元壁画墓的时代特征初探——兼论登封王上等壁画墓的年代》，《美术研究》2013年第4期。杨宝顺：《河南焦作金墓发掘简报》，《文物》1979年第8期；年代修正参看孙传贤：《焦作市西冯封村雕砖墓几个有关问题的讨论》，《中原文物》1983年第1期。

236

第七章 以礼制俗：明初礼制与墓室壁画传统的骤衰

图7-2 济南司里街元墓砖雕阁楼
四铺作重栱（下层）

图7-3 淄博大武村元墓砖雕阁楼
重檐歇山顶

的元墓里，斗栱的繁复程度远远超过其他地区，不乏五铺作、六铺作等高规格斗栱。历城区港沟乡大官庄元墓，北壁门楼柱头斗栱为五铺作；[1]章丘刁镇茄庄元墓，墓门阁楼上层斗栱为六铺作，墓室四隅转角铺作为五铺作；[2]济南柴油机厂元墓，西壁砖雕单檐歇山仿木建筑，斗栱做法为五铺作双抄。[3]在明初房舍制度定立之后，民间此类"歇山转角、重檐重栱"的建筑样式（参看图7-2、图7-3），均属违制。

明初对建筑装饰的限制，是对壁画墓的另一个严重制约。首先是色彩。洪武元年《大明令》规定，庶民房屋"不得用彩色雕饰"，凡"彩妆青碧者"必须改涂为土黄色，明令禁止庶民建筑使用壁画。明初，即便贵为亲王，居室也不能随意涂饰壁画。对此明太祖与廷臣曾有一段对话：

---
1 济南市文化局：《济南近年发现的元代砖雕壁画墓》，《文物》1992年第2期，第7页。
2 济南市文化局：《济南近年发现的元代砖雕壁画墓》，《文物》1992年第2期，第8—9页。
3 济南市文化局文物处：《济南柴油机厂元代砖雕壁画墓》，《文物》1992年第2期，第18页。

一　图像、观念与仪俗：元明时代的族群文化变迁

（明太祖）命中书省臣：惟作亲王宫得饰朱红、大青绿，余居室止饰丹碧。中书省臣言：亲王居室饰大青绿，亦若无过度者。上曰："惟俭养德，惟侈荡心。居上能俭，可以导俗；居上而侈，必至厉民……诸子方及冠年，去朕左右，岂可使靡丽荡其心也？"[1]

除去辨明尊卑的需要，明初对建筑装饰的限制，另一个考虑是节俭。亲王居室涂饰大青绿山水壁画，虽并未"逾制"，但成本太高，因此仅限于正宫使用。节俭不仅是口号，而且是明初帝王身体力行的原则。吴元年（1367）金陵宫殿落成，"制皆朴素，不为雕饰"；为替代壁画，朱元璋命人将《大学衍义》等儒家经典抄于壁间，认为"前代宫室多施绘画，予用此以备朝夕观览，岂不愈于丹青乎？"[2] 随着时间推移，明廷对色彩装饰的限制愈加严格：洪武三年规定"官民器服，不得用黄色为饰"[3]；六年又下令民间不得以朱红色装饰器物，官员之家门窗户牖亦"不许用朱红油漆"[4]；二十八年颁行的《礼制集要》，又重申庶民房舍不许"彩色装饰"[5]（图7-4）。

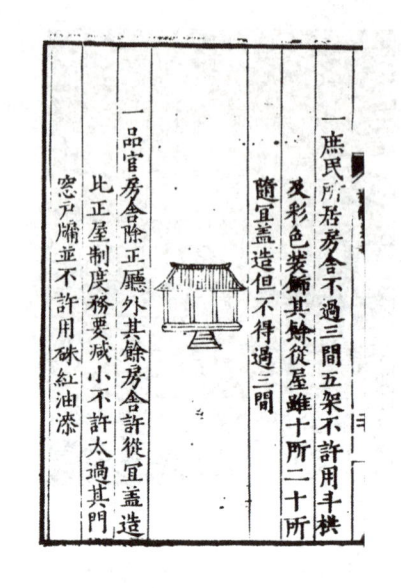

图7-4 《礼制集要》所载庶民房舍规范

---

1 《明太祖实录》卷一〇六，第1766页。
2 《明太祖实录》卷二五，第380页。
3 《明太祖实录》卷五五，第1079页。
4 《明太祖实录》卷八一，第1464页；卷二〇九，第3117页。
5 《礼制集要》，史语所藏明嘉靖宁藩刊本，第20页下。

238

不仅色彩，明初对装饰的题材也有规定。洪武三年下令：

> 凡服色、器皿、房屋等项，并不许雕刻刺绣古帝王后妃、圣贤人色故事，及日月、龙凤、狮子、麒麟、犀象等形。如旧有者，限百日内毁之。[1]

以二十四孝为代表的贤人故事，是宋代以来墓室壁画最常见的主题之一；[2] 日月龙凤图像，也见于元代壁画墓，在千佛山齐鲁宾馆、平阴李山头和内蒙古沙子山元墓中均有发现。而到明初，绘饰这类圣贤与祥瑞图像，均属违背禁令之举。洪武十七年（1384），明廷又下令官民房屋不得装饰藻井。[3] 藻井也是元代壁画墓的常见装饰。山西长治司马乡元墓[4]、文水北峪口元墓[5]、交城裴家山元墓[6]、河南焦作老万庄二号墓等，均在墓顶绘饰藻井。山东地区元代壁画墓，多在墓顶装饰莲花藻井，如济南柴油机厂元墓、历城区郭店镇砖雕壁画墓[7]、历城区邢村砖雕壁画墓[8]等；济南长清王宿铺村和平阴南李山头村石刻壁画墓[9]，则以浮雕的形式，在墓顶饰以莲花藻井。而到明初，这类装饰也成为被禁止的对象。

需要指出的是，明初对于房舍器物的这些禁令，不仅适用于臣民生前，而且死后亦不得违背。例如洪武二十四年（1391），礼部便以官员棺椁饰色与禁令冲

---

1 《国朝典汇》卷一一一，北京大学出版社，1993年，第5408页。
2 邓菲：《关于宋金墓葬中行孝图的思考》，《中原文物》2009年第5期。
3 《明太祖实录》卷一六九，第2573页。
4 朱晓芳：《山西长治市南郊元代壁画墓》，《考古》1996年第6期，第91页。
5 山西省文物管理委员会：《山西文水北峪口的一座古墓》，《考古》1961年第3期，第136页。
6 商彤流：《山西交城县的一座元代石室墓》，《文物季刊》1996年第4期，第23页。
7 济南市文化局：《济南近年发现的元代砖雕壁画墓》，《文物》1992年第2期，第2页。
8 刘善沂：《济南市历城区宋元壁画墓》，《文物》2005年第11期，第57页。
9 刘善沂：《山东长清、平阴元代石刻壁画墓》，《文物》2008年第4期，第42、44页。

突为由，要求更改：

> （二十四年三月）丙申，礼部言：品官棺椁旧制，俱以朱红为饰，今定制禁用朱，请更之。诏文武官员二品以上，许用红朱饰，余以髹漆。[1]

而根据皇帝旨意，特准二品以上的高官方可用朱红色漆饰棺椁。在明初营葬活动当中，这类规章禁令得到了较为严格的执行。谢玉珍曾将明代官员服色器物的规定与明初勋贵墓葬的出土物品一一进行对比，发现"不仅随葬的器类符合生前阶级相应的规范，就连纹样也与生前器用纹样规范相合，表示确有着所谓的'制度'"[2]。

至此，联系到明朝初年在建筑形制与装饰上的种种禁令，修造"歇山转角、重檐重栱"的仿木构砖雕，或是绘画五色斑斓的墓室壁画，已成为违背重重禁令的逾制之举。源远流长的墓室绘画传统入明之后骤然衰落，正是明初严格的房舍规范在地下"阴宅"中的反映。

三 罪坐工匠：明初对服器逾制的惩罚方式

这里依然面临一个疑问：虽然没有明代细致和全面，宋代对于房舍制度也有一定规范，也曾规定"民庶家不得施重栱、藻井及五色文采为饰，仍不得四铺飞檐"，为何没有阻止墓葬绘画雕饰之风的流行？这涉及禁令的执行力度，以及对"逾制"行为的监控方式。

---

[1] 《明太祖实录》卷二〇八，第3094页。
[2] 谢玉珍：《明初官方器用、服饰纹样的限制——以明初贵族墓葬的随葬品为例》，《明史研究》（台湾）第9期，第101页。

第七章　以礼制俗：明初礼制与墓室壁画传统的骤衰

明初当政者修整礼制、整齐风俗的热情极为高涨。明太祖认为元代风俗"流于僭侈，闾里之民服食居住与公卿无异"，由此导致的"贵贱无等、僭礼败度"，乃是前代覆车之辙。[1] 洪武时期修举礼制的首要任务，是重新建立一套尊卑有序的社会等级秩序。为此，明太祖在位期间修纂了大量的政书和礼书，其中大都带有房舍制度的相关禁约。洪武十九年，朱元璋在著名的《大诰》当中，便告诫臣民要各安其分，房舍服饰毋得僭越：

> 民有不安分者，僭用居处器皿、服色首饰之类，以致祸生远近，有不可逃者……房舍栋梁，不应彩色而彩色，不应金饰而金饰，民之寝床船只，不应彩色而彩色，不应金饰而金饰，民床毋敢有暖阁而雕镂者，违《诰》而为之，事发到官，<u>工技之人与物主各各坐以重罪</u>。[2]

而这类内容，在明初颁行的礼书和政书中一而再、再而三地予以强调（参看表7-4）：

表7-4　洪武礼书、政书对房舍制度的重申

颁行年	书　名	内　容
洪武元年	《大明令·礼令》	初步定立官民房舍制度
洪武十九年	《大诰续编·居处僭分》	申诫官民房舍逾制
洪武二十年	《礼仪定式·官员房舍》	重申官员房舍等第
洪武二十六年	《诸司职掌·礼部职掌》	重申官民房屋器用等第
洪武二十八年	《礼制集要·房屋》	重申官民房舍形制

1　《明太祖实录》卷五五，第1076页。
2　《大诰续编》第七十《居处僭分》，收入杨一凡点校：《皇明制书》第1册，第153页。

续表

颁行年	书　名	内　容
洪武二十九年	《稽古定制·房屋》	历举唐宋制度,细化官民房舍规范
洪武三十年	《大明律·服舍违式》	房屋违制的拟罪标准

上述规定作为明代"祖制"的一部分,整个明代前期都一直在反复申诫。永乐二年（1404）,朱棣命礼部将"洪武年间定立官民人等冠服、器皿、房屋等项制度",再次"出榜申明中外"。[1] 成化十七年（1481）,明廷又应官员请求,"将《洪武礼制》《榜文》《职掌》及《申明礼制榜文》旧行一应良法"重新刊印,"散给各卫府州县,又遍散儒学属官及粮里老人、官旗,今后政刑、服舍、礼仪等项,务遵旧章"。[2] 直至正德元年（1506）,礼部和都察院还在申诫庶民房舍"不得过三间五架及用斗栱彩绘",违者"房毁入官"。[3]

明初对于服器僭越的行为,惩治严厉,毫不宽贷。金华儒士许元曾任太子朱标的老师,颇受朱元璋信赖,洪武元年因"饰床以象牙",而被流放韶州。[4] 明初勋臣覆宗赤族的巨案,很多都与服器僭越有关。洪武八年德庆侯廖永忠（1323—1375）被诛,罪名为"卧室床器用、鞍辔鞋镫,僭拟御用",事后明太祖命人将其"僭用御物,榜示天下"。[5] 而株连数万、耸动天下的蓝玉"谋逆"案,其中一

---

1 《皇明条法事类纂》卷二二《官员人等不许僭用服色例》,杨一凡主编:《中国珍稀法律典籍集成》乙编第4册,科学出版社,1994年,第958页。《类纂》将此误系于永乐二十年,当为二年。
2 《皇明条法事类纂》卷二二《禁约僭用浑金禁色缎匹花样》,《中国珍稀法律典籍集成》乙编第4册,第973页。
3 《明武宗实录》卷一四,第421页。
4 雷礼:《国朝列卿纪》卷一五八《许存仁传》,明文书局,1991年,第648页。
5 俞本:《纪事录》,收入陈学霖:《史林漫识》,中国友谊出版公司,2001年,第147页。

第七章　以礼制俗：明初礼制与墓室壁画传统的骤衰

大罪证即是蓝氏房舍逾制，"马坊、廊房皆用九五间数"[1]。直至永乐时期，服器僭越仍然是诛戮勋臣的重要口实。朱棣夺位之初，都督陈质便因"居处僭用亲王法物，置造龙凤袍服、朱红器皿"[2]被杀；永乐二年，开国宿将耿炳文因遭弹劾"衣服器皿僭饰龙凤，玉带僭用红鞓"[3]而畏惧自裁。江南巨族浦江郑氏的经历，可以说明"僭拟"之罪在当时是如何严重：

> （永乐六年）乡人诬告义门私造军器。朝廷遣官搜索，一无所有，止有旧红漆器尚存，以罪坐家长（郑）濂当之。（郑）沂诣前请曰："家长乃某之兄，昏耄无闻知。某尝为礼官，不能使家众遵国法，罪坐某。"兄弟争再三，事闻于朝。未几，蒙恩宥，仍赐冠带还家。[4]

郑氏家族与朱明政权有着深厚渊源，而其宗长被执，仅仅是因家中搜索出了"旧红漆器"。按照洪武礼制，官民人等不得以朱红色涂饰房舍器物，郑氏收藏红漆器是逾制之举，在当时属于严重的禁忌。

这里要特别指出的是，明代对于逾礼越制的惩罚，不仅仅限于僭越者本人，而且要连坐工匠，也就是《大诰》所谓的"工技之人与物主各各坐以重罪"。这一处罚原则，被明确载入《大明律·服舍违制》条：

---

[1] 朱元璋：《御制礼制集要序》，《礼制集要》卷首，史语所藏明嘉靖宁藩刊本。"九五"这组数字象征皇帝的尊贵，因此明代禁止官民盖造九间或五间一排的房舍。
[2] 《皇明条法事类纂》卷二二《礼部类·官员人等不许僭用服色例》，《中国珍稀法律典籍集成》乙编第4册，第958页。
[3] 《明太宗实录》卷三五，第614页。
[4] 雷礼：《国朝列卿纪》卷三九《郑沂传》，第750页。

（若房舍器物违式僭用）有官者杖一百，罢职不叙；无官者笞五十，罪坐家长。工匠并笞五十。若僭用违禁龙凤纹者，官民各杖一百，徒三年；工匠杖一百，连当房家小起发赴京，籍充京匠。违禁之物并入官。首告者官给赏银五十两。若工匠能自首者，免罪，一体给赏。[1]

服舍违制罪坐工匠的规定，为唐宋律法所无，意在通过对工匠的监控，来杜绝逾制现象的发生。而明初实行这一惩治方式的基础，是当时实行的匠户制度。为保证国家能及时获得所需的各类力役与物品，明朝继承了元代的户计制度，将天下民户分为"军、民、匠、灶"等不同的户籍。[2] 明初的匠户约有三十万户，将近全国总人户的百分之三。[3] 按照规定，匠户需要世袭其业，不得脱籍，每隔一定时间轮番前往官方指定地点工作。不仅人身受到控制，匠户们生产也要遵守专门的规范，不得违式。永乐七年（1409），朱棣曾经严令匠人，必须遵照洪武时期的"定制"生产：

（永乐七年四月二十二日）钦奉太祖文皇帝圣旨：服饰器用，已有定制，如今又有不依着行的。恁说与礼部，着他将那榜上式样画出来，但是匠人每，给与他一个样子，着他看做。敢有违了式做的，拿来凌迟了。[4]

---

[1] 《大明律·礼律·服舍违式》，收入杨一凡点校：《皇明制书》第3册，第926页。

[2] 关于明代役户的种类，参看王毓铨：《明朝的配户当差》，收入氏著《王毓铨史论集》下册，中华书局，2005年，第795—807页。

[3] 明代匠户分为轮班匠、住坐匠和存留匠三类。除轮班匠外，其他两类匠户的数目，史书未有明确记载。明代匠户总数的估算，此从王毓铨：《明代的配户当差》，《王毓铨史论集》下册，第805页。

[4] 《皇明条法事类纂》卷二二《申明僭用服饰器用并挨究制造人匠问罪例》，《中国珍稀法律典籍集成》乙编第4册，第960页。又见《明太宗实录》卷九〇，第1191页，但已经文臣藻饰而失实。

第七章 以礼制俗：明初礼制与墓室壁画传统的骤衰

按照朱棣的旨意，工匠若生产违式，要遭"凌迟"之重刑，远远超过《大明律》中的笞杖之罚。而按照学者研究，洪武、永乐时期司法基本依照苛酷的《大诰》和榜文判罪，在严刑威吓之下，很难想象有工匠敢于冒险违式生产。

砖雕、壁画等墓葬装饰，并非普通人可以措手，必须由专业匠人来完成（参看图7-5）。张鹏曾根据金代壁画墓内的墨书题记，"推断金代墓葬工匠有：造坟博士、砖匠、壁画匠、砌匠、烧砖人、砌造匠人等，各自负责不同的工序与工种"[1]。元代的情形应该与之类似，今天我们在元代壁画墓中，仍能见到不少匠人题名。如山西新绛吴岭庄元墓（至元十六年，1279），后壁门楼题记有"砌砖匠刘顺、小赵子"[2]；山西屯留工业园区元代壁画墓M1（图7-6，大德十年，1306），题记内有"上党县长步村砖匠王德、弟王政，妆画人侄男韩君美"[3]；石家庄陈村明代壁画墓，碑记之末亦题有"营匠吴荣、张福才、吴泰"[4]。以上这些营造和装饰墓室的工匠，大约相当于明代匠户系统中的土工匠、瓦匠、妆銮匠和雕銮匠等名色。[5]经过礼书、榜文等官方文件的反复申谕宣传，明初的工匠们对服色器用等第与建筑形制规范必定耳熟能详；在严格的管控之下，难以想象会有工匠甘愿违背重重禁令，冒险为墓室描画五色斑斓的图像，修造重檐斗栱的仿木构砖雕建筑。这应当是入明之后，砖雕、壁画这些墓室装饰形式骤然衰落乃至销声匿迹的直接原因。

---

1 张鹏：《勉世与娱情——宋金墓葬壁画中的一桌二椅到夫妇共坐》，《美术研究》2010年第4期，第61页。
2 杨富斗：《山西新绛南范庄、吴岭庄金元墓发掘简报》，《文物》1983年第1期，第67页。
3 山西省考古研究所等：《山西屯留县康庄工业园区元代壁画墓》，《考古》2009年第12期，第42页。
4 石家庄市文物保管所：《石家庄市郊陈村明代壁画墓清理简报》，《考古》1983年第10期，第920页。
5 明代匠户名目甚多，万历《嘉兴府志》所载有七十二种，参看万历《嘉兴府志》卷五，《中国方志丛书》影印本，第250—251页。

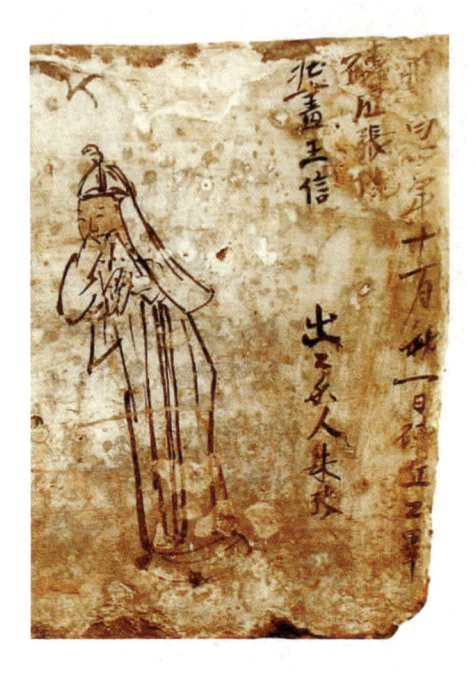

图7-5　陕西甘泉袁庄
金代壁画墓M1工匠题名

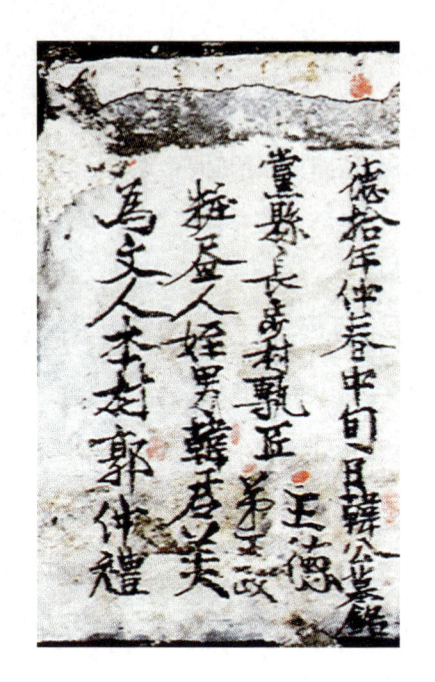

图7-6　山西屯留工业园区
元代壁画墓M1工匠题名

结语　礼制约束与习俗变迁

作为生者身后的居所，墓室的装饰很大程度上是对地上建筑的模仿。由于礼制失控，宋元以来富民阶层流行以壁画、斗栱等装饰住宅，这是仿木构砖雕壁画墓在当时兴盛的社会背景。而在追求尊卑有等的儒家政治理念里，房舍制度的混乱和缺失，是社会失序的表现。在中国近世历史上，明初是对"修举礼制""以礼制俗"空前重视的时代。洪武三十余年间，当政者制定出一套细密的房舍等级规范，从建筑形制、装饰色彩等诸多方面对民间建筑进行约束；其结果是，修造壁画墓成为干犯层层禁令的僭越之举。而明初基于匠户制度创造的"罪坐工匠"

的独特处罚方式,更在源头上对"逾制"行为进行了有效控制。

在高度强化的国家权力的宣传和监督下,这些礼仪规范渗入民间,影响了上至官僚、下至庶民各个阶层的日常生活。元代曾经"园池亭榭,僭于禁制"的江南富民,入明后"皆畏慎敛戢,久之趋于淳质"。[1]洪武时定立的房舍制度,在明代前期得到了较好的遵守。江阴地区"国初民居尚俭朴,三间五架,制甚狭小"[2];明初茶陵亦"宫室尚朴,三间五架,不黝垩"[3];而素号繁华的杭州,直到明代后期的嘉靖年间(1522—1566),依然可见"积资巨万,而矮屋数椽、布衣终身者"[4]。宋代以来流行的砖雕壁画墓,入明后数量骤然衰减,这正是明初房舍制度在地下"阴宅"中的反映。严格的礼制规范与社会监控,是延续千年的墓室绘画乃至整个壁画艺术在明代走向衰落的直接原因。[5]这不仅是中国艺术史上的一大关节,也为明初国家权力干预社会生活的深度,提供了一个很好的例证。

---

[1] 嘉靖《常熟县志》卷四,《北京图书馆古籍珍本丛刊》第27册,第1051页。
[2] 嘉靖《江阴县志》卷四,《天一阁藏明代方志选刊》第13册,上海古籍出版社,1981年,第2页下。"三间五架",是明代对庶民房舍的间架限制。
[3] 嘉靖《茶陵州志》卷上,《天一阁藏明代方志选刊续编》第63册,上海书店出版社,1990年,第872页。"黝垩"即涂饰。
[4] 万历《杭州府志》卷一九,《中国方志丛书》影印本,第8页下。
[5] 关于明代壁画艺术衰落的观察,参看柯律格《明代中国的图像与视觉性》第一章《壁画的式微》,北京大学出版社,2011年,第25—27页。但作者并未对此做出解释。

附录 陕晋冀豫鲁五省宋金元明壁画墓统计表

说明：1.本表"壁画墓"取其广义，指以砖雕、壁画、石刻线作为壁饰的墓葬。

2.本表统计资料，时间截至2012年。

宋 代

序号	墓葬名称	时代	地点	壁饰形式	资料来源
1	山大南校区宋代砖雕壁画墓	建隆元年（960）	山东济南	砖雕、壁画	刘善沂：《济南市宋金砖雕壁画墓》，《文物》2008年第8期。
2	宋太宗元德李后陵	咸平三年（1000）	河南巩县	壁画	河南省文物研究所：《宋太宗元德李后陵发掘简报》，《华夏考古》1988年第3期。
3	龙店二号宋墓	庆历二年（1042）	河北武邑	砖雕、壁画	河北省文物研究所：《河北武邑龙店宋墓发掘报告》，《河北省考古论文集》，东方出版社，1998年，第323—329页。
4	郑州南关外北宋墓	至和三年（嘉祐元年，1056）	河南郑州	砖雕、壁画	河南省文化局文物工作第一队：《郑州南关外北宋砖室墓》，《文物参考资料》1958年第5期。
5	临城岗西村宋墓	至和年间	河北临城	砖雕、彩绘	邢台市文物管理处：《河北临城岗西村宋墓》，《文物》2008年第3期。
6	济南青龙桥宋墓	熙宁八年（1075）	山东济南	砖雕、壁画	《山东济南发现带壁画宋墓》，《文物》1960年第2期。
7	天禧镇王用昨墓	熙宁十年（1077）	河南安阳	壁画	《河南文化局调查安阳天禧镇宋墓》，《文物参考资料》1954年第8期。
8	河北邢台董庄宋墓	熙宁十年（1077）	河北邢台	砖雕	李军：《河北邢台出土砖志碑》，《文物春秋》2004年第2期。

第七章　以礼制俗：明初礼制与墓室壁画传统的骤衰

续表一

序号	墓葬名称	时代	地点	壁饰形式	资料来源
9	故县村宋代壁画墓M2	元丰元年（1078）	山西长治	砖雕、壁画	朱晓芳：《山西长治故县村宋代壁画墓》，《文物》2005年第4期。
10	长治五马村宋墓	元丰四年（1081）	山西长治	砖雕	王进先：《山西长治市五马村宋墓》，《考古》1994年第9期。
11	富弼墓	元丰六年（1083）	河南洛阳	壁画	洛阳市第二文物工作队：《富弼家族墓地发掘简报》，《中原文物》2008年第6期。
12	莱州南五里村北宋壁画墓	元丰七年（1084）	山东莱州	壁画	《莱州发现一座北宋壁画墓》，《烟台晚报》2012年11月5日。
13	赵荣墓	元祐元年（1086）	河南邓州	砖雕、壁画	南阳市文物研究所：《河南省邓州市北宋赵荣壁画墓》，《中原文物》1997年第4期。
14	壶关南村宋代砖雕墓	元祐二年（1087）	山西壶关	砖雕、壁画	长治市博物馆：《山西壶关南村宋代砖雕墓》，《文物》1997年第2期。
15	长治西白兔村宋代壁画墓	元祐三年（1088）	山西长治	砖雕、壁画	王进先：《长治市西白兔村宋代壁画墓发掘简报》，《山西考古学会议论文集》（三），山西古籍出版社，2000年，第131—137页。
16	鹤壁故县村北宋壁画墓	绍圣元年（1094）	河南鹤壁	砖雕、壁画	鹤壁市内地方史志编纂委员会：《鹤壁年鉴（1994—1995）》，中州古籍出版社，1996年。
17	武安西土山宋代壁画墓	绍圣二年（1095）	河北武安	砖雕、壁画	《武安西土山发现宋绍圣二年壁画墓》，《文物》1963年第10期。
18	登封黑山沟宋代壁画墓	绍圣四年（1097）	河南登封	砖雕、壁画	郑州市文物考古研究所：《河南登封黑山沟宋代壁画墓》，《文物》2001年第10期。

续表二

序号	墓葬名称	时代	地点	壁饰形式	资料来源
19	白沙1号、3号宋墓	元符二年（1099）	河南禹县	砖雕、壁画	宿白：《白沙宋墓》，文物出版社，1957年。
20	河南轮胎厂宋墓	崇宁四年（1105）	河南焦作	砖雕	罗火金：《宋代梁全本墓》，《中原文物》2007年第5期。
21	平陌宋村宋代壁画墓	大观二年（1108）	河南新密	砖雕、壁画	郑州市文物考古研究所：《河南新密市平陌宋代壁画墓》，《文物》1998年第12期。
22	安阳新安庄王现墓	大观三年（1109）	河南安阳	砖雕	中国社会科学院考古研究所安阳工作队：《河南安阳新安庄西地宋墓发掘简报》，《考古》1994年第10期。
23	河北石家庄政和二年壁画墓	政和二年（1112）	河北石家庄	砖雕、壁画	河北省文化局文物工作队：《河北井陉县柿庄宋墓发掘报告》，《考古学报》1962年第2期。
24	慕伉墓	政和六年（1116）	山东栖霞	砖雕、壁画	李元章：《山东栖霞市慕家店宋代慕伉墓》，《考古》1998年第5期。
25	曲阳南平罗宋墓	政和七年（1117）	河北曲阳	砖雕、壁画	保定地区文物管理所：《河北曲阳南平罗北宋政和七年墓清理简报》，《文物》1988年第11期。
26	商洛镇宋墓	宣和元年（1119）	陕西丹凤	砖雕、壁画	陕西省文管会：《陕西丹凤县商洛镇宋墓清理简报》，《文物参考资料》1956年第12期。
27	安阳赵火粲墓	宣和二年（1120）	河南安阳	砖雕、壁画	魏峻：《安阳宋代壁画墓考》，《华夏考古》1997年第2期。
28	安阳赵恪墓	宣和四年（1122）	河南安阳	砖雕、壁画	魏峻：《安阳宋代壁画墓考》，《华夏考古》1997年第2期。
29	新安李村宋四郎墓	靖康元年（1126）	河南新安	砖雕、壁画	叶万松：《新安县石寺李村的两座宋墓》，《中国考古学年鉴1985》。

续表三

序号	墓葬名称	时代	地点	壁饰形式	资料来源
陕西地区					
30	兴平西郊宋墓	北宋	陕西兴平	砖雕	陕西省文管会：《陕西兴平县西郊清理宋墓一座》，《文物》1959年第2期。
31	洛川土基镇宋墓	北宋	陕西洛川	砖雕、壁画	靳之林：《陕西洛川土基镇发现宋代壁画墓》，《考古与文物》1988年第1期。
32	陕西洛川县潘窑科村宋墓清理简报	北宋	陕西洛川	砖雕	洛川县博物馆：《陕西洛川县潘窑科村宋墓清理简报》，《考古与文物》2004年第4期。
33	安康白家梁宋墓	北宋	陕西安康	砖雕、壁画	李厚志：《陕西安康北宋墓清理简报》，《考古与文物》1987年第3期。
34	段家老君寨宋墓	北宋	陕西大荔	砖雕	大荔县文物管理委员会：《大荔县段家老君寨宋墓清理简报》，《文博》1992年第1期。
35	蔡村宋墓	北宋	陕西合阳	砖雕、壁画	陕西省考古研究院：《2010年陕西省考古研究院考古调查发掘新收获》，《考古与文物》2011年第2期。
36	韩城盘乐宋代壁画墓	北宋	陕西韩城	壁画	徐光冀主编：《中国出土壁画全集·陕西》。
37	汉中金华村宋墓	北宋	陕西汉中	砖雕	何新成：《汉中市金华村清理一座北宋墓》，《文博》1993年第3期。
38	延安宝塔区宋代画像砖墓	北宋	陕西延安	砖雕	延安市文物研究所：《延安宝塔区北宋社火秧歌内容画像砖墓葬》，《文博》2008年第6期。

续表四

序号	墓葬名称	时代	地点	壁饰形式	资料来源
山西地区					
39	侯马镇宋墓	北宋	山西侯马	砖雕、壁画	万新民:《侯马的一座带壁画宋墓》,《文物》1959年第6期。
40	长治故漳村宋代砖雕墓	北宋	山西长治	砖雕、壁画	朱晓芳:《山西长治市故漳村宋代砖雕墓》,《考古》2006年第9期。
41	长治任家庄宋墓	北宋	山西长治	砖雕	李永杰:《长治县任家庄出土一批宋代砖雕》,《文物世界》2009年第4期。
42	沁源段家庄宋墓	北宋	山西沁源	砖雕	王小红:《沁源县段家庄发现宋代砖雕墓》,《文物世界》2009年第5期。
43	新绛三林镇一号墓	北宋	山西新绛	砖雕	杨富斗:《山西新绛三林镇两座仿木构的宋代砖墓》,《考古通讯》1958年第6期。
44	潞城北关宋墓	北宋	山西潞城	砖雕、壁画	王进先:《山西潞城县北关宋代砖雕墓》,《考古》1999年第5期。
45	汾阳北偏城宋墓	北宋	山西汾阳	砖雕、壁画	张茂生:《山西汾阳北偏城宋墓》,《考古》1994年第3期。
46	汾阳东龙观四十八号墓	北宋	山西汾阳	砖雕、壁画	山西省文物管理委员会:《2008年山西汾阳东龙观宋金墓地发掘简报》,《文物》2010年第2期。
47	南坪头宋墓	北宋	山西太原	砖雕、壁画	太原市文物管理委员会:《太原市南坪头宋墓清理简报》,《文物参考资料》1956年第3期。
48	台营东庄村古墓	北宋	山西五台	砖雕、壁画	《山西省五台县发现古遗址、墓葬等多处》,《文物参考资料》1956年第1期。

续表五

序号	墓葬名称	时代	地点	壁饰形式	资料来源
49	壶关上好牢村宋金一号、三号墓	宋末金初	山西壶关	砖雕、壁画	山西省考古研究所：《山西壶关县上好牢村宋金时期墓葬》，《考古》2012年第4期。
50	姜家沟村壁画墓	北宋	山西平定	砖雕、壁画	山西省考古研究所：《山西平定宋金壁画墓简报》，《文物》1996年第5期。
河北地区					
51	平山西石桥1号墓	北宋	河北平山	砖雕、壁画	河北省文物研究所：《河北平山发现宋墓》，《文物春秋》1989年第3期。
52	平山东冶村2号墓	北宋	河北平山	砖雕	河北省文物研究所：《河北平山发现宋墓》，《文物春秋》1989年第3期。
53	平山两岔宋墓群	北宋	河北平山	砖雕、壁画	《河北平山县两岔宋墓》，《考古》2000年第9期。
54	邯郸第一医院宋墓	北宋	河北邯郸	砖雕	李忠义：《邯郸市区发现宋代墓葬》，《文物春秋》1994年第3期。
55	武邑崔家庄宋墓	北宋	河北衡水	砖雕、画墓	衡水市文物管理处：《河北武邑崔家庄宋墓发掘简报》，《文物春秋》2006年第3期。
56	静海东滩头宋墓	北宋	河北静海	砖雕	邱明：《河北静海东滩头发现宋金墓》，《考古》1995年第1期。
河南地区					
57	邙山北宋壁画墓	北宋	河南洛阳	砖雕、壁画	洛阳市第二文物工作队：《洛阳邙山宋代壁画墓》，《文物》1992年第12期。
58	郑州二里岗宋墓	北宋	河南郑州	砖雕、壁画	裴明相：《郑州二里岗宋墓发掘记》，《文物参考资料》1954年第6期。

续表六

序号	墓葬名称	时代	地点	壁饰形式	资料来源
59	梁庄宋墓	北宋	河南新安	砖雕、壁画	洛阳市文物工作队:《河南新安梁庄北宋壁画墓》,《考古与文物》1996年第4期。
60	林县杨家庄宋墓	北宋	河南林县	砖雕、壁画	杨靖宇:《河南林县的几处古墓》,《考古》1957年第2期。
61	林县城关宋墓	北宋	河南林县	砖雕、壁画	张增午:《河南林县城关宋墓清理简报》,《考古与文物》1982年第5期。
62	林县一中宋墓	北宋	河南林县	砖雕、壁画	林县文物管理所:《林县一中宋墓清理简报》,《中原文物》1990年第4期。
63	林州市区小西环路幼儿园宋墓	北宋	河南林州	砖雕、壁画	林州市文物保护管理所:《河南林州市北宋砖雕壁画墓清理简报》,《华夏考古》2010年第1期。
64	新安县城关镇北宋壁画墓	北宋	河南新安	砖雕、壁画	廖子中:《新安县城关镇北宋壁画墓》,《中国考古学年鉴1995》,文物出版社,1997年。
65	宋村北宋壁画墓	北宋	河南新安	砖雕、壁画	洛阳市文物工作队:《河南新安县宋村北宋砖雕壁画墓》,《考古与文物》1998年第3期。
66	古村北宋壁画墓	北宋	河南新安	砖雕、壁画	洛阳市文物工作队:《河南新安县古村北宋壁画墓》,《华夏考古》1992年第2期。
67	李村北宋壁画墓(2号)	北宋	河南新安	砖雕、壁画	洛阳市文物管理局:《洛阳古代墓葬壁画》,中州古籍出版社,2010年。
68	厥山村北宋壁画墓	北宋	河南新安	壁画	洛阳市文物管理局:《洛阳古代墓葬壁画》。

第七章 以礼制俗：明初礼制与墓室壁画传统的骤衰

续表七

序号	墓葬名称	时代	地点	壁饰形式	资料来源
69	关林钢厂宋代彩绘砖雕墓	北宋	河南洛阳	砖雕、壁画	洛阳市文物管理局：《洛阳古代墓葬壁画》。
70	洛阳龙门一号宋墓	北宋	河南洛阳	砖雕	《洛阳龙门发现北宋墓》，《考古通讯》1958年第6期。
71	洛阳涧西宋墓	北宋	河南洛阳	砖雕	赵青云：《洛阳涧西宋墓（九·七·二号）清理记》，《文物参考资料》1955年第9期；洛阳博物馆：《洛阳涧西三座宋代仿木构砖室墓》，《文物》1983年第8期。
72	洛阳七里河宋墓	北宋	河南洛阳	砖雕、壁画	宫大中：《洛都美术史迹》，湖北美术出版社，1991年。
73	洛阳有色金属供应站宋墓	北宋	河南洛阳	砖雕	宫大中：《洛都美术史迹》，湖北美术出版社，1991年。
74	北元村北宋壁画墓	北宋	河南嵩县	砖雕、壁画	洛阳市第二文物工作队：《嵩县北元村宋代壁画墓》，《中原文物》1987年第3期。
75	何村北宋砖雕壁画墓	北宋	河南嵩县	砖雕、壁画	洛阳市文物管理局：《洛阳古代墓葬壁画》。
76	仁厚村北宋壁画墓	北宋	河南宜阳	壁画	洛阳市文物管理局：《洛阳古代墓葬壁画》。
77	李坪村古墓	宋末金初	河南宝丰	砖雕	河南省文物考古研究所：《河南宝丰县李坪村古墓》，《华夏考古》1995年第4期。
78	鸭河口宋墓	北宋	河南南召	砖雕墓	《河南南召鸭河口水库清理宋墓一座》，《文物》1959年第6期。
79	云阳镇五红大队宋墓	北宋	河南南召	砖雕墓	黄运甫：《南召云阳宋代雕砖墓》，《中原文物》1982年第2期。

255

续表八

序号	墓葬名称	时代	地点	壁饰形式	资料来源
80	安阳小南海宋代壁画墓	北宋	河南安阳	砖雕、壁画	李明德：《安阳小南海宋代壁画墓》，《中原文物》1993年第2期。
81	白庄宋代壁画墓	北宋	河南焦作	砖雕、壁画	赵德才：《河南焦作白庄宋代壁画墓发掘简报》，《文博》2009年第1期。
82	登封高村宋代壁画墓	北宋	河南登封	砖雕、壁画	郑州市文物考古研究所：《登封高村壁画墓清理简报》，《中原文物》2004年第5期。
83	唐庄宋代壁画墓	北宋	河南登封	砖雕、壁画	郑州市文物考古研究所：《河南登封唐庄宋代壁画墓》，《文物》2012年第9期。
84	新乡丁固城宋墓群	北宋	河南新乡	砖雕	河南省文物研究所：《河南省新乡县丁固城古墓地发掘报告》，《中原文物》1985年第2期。
85	酒流沟水库宋墓	北宋	河南偃师	砖雕、壁画	《河南偃师酒流沟水库宋墓》，《文物》1959年第9期。
86	东石露头村宋代壁画墓	北宋	河南济源	壁画	河南省文物考古研究所：《济源市东石露头村宋代壁画墓》，《中原文物》2008年第2期。
87	河南汤阴县委大院宋墓	北宋	河南汤阴	砖雕	杨松山：《河南汤阴宋墓发掘简报》，《中原文物》1958年第1期。
88	朱庄宋墓	北宋	河南方城	砖雕	《方城县朱庄宋墓发掘》，《文物》1959年第6期。
89	南阳十里庙宋墓	北宋	河南南阳	砖雕	《南阳十里庙清理宋墓一座》，《文物》1960年第5期。
90	温县东南王村宋墓	北宋	河南温县	砖雕、壁画	张思清：《温县宋墓发掘简报》，《中原文物》1983年第1期。

第七章 以礼制俗：明初礼制与墓室壁画传统的骤衰

续表九

序号	墓葬名称	时代	地点	壁饰形式	资料来源
91	登封箭沟宋代壁画墓	北宋	河南登封	砖雕、壁画	郑州市文物考古研究所：《郑州宋金壁画墓》，科学出版社，2005年。
92	登封刘碑宋代壁画墓	北宋	河南登封	砖雕、壁画	郑州市文物考古研究所：《郑州宋金壁画墓》。
93	登封双庙小区宋墓	北宋	河南登封	砖雕	宋嵩瑞：《河南登封市双庙小区宋代砖室墓发掘简报》，《文物春秋》2007年第6期。
94	南登封城南庄宋代壁画墓	北宋	河南登封	砖雕、壁画	郑州市文物考古研究所：《河南登封城南庄宋代壁画墓》，《文物》2005年第8期。
95	泌阳对外贸易总公司住宅楼工地宋墓	北宋	河南泌阳	砖雕	彭爱杰：《河南泌阳县宋墓发掘简报》，《华夏考古》2005年第2期。
96	张庄墓群	北宋	河南泌阳	砖雕、壁画	《泌阳文物》编委会：《泌阳文物》，第72—73页。
97	稍柴宋墓	北宋	河南巩县	砖雕、壁画	《河南巩县稍柴清理一座宋墓》，《考古》1965年第8期。
98	河南巩义涉村宋代壁画墓	北宋	河南巩义	砖雕、壁画	郑州市文物考古研究所：《郑州宋金壁画墓》。
99	郏县仝楼村宋墓	北宋	河南郏县	砖雕	《河南郏县仝楼村三座宋墓发掘简报》，《华夏考古》1999年第4期。
100	荥阳司村宋代壁画墓	北宋	河南荥阳	砖雕、壁画	赵清：《荥阳司村宋代壁画墓发掘简报》，《中原文物》1982年第4期。
101	荥阳孤伯嘴宋代壁画墓	宋末金初	河南荥阳	砖雕、壁画	郑州文物考古研究所：《河南荥阳孤伯嘴壁画墓发掘简报》，《中原文物》1988年第4期。

续表十

序号	墓葬名称	时代	地点	壁饰形式	资料来源
102	荥阳槐西宋代壁画墓	北宋	河南荥阳	壁画	郑州市文物考古研究院：《荥阳槐西壁画墓发掘简报》，《中原文物》2008年第5期。
103	上蔡宋墓	北宋	河南上蔡	砖雕、壁画	杨育彬：《上蔡宋墓》，《河南文博通讯》1978年第4期。
104	陕县化纤厂宋墓	北宋	河南陕县	砖雕、壁画	三门峡市文物工作队：《河南省陕县化纤厂宋墓发掘简报》，《华夏考古》1993年第4期。
105	董家村宋墓	北宋	河南林县	砖雕、壁画	《河南安阳专署调查林县董家村宋墓》，《文物参考资料》1954年第5期。
106	禹州龙岗电厂M121	北宋	河南禹州	砖雕、壁画	王龙正：《禹州龙岗电厂汉唐宋墓》，《中国考古学年鉴1997》，文物出版社，1999年，第178页。
107	唐河东环路二号宋墓	北宋	河南唐河	砖雕	张恒泽：《唐河县发现两座北宋墓葬》，《中原文物》2000年第3期。
108	下庄河宋代壁画墓	宋金之际	河南新密	砖雕、壁画	郑州市文物考古研究所：《新密下庄河宋代壁画墓》，《中原文物》1999年第4期。
山东地区					
109	洪家楼宋代砖雕壁画墓	北宋	山东济南	砖雕、壁画	刘善沂：《济南市历城区宋元壁画墓》，《文物》2005年第11期。
110	梁家庄宋墓	北宋	山东济南	砖雕、壁画	《济南市郊发现北宋时代古墓》，《文物参考资料》1954年第4期。
111	章丘女郎山宋代壁画墓M75	北宋	山东章丘	砖雕、壁画	济青公路文物考古队绣惠分队：《章丘女郎山宋金元明壁画墓的发掘》，《济青高级公路章丘工段考古发掘报告集》，齐鲁书社，1993年。

第七章 以礼制俗：明初礼制与墓室壁画传统的骤衰

续表十一

序号	墓葬名称	时代	地点	壁饰形式	资料来源
112	青州市仰天山路宋代砖室墓	北宋	山东青州	砖雕	庄明军：《山东省青州市仰天山路宋代砖室墓的清理》，《考古》2011年第10期。
113	滨州北蔺村宋代壁画墓	北宋	山东滨州	壁画	《北蔺村宋代壁画惊艳出土》，新华网山东频道，2003年8月13日。
114	招远磁口村宋墓	北宋	山东招远	仿木雕花石门	侯建业：《山东招远县发现宋墓》，《考古》1995年第1期。

金 代

序号	墓葬名称	时代	地点	壁饰形式	资料来源
1	屯留宋村金墓	天会十三年（1135）	山西屯留	砖雕、壁画	王进先、杨林中：《山西屯留宋村金代壁画墓》，《文物》2003年第3期。
2	时立爱父子墓	皇统三年（1143）	河北新城	砖雕、壁画	河北省文化局文物工作队：《河北新城县北场村时立爱和时丰墓发掘记》，《考古》1962年第12期。
3	石景山八角村金赵励墓	皇统三年（1143）	北京石景山	砖雕、壁画	王清林：《石景山八角村金赵励墓墓志与壁画》，《北京文物与考古》第5辑，第179—201页。
4	安昌村金墓ZAM8	皇统三年（1143）	山西长治	砖雕、壁画	商彤流：《长治市北郊安昌村出土金代墓葬》，《文物世界》2003年第1期。
5	林县工商银行金墓	皇统三年（1143）	河南林县	壁画	张增午：《河南林县金墓清理简报》，《华夏考古》1998年第2期。

259

一 图像、观念与仪俗：元明时代的族群文化变迁

续表一

序号	墓葬名称	时代	地点	壁饰形式	资料来源
6	宣化下八里M3	皇统四年（1144）	河北宣化	砖雕、壁画	张家口市文物事业管理所：《河北宣化下八里辽金壁画墓》，《文物》1990年第10期。
7	长治市魏村金代纪年彩绘砖雕墓	天德三年（1151）	山西长治	砖雕、壁画	长治市博物馆：《山西长治市魏村金代纪年彩绘砖雕墓》，《考古》2009年第1期。
8	侯马牛村金墓	天德三年（1151）	山西侯马	砖雕	山西省考古研究所侯马工作站：《侯马两座金代纪年墓发掘简报》，《文物季刊》1996年第3期。
9	长治南垂村金墓	贞元元年（1153）	山西长治	壁画	徐光冀主编：《中国出土壁画全集·山西》。
10	胡里村金墓	正隆二年（1157）	河北内丘	壁画	贾成慧：《河北内丘胡里村金代壁画墓》，《文物春秋》2002年第4期。
11	石哲墓	正隆三年（1158）	山西长子	砖雕、壁画	山西省考古研究所晋东南工作站：《山西长子县石哲金代壁画墓》，《文物》1985年第6期。
12	云中大学金墓M2	正隆四年（1159）	山西大同	壁画	王银田：《大同市南郊金代壁画墓》，《考古学报》1992年第4期。
13	大同徐龟墓	正隆六年（大定元年，1161）	山西大同	壁画墓	焦强：《山西大同市金代徐龟墓》，《考古》2004年第9期。
14	三门峡市崤山西路M1	大定七年（1167）	河南三门峡	砖雕、壁画	三门峡文物工作队：《三门峡市崤山西路发现三座墓葬》，《华夏考古》1993年第4期。
15	陵川县玉泉村金墓	大定九年（1169）	山西陵川	砖雕、壁画	徐光冀主编：《中国出土壁画全集·山西》。

260

续表二

序号	墓葬名称	时代	地点	壁饰形式	资料来源
16	侯马101号金墓	大定十三年（1173）	山西侯马	砖雕	山西省考古研究所侯马工作站：《侯马101号金墓》，《文物季刊》1997年第3期。
17	小关村金代纪年壁画墓	大定十四年（1174）	山西长子	砖雕、壁画	长治市博物馆：《山西长子县小关村金代纪年壁画墓》，《文物》2008年第10期。
18	义井村金墓	大定十五年（1175）	山西太原	砖雕	代尊德：《山西太原郊区宋、金、元代砖墓》，《考古》1965年第1期。
19	侯马大李村金墓	大定二十年（1180）	山西侯马	砖雕	山西考古所侯马工作站：《侯马大李金代纪年墓》，《文物季刊》1999年第3期。
20	稷山马村段楫墓	大定二十一年（1181）	山西稷山	砖雕	山西省考古研究所：《山西稷山金墓发掘简报》，《文物》1983年第1期。
21	垣曲东铺村金墓	大定二十三年（1183）	山西垣曲	砖雕、壁画	吕遵谔：《山西垣曲东铺村的金墓》，《考古通讯》1956年第1期。
22	马作村砖厂金墓	大定二十八年（1188）	河南焦作	砖雕、壁画	焦作市文物工作队：《焦作电厂金墓发掘简报》，《中原文物》1990年第4期，第101页，注释4。
23	小罗庄金墓群（二号）	大定二十八年（1188）	山西闻喜	砖雕	山西省考古研究所：《山西省闻喜县金代砖雕、壁画墓》，《文物》1986年第2期。
24	焦作电厂三期金墓	大定二十九年（1189）	河南焦作	砖雕、壁画	焦作市文物工作队：《焦作电厂金墓发掘简报》，《中原文物》1990年第4期。
25	故漳金代纪年墓	大定二十九年（1189）	山西长治	砖雕、壁画	长治市博物馆：《山西长治市故漳金代纪年墓》，《考古》1984年第8期。

— 图像、观念与仪俗：元明时代的族群文化变迁

续表三

序号	墓葬名称	时代	地点	壁饰形式	资料来源
26	甘泉袁庄村金代壁画墓M3	大定二十九年（1189）	陕西甘泉	砖雕、壁画	王勇刚：《陕西甘泉金代壁画墓》，《文物》2009年第7期。
27	甘泉袁庄村金代壁画墓M4	大定二十九年（1189）	陕西甘泉	砖雕、壁画	王勇刚：《陕西甘泉金代壁画墓》，《文物》2009年第7期。
28	阎德源墓	大定三十年（明昌元年，1190）	山西大同	砖雕	大同市博物馆：《大同金代阎德源墓发掘简报》，《文物》1978年第4期。
29	下阳村金墓	明昌二年（1191）	山西闻喜	壁画	山西省考古研究所：《山西省闻喜县金代砖雕、壁画墓》，《文物》1986年第2期。
30	商埠三十五中金墓	明昌三年（1192）	山东济南	砖雕、壁画	济南市博物馆：《济南市区发现金墓》，《考古》1979年第6期。
31	冉家沟金墓	明昌四年（1193）	陕西千阳	砖雕、壁画	宝鸡市考古队：《陕西千阳发现金明昌四年雕砖壁画墓》，《文博》1994年第5期。
32	甘泉袁庄村金代壁画墓M1	明昌四年（1193）	陕西甘泉	砖雕、壁画	王勇刚：《陕西甘泉金代壁画墓》，《文物》2009年第7期。
33	襄汾侯村金墓	明昌五年（1194）	山西襄汾	砖雕	李慧：《山西襄汾侯村金代纪年砖雕墓》，《文物》2008年第2期。
34	宜阳第一高中金代纪年壁画墓	明昌五年（1194）	河南宜阳	砖雕、壁画	洛阳市第二文物工作队：《宜阳发现一座金代纪年壁画墓》，《中原文物》2008年第4期。
35	安昌金墓	明昌六年（1195）	山西长治	砖雕、壁画	王进先：《山西长治安昌金墓》，《文物》1990年第5期。

第七章 以礼制俗：明初礼制与墓室壁画传统的骤衰

续表四

序号	墓葬名称	时代	地点	壁饰形式	资料来源
36	汾阳东龙观王立墓	明昌六年（1195）	山西汾阳	砖雕壁画墓	山西省文物管理委员会：《2008年山西汾阳东龙观宋金墓地发掘简报》，《文物》2010年第2期。
37	侯马102号金墓（董海墓）	明昌七年（承安元年，1196）	山西侯马	砖雕、壁画	山西省考古研究所侯马工作站：《侯马102号金墓》，《文物季刊》1997年第4期。
38	甘泉柳河湾金墓	明昌七年（承安元年，1196）	陕西甘泉	砖雕、壁画	徐光冀主编：《中国出土壁画全集·陕西》。
39	虞寅墓	承安二年（1197）	山东高唐	砖雕、壁画	聊城地区博物馆：《山东高唐金代虞寅墓发掘简报》，《文物》1982年第1期。
40	孝义下吐京金墓	承安三年（1198）	山西孝义	砖雕、壁画	山西省文物管理委员会：《山西孝义下吐京和梁家庄金、元墓发掘简报》，《考古》1960年第7期。
41	邹（王复）墓	承安四年（1199）	河南焦作	石刻壁画	杨宝顺：《焦作金墓发掘简报》，《文物》1979年第8期。
42	大官庄金代砖雕壁画墓	泰和元年（1201）	山东济南	砖雕、壁画	刘善沂：《济南市宋金砖雕壁画墓》，《文物》2008年第8期。
43	宋寨金墓	泰和二年（1202）	河南泌阳	砖雕、壁画	《泌阳文物》编委会：《泌阳文物》，第73—74页。
44	屯留李高村金墓	泰和八年（1208）	山西屯留	壁画	徐光冀主编：《中国出土壁画全集·山西》。
45	侯马晋光药厂金墓	大安二年（1210）	山西侯马	砖雕	山西省考古研究所侯马工作站：《侯马两座金代纪年墓发掘简报》，《文物季刊》1996年第3期。

续表五

序号	墓葬名称	时代	地点	壁饰形式	资料来源
46	侯马董（王巳）坚墓、董明墓	大安二年（1210）	山西侯马	砖雕	畅文斋：《侯马金代董氏墓介绍》，《文物》1959年第6期；山西省考古研究所编：《平阳金墓砖雕》。
47	博山区金代壁画墓	大安二年（1210）	山东淄博	砖雕、壁画	李鸿雁：《山东淄博市博山区金代壁画墓》，《考古》2012年第10期。
48	侯马牛村古城遗址金墓群31号墓	崇庆元年（1212）	山西侯马	砖雕	山西省文物管理委员会侯马工作站：《山西侯马金墓发掘简报》，《考古》1961年第12期。
49	百泉金墓	崇庆元年（1212）	河南辉县	砖雕	新乡地区文物管理委员会：《河南辉县百泉金墓发掘简报》，《考古》1987年第10期。
50	义马矿务局机修厂金墓	贞祐四年（1216）	河南义马	砖雕	三门峡市文物工作队：《义马市内金代砖雕墓发掘简报》，《华夏考古》1993年第4期。
陕西地区						
51	长岭机器厂金墓	金代	陕西宝鸡	砖雕	《宝鸡市长岭机器厂宋墓清理简报》，《文博》1998年第6期；刘明科：《宝鸡市长岭机器厂宋墓时代质疑》，《文博》2000年第1期。
52	靳尚村金墓	金末元初	陕西渭南	砖雕、壁画	陕西省考古研究院：《2008年陕西省考古研究院考古调查发掘新发现》，《考古与文物》2009年第2期。
山西地区						
53	太原东郊红沟宋墓	金代	山西太原	砖雕、壁画	《太原东郊红沟宋墓清理报导》，《文物参考资料》1954年第6期。按，墓中出土"绍兴元宝"，当为金墓。

第七章 以礼制俗：明初礼制与墓室壁画传统的骤衰

续表六

序号	墓葬名称	时代	地点	壁饰形式	资料来源
54	小井峪金墓	金代	山西太原	砖雕、壁画	代尊德:《山西太原郊区宋、金、元代砖墓》,《考古》1965年第1期。
55	西流村金墓	金代	山西太原	砖雕	代尊德:《山西太原郊区宋、金、元代砖墓》,《考古》1965年第1期。
56	南里乡金代砖雕墓	金代	山西沁县	砖雕、壁画	商彤流:《山西沁县发现金代砖雕墓》,《文物》2000年第6期。
57	稷山县化肥厂金墓	金代	山西稷山	砖雕	山西省考古研究所侯马工作站:《稷山县化肥厂金墓发掘报告》,《文物世界》2011年第4期。
58	岚县北村金墓	金代	山西岚县	砖雕、壁画	吕梁市文物技术研发中心《岚县北村金墓发掘简报》,《文物世界》2010年第5期。
59	侯马西北金代砖室墓	金代	山西侯马	砖雕、壁画	《侯马发现一座仿木构宋代砖室墓》,《文物》1959年第3期。按,原断代为南宋。
60	山西建一公司机运站金墓	金代	山西侯马	砖雕	山西省考古研究所侯马工作站:《山西省建一公司机运站金墓发掘简报》,《文物世界》1996年第3期。
61	侯马乔村金墓	金代	山西侯马	砖雕	山西省考古研究所侯马工作站:《侯马乔村金元墓》,《文物季刊》1996年第3期。
62	侯马交电二级站金墓	金代	山西侯马	砖雕	山西考古研究所侯马工作站:《侯马市交电二级站金墓发掘报告》,《文物季刊》1998年第二期。
63	侯马褚村东门外金墓	金代	山西侯马	砖雕	山西省考古研究所编:《平阳金墓砖雕》。

续表七

序号	墓葬名称	时代	地点	壁饰形式	资料来源
64	侯马招待所金墓	金代	山西侯马	砖雕	山西省考古研究所编：《平阳金墓砖雕》。
65	曲沃苏村砖厂金墓	金代	山西曲沃	砖雕	山西省考古研究所编：《平阳金墓砖雕》。
66	曲沃苏村乡席村金墓	金代	山西曲沃	砖雕	山西省考古研究所编：《平阳金墓砖雕》。
67	孝义八家庄金墓	金代	山西孝义	壁画	徐光冀主编：《中国出土壁画全集·山西》。
68	绛县下村砖雕墓	金代	山西绛县	砖雕、壁画	绛县博物馆：《山西绛县下村发现一座砖雕墓》，《考古》1993年第7期。
69	绛县城内村金墓	金代	山西绛县	砖雕、壁画	徐光冀主编：《中国出土壁画全集·山西》。
70	大同西郊金墓	金代	山西大同	砖雕	《山西大同西郊的一座金墓》，《考古》1961年第11期。
71	下阳金墓	金代	山西闻喜	砖雕、壁画	闻喜县博物馆：《山西闻喜下阳宋金时期墓》，《文物》1990年第5期。
72	闻喜中庄金墓	金代	山西闻喜	砖雕、壁画	山西考古研究所侯马工作站：《多姿多彩的金墓砖雕——闻喜中庄金墓》，《文物世界》2001年第6期。
73	闻喜上院村金墓	金代	山西闻喜	壁画	徐光冀主编：《中国出土壁画全集·山西》。
74	裴家堡金墓	金代	山西绛县	砖雕、壁画	张德光：《山西绛县裴家堡古墓清理简报》，《考古通讯》1955年第4期。
75	南范庄金墓	金代	山西新绛	砖雕、壁画	山西省考古研究所：《山西新绛南范庄、吴岭庄金元墓发掘简报》，《文物》1983年第1期。
76	泽掌乡北苏村金墓	金代	山西新绛	砖雕	山西省考古研究所编：《平阳金墓砖雕》。

续表八

序号	墓葬名称	时代	地点	壁饰形式	资料来源
77	平定西关村壁画墓	金代	山西平定	砖雕、壁画	山西省考古研究所:《山西平定宋金壁画墓简报》,《文物》1996年第5期。
78	汾阳高级护理学校金墓群	金代	山西汾阳	壁画	山西省考古研究所:《山西汾阳金墓发掘简报》,《文物》1991年第12期。
79	荆村沟村金墓	金代	山西襄汾	砖雕	戴尊德:《山西襄汾金墓清理简报》,《文物》1989年第10期。
80	上庄村金墓	金代	山西襄汾	砖雕	戴尊德:《山西襄汾金墓清理简报》,《文物》1989年第10期。
81	西郭村金墓	金代	山西襄汾	砖雕	戴尊德:《山西襄汾金墓清理简报》,《文物》1989年第10期。
82	曲里村金墓	金代	山西平阳	砖雕	山西省考古研究所编:《平阳金墓砖雕》。
83	稷山化峪金墓群	金代	山西稷山	砖雕	山西省考古研究所:《山西稷山金墓发掘简报》,《文物》1983年第1期。
84	稷山农业局苗圃金墓	金代	山西稷山	砖雕	山西省考古研究所:《山西稷山金墓发掘简报》,《文物》1983年第1期。
85	稷山东段金墓	金代	山西稷山	砖雕	山西省考古研究所编:《平阳金墓砖雕》。
86	繁峙南关村金墓	金代	山西繁峙	砖雕、壁画	徐光冀主编:《中国出土壁画全集·山西》。
河北地区					
87	井陉柿庄壁画墓群	金代	河北井陉	砖雕、壁画	河北省文化局文物工作队:《河北井陉柿庄宋墓发掘简报》,《考古学报》1962年第2期。徐苹芳:《看"河北古代墓葬壁画精粹展"札记》,《文物》1996年第9期。

续表九

序号	墓葬名称	时代	地点	壁饰形式	资料来源
88	邯郸北张庄金墓	金代	河北邯郸	砖雕、壁画	邯郸市文物管理处：《河北邯郸北张庄金墓发掘简报》，《文物春秋》2001年第1期。
89	邯郸市南湖小区古墓M7	金代	河北邯郸	砖雕	邯郸市文物保护研究所：《邯郸市南湖小区古墓发掘简报》，《文物春秋》2009年第1期。
90	柏乡侍中村M1、M2	金末	河北柏乡	砖雕	河北省文物研究所：《柏乡县侍中村古墓发掘简报》，《河北省考古论文集》，第338—343页。
91	大兴区小营金墓	金代	北京大兴	砖雕、壁画	《大兴区小营出土金代墓葬》，《北京考古与文物》第6辑，第75—78页。
92	门头沟金代壁画墓	金代	北京门头沟	砖雕、壁画	祁国庆：《门头沟区金代壁画墓》，《中国考古学年鉴1991》，文物出版社，1992年。
93	晏家堡村金代壁画墓	金代	北京延庆	砖雕、壁画	徐光冀主编：《中国出土壁画全集·北京》。
河南地区					
94	郑州金代壁画墓	金代	河南郑州	壁画	郑州市文物考古研究所：《郑州宋金壁画墓》，科学出版社，2005年。
95	小董金代砖雕墓	金代	河南武陟	砖雕	河南省博物馆：《河南武陟县小董金代砖雕墓》，《文物》1975年第2期。
96	林州三井村金墓	金代	河南林州	砖雕、壁画	徐光冀主编：《中国出土壁画全集·河南》。
97	东头村金墓	金代	河南鹤壁	砖雕	鹤壁市文物工作队：《鹤壁市东头村金墓发掘简报》，《中原文物》1996年第3期。

续表十

序号	墓葬名称	时代	地点	壁饰形式	资料来源
98	文峰路金墓M2	金代	河南许昌	砖雕、画墓	许昌市文物工作队：《许昌文峰路金墓发掘简报》，《中原文物》2010年第1期。
99	杜常村砖厂金墓	金代	河南荥阳	砖雕	郑州市文物考古研究所：《荥阳杜常村金代砖雕墓》，《中原文物》2000年第6期。
100	禹州市坡街壁画墓	金元	河南禹州	砖雕、壁画	徐光冀主编：《中国出土壁画全集·河南》。
101	温县西关金墓	金代	河南温县	砖雕	罗火金：《河南温县西关宋墓》，《华夏考古》1996年第1期。按，人物所着为方领，当为金代。
102	史家屯金代砖雕墓	金代	河南洛阳	砖雕、壁画	洛阳市第二文物工作队：《洛阳道北金代砖雕墓》，《文物》2002年第9期。
103	洛阳涧西金墓	金代	河南洛阳	砖雕	刘震伟：《洛阳涧西金墓清理记》，《考古》1959年第12期。
104	伊川县金代砖雕壁画墓	金代	河南伊川	砖雕、壁画	洛阳市第二文物工作队：《洛阳伊川雕砖墓发掘简报》，《文物》2005年第4期。
105	洛阳新区金墓	金代	河南洛阳	壁画	洛阳市文物管理局编：《洛阳古代墓葬壁画》。
山东地区					
106	济南铁厂金墓	金代	山东济南	砖雕	济南市博物馆：《济南市区发现金墓》，《考古》1979年第6期。
107	济南实验中学金墓	金代	山东济南	砖雕	济南市博物馆：《济南市区发现金墓》，《考古》1979年第6期。

续表十一

序号	墓葬名称	时代	地点	壁饰形式	资料来源
108	临淄北金召村宋金墓	宋金	山东临淄	砖雕、壁画	许淑珍：《山东淄博市临淄宋金壁画墓》，《华夏考古》2003年第1期。
109	章丘市宝岛街金墓	金代	山东章丘	壁画	徐光冀主编：《中国出土壁画全集·山东》。
110	章丘女郎山金代壁画墓M65	金代	山东章丘	砖雕、壁画	济青公路文物考古队绣惠分队：《章丘女郎山宋金元明壁画墓的发掘》，《济青高级公路章丘工段考古发掘报告集》。

元　代

序号	墓葬名称	时代	地点	壁饰形式	资料来源
1	焦作老万庄冯三翁墓	元宪宗八年（1258）	河南焦作	砖雕、壁画	杨宝顺：《河南焦作金墓发掘简报》，《文物》1979年第8期。河南省博物馆：《焦作金代壁画墓发掘简报》，《河南文博通讯》1980年第4期。按，原发掘报告推定为金代墓葬，据董新林《蒙元壁画墓的时代特征初探——兼论登封王上等壁画墓的年代》（《美术研究》2013年第4期）改。
2	稷山五女坟M1	中统三年（1262）	山西稷山	砖雕、壁画	畅文斋：《山西稷山县五女坟发掘简报》，《考古通讯》1958年第7期。
3	冯道真墓	至元二年（1265）	山西大同	壁画	大同市文物陈列馆：《山西省大同市元代冯道真、王青墓清理简报》，《文物》1962年第10期。

第七章 以礼制俗：明初礼制与墓室壁画传统的骤衰

续表一

序号	墓葬名称	时代	地点	壁饰形式	资料来源
4	曲江池西村元墓	至元二年（1265）	陕西西安	砖雕	《西安曲江池西村元墓清理简报》，《文物参考资料》1958年第6期。
5	洞耳村元代壁画墓	至元六年（1269）	陕西蒲城	壁画	陕西省考古研究所：《陕西蒲城洞耳村元代壁画墓》，《考古与文物》2000年第1期。
6	屯留元代壁画墓M2	至元十三年（1276）	山西屯留	砖雕、壁画	山西省考古研究所等：《山西屯留县康庄工业园区元代壁画墓》，《考古》2009年第12期。
7	吴岭庄元代壁画墓	至元十六年（1279）	山西新绛	砖雕、壁画	山西省考古研究所：《山西新绛南范庄、吴岭庄金元墓发掘简报》，《文物》1983年第1期。
8	侯马市区元墓M2	至元十八年（1281）	山西侯马	砖雕	山西省考古研究所侯马工作站：《侯马市区元代墓葬发掘简报》，《文物季刊》1996年第3期。
9	耶律铸夫妇合葬墓	至元二十二年（1285）	北京海淀	砖雕、壁画	北京市文物考古研究所：《耶律铸夫妇合葬墓出土珍贵文物》，《中国文物报》1999年1月31日。
10	汾阳小相墓群	至元二十三年（1286）	山西汾阳	砖雕、壁画	韩炳华：《山西汾阳小相墓地发掘简报》，《文物世界》2011年第6期。
11	韩森寨元代壁画墓	至元二十五年（1288）	陕西西安	砖雕、壁画	西安市文物保护考古所：《西安东郊元代壁画墓》，《文物》2004年第1期。
12	店头村元墓	至元二十六年（1289）	山西稷山	砖雕	中国戏曲志编辑委员会：《中国戏曲志·山西卷》，第582页；山西省考古研究所编：《平阳金墓砖雕》，第172、336页。
13	双山镇三涧村元墓	至元年间	山东章丘	砖雕、壁画	徐光冀主编：《中国出土壁画全集·山东》。

271

续表二

序号	墓葬名称	时 代	地 点	壁饰形式	资料来源
14	章丘东姚村元代壁画墓群	元贞三年（大德元年，1297，其一）	山东章丘	砖雕、壁画	《6座元代壁画墓惊现章丘》，《济南日报》2012年4月20日。
15	梁家庄元代壁画墓	大德元年（1297）	山西孝义	砖雕、壁画	山西省文物管理文员会：《山西孝义下吐京和梁家庄金元墓发掘简报》，《考古》1960年第7期。
16	下吐京元代壁画墓	大德元年（1297）	山西孝义	砖雕、壁画	山西省文物管理文员会：《山西孝义下吐京和梁家庄金元墓发掘简报》，《考古》1960年第7期。
17	大同齿轮厂元代壁画墓	大德二年（1298）	山西大同	砖雕、壁画	大同市博物馆：《大同元代壁画墓》，《文物季刊》1993年第2期。
18	郭桥村元代壁画墓	大德八年（1304）	河北平乡	砖雕、壁画	河北省文物研究所：《平乡县西郭桥村元代墓葬》，《中国考古学年鉴2005》，文物出版社，2006年。
19	南良都王顺墓	大德九年（1305）	河北井陉	砖雕	河北省文物研究所石太考古队：《井陉南良都战国、汉代遗址及元明墓葬发掘报告》，《河北省考古文集》，东方出版社，1998年，第202—240页。
20	屯留元代壁画墓M1	大德十年（1306）	山西屯留	砖雕、壁画	山西省考古研究所等：《山西屯留县康庄工业园区元代壁画墓》，《考古》2009年第12期。
21	捉马村元代壁画墓M2	大德十一年（1307）	山西长治	砖雕、壁画	王进先：《山西长治市捉马村元代壁画墓》，《文物》1985年第6期。
22	朔州西关小康村元墓	大德年间	山西朔州	壁画	徐光冀主编：《中国出土墓室壁画全集·山西》。
23	碾张学校元代壁画墓	大德年间	山西长子	砖雕、壁画	《元代古墓接连惊现我市》，《上党晚报》2010年9月30日。

第七章 以礼制俗：明初礼制与墓室壁画传统的骤衰

续表三

序号	墓葬名称	时代	地点	壁饰形式	资料来源
24	红峪村元代壁画墓	至大二年（1309）	山西兴县	壁画	山西大学科学技术哲学研究中心：《山西兴县红峪村元至大二年壁画墓》，《文物》2011年第2期。
25	寨里村元墓	至大四年（1311）	山西新绛	砖雕、壁画	山西省文物工作文员会侯马工作站：《山西新绛寨里村元墓》，《考古》1966年第1期。
26	章丘女郎山元代壁画墓M1	延祐元年（1314）	山东章丘	砖雕、壁画	济青公路文物考古队绣惠分队：《章丘女郎山宋金元明壁画墓的发掘》，《济青高级公路章丘工段考古发掘报告集》。
27	侯马元代墓	延祐元年（1314）	山西侯马	砖雕、壁画	山西省文管会侯马工作站：《侯马元代墓发掘简报》，《文物》1959年第12期。
28	瓦窑村元代壁画墓	延祐七年（1320）	山西太原	砖雕、壁画	代尊德：《山西太原郊区宋金元代砖墓》，《考古》1965年第1期。
29	李仪夫妇合葬墓	至顺二年（1331）	河北涿州	壁画	河北省文物研究所：《河北涿州元代壁画墓》，《文物》2004年第3期。
30	青野元代壁画墓	后至元元年（1335）	山东章丘	砖雕、壁画	章丘市博物馆：《山东章丘青野元代壁画墓清理简报》，1999年第4期。
31	榆林榆阳区沙村元墓	至正八年（1348）	陕西榆林	壁画	姬翔月：《陕西榆林发现的元代壁画》，《文博》2011年第6期。
32	屯留元代壁画墓M3	至正八年（1348）	山西屯留	砖雕、壁画	山西省考古研究所等：《山西屯留县康庄工业园区元代壁画墓》，《考古》2009年第12期。
33	历城区郭店镇元代壁画墓	至正十年（1350）	山东济南	砖雕、壁画	济南市文化局：《济南近年发现的元代砖雕壁画墓》，《文物》1992年第2期。

续表四

序号	墓葬名称	时代	地点	壁饰形式	资料来源
34	裴家山元代石室墓	至正十六年（1356）	山西交城	仿木构、壁画	商彤流：《山西交城的一座元代石室墓》，《文物季刊》1996年第4期。
35	大武村元代壁画墓	至正十七年（1357）	山东临淄	砖雕、壁画	秦大树、魏成敏：《山东临淄大武村元墓发掘简报》，《文物》2005年第11期。
36	赛因赤答忽墓	至正二十五年（1365）	河南洛阳	仿木构门楼	洛阳市铁路北站编组站联合考古发掘队：《元赛因赤答忽墓地发掘》，《文物》1996年第2期。
陕西地区					
37	西安玉祥门外元代砖墓	元代	陕西西安	砖雕墓门	山西省文物管理委员会：《西安玉祥门外元代砖墓清理简报》，《文物参考资料》1956年第1期。
38	长安凤栖原元墓	元代	陕西长安	砖雕	袁长江：《长安凤栖原元墓建筑结构》，《文博》1985年第2期。
山西地区					
39	李村沟壁画墓	元代	山西长治	砖雕、壁画	王秀生：《山西长治李村沟壁画墓清理》，《考古》1965年第7期。按，据董新林改。
40	郝家庄元墓	元代	山西长治	壁画	长治市博物馆：《山西省长治县郝家庄元墓》，《文物》1987年第7期。
41	司马乡元代壁画墓	元代	山西长治	砖雕、壁画	朱晓芳：《山西长治市南郊元代壁画墓》，《考古》1996年第6期。
42	保德石室墓	元代	山西保德	石刻雕像	忻州市文物管理处：《山西保德发现一批宋元石刻》，《文物世界》2001年第5期。
43	王狮乡沙洼村元墓	元代	山西岚县	砖雕、壁画	《岚县发现一座元代古墓》，山西省文物网，2009年4月22日。

第七章 以礼制俗：明初礼制与墓室壁画传统的骤衰

续表五

序号	墓葬名称	时代	地点	壁饰形式	资料来源
44	丁家沟元代砖室壁画墓	元代	山西岚县	砖雕、壁画	《岚县丁家沟元代砖室壁画墓》，《中国文物报》1998年7月15日。
45	岚县元代壁画墓（6座）	元代	山西岚县	壁画	《岚县发掘元代壁画墓》，《中国历史学年鉴·1999》，第335页。
46	齿轮厂元代墓	元代	山西大同	壁画	王银田：《大同市西郊元墓发掘简报》，《文物季刊》1995年第2期。
47	宋庄元墓	元代	山西大同	壁画	王银田：《大同市西郊元墓发掘简报》，《文物季刊》1995年第2期。
48	曲里村金元墓	金元	山西襄汾	砖雕	陶富海：《山西襄汾县曲里村金元墓清理简报》，《文物》1986年第12期。
49	上党市区城东路淮海路段元代壁画墓	元代	山西上党	砖雕、壁画	《元代古墓接连惊现我市》，《上党晚报》2010年9月30日。
50	东王勇村元墓	元代	山西沁源	壁画	徐光冀主编：《中国出土壁画全集·山西》。
51	北峪口元墓	元代	山西文水	砖雕、壁画	山西省文物管理委员会：《山西文水北峪口的一座古墓》，《考古》1961年第3期。
52	西里庄元代壁画墓	元代（至大以后）	山西运城	壁画	山西省考古研究所：《山西运城西里庄元代壁画墓》，《文物》1988年第4期。
53	寺底元代砖雕壁画墓	元代	山西闻喜	砖雕、壁画	闻喜县博物馆：《山西闻喜寺底金墓》，《文物》1988年第7期。按，据董新林改。
54	东回村元代壁画墓	元代	山西平定	砖雕、壁画	山西省文物管理委员会：《山西平定县东回村古墓中的彩画》，《文物参考资料》1954年第12期。

续表六

序号	墓葬名称	时 代	地 点	壁饰形式	资料来源
55	常德义墓	元代	山西垣曲	壁画	《中国美术全集》第13册《墓室壁画》，文物出版社，1989年，第190页。
56	南董金墓	元代	山西襄汾	砖雕	陶富海：《山西襄汾县南董村金墓清理简报》，《文物》1979年第8期。按，原报告推定为金代。墓中出土之铜饰板上所刻人物，头戴四角笠子、身穿辫线袍，为典型元代装束。本墓当为元墓。
57	善文村杨氏家族墓	元	山西五台	壁画	《山西省五台县发现古遗址、墓葬等多处》，《文物参考资料》1956年第1期。
河北地区					
58	怀安下王屯壁画墓	元代	河北怀安	砖雕、壁画	张家口地区文官所：《河怀安下王屯壁画墓发掘简报》，《考古》1990年第3期。按，据董新林改。
59	瞳里村元代壁画墓	元代	北京密云	壁画	祁庆国：《密云县瞳里村元代壁画墓》，《中国考古学年鉴1991》。
60	太子务元代壁画墓	元代	北京密云	壁画	张先得：《北京市密云县元代壁画墓》，《文物》1984年第6期。
61	斋堂壁画墓	元代	北京门头沟	壁画	北京市文物事业管理局：《北京市斋堂辽壁画墓发掘简报》，《文物》1980年第7期；冯恩学：《北京斋堂壁画墓的时代》，《北方文物》1997年第4期。
62	后太保村史氏家族墓 M1、M3	元代	河北石家庄	砖雕	河北省文物研究所：《石家庄后太保村史氏家族墓发掘报告》，《河北省考古论文集》，第344—369页。

第七章 以礼制俗：明初礼制与墓室壁画传统的骤衰

续表七

序号	墓葬名称	时代	地点	壁饰形式	资料来源
63	邢钢元代壁画墓	元代	河北邢台	壁画	北京大学中国考古学研究中心：《邢台市邢钢元代壁画墓发掘简报》，《考古与文物》2008年第4期。
河南地区					
64	洛阳郊区元代壁画墓	元代	河南洛阳	砖雕、壁画	河南文化局文物工作第二队：《洛阳发现的带壁画的古墓》，《文物参考资料》1958年第1期。
65	元东村元墓YM5	元代	河南伊川	壁画	洛阳市第二文物工作队：《洛阳伊川元墓发掘简报》，《文物》1993年第5期。
66	西冯封村砖雕墓	元代	河南焦作	砖雕	杨宝顺：《河南焦作金墓发掘简报》，《文物》1979年第8期。按，原发掘报告推定为金代墓葬，年代修正参看孙传贤：《焦作市西冯封村雕砖墓几个有关问题的讨论》，《中原文物》1983年第1期。
67	老万庄元代壁画墓一、二号	元代	河南焦作	砖雕、壁画	杨宝顺：《河南焦作金墓发掘简报》，《文物》1979年第8期；河南省博物馆：《焦作金代壁画墓发掘简报》，《河南文博通讯》1980年第4期。按，原发掘报告推定为金代墓葬，据董新林改。
68	王上壁画墓	元代	河南登封	壁画	郑州市文物工作队：《登封王上壁画墓发掘简报》，《文物》1994年第10期。按，据董新林改。
69	张氏镇元代壁画墓	元代	河南尉氏	砖雕、壁画	开封市文物工作队：《河南尉氏县张氏镇宋墓发掘简报》，《华夏考古》2006年第3期。按，据刘未改。

— 图像、观念与仪俗：元明时代的族群文化变迁

续表八

序号	墓葬名称	时代	地点	壁饰形式	资料来源
70	磁涧元墓壁画	元代	河南新安	壁画	洛阳市文物管理局编：《洛阳古代墓葬壁画》。
71	大位村元代砖雕壁画墓	元代	河南修武	砖雕、壁画	马正元：《河南修武大位金代杂剧砖雕墓》，《文物》1995年第2期。按，发掘报告推定为金墓。但就墓中壁画《江革行孝》人物所戴四角笠子、砖雕男侍所剃婆蕉头看，当为元墓。本墓砖雕人物，可与西冯封元墓所出陶俑对比。
山东地区
72	昌乐东王山元墓M14	元代	山东昌乐	砖雕	昌乐县文物管理所：《山东昌乐东王山元代墓葬清理简报》，《考古》1995年第8期。
73	济南柴油机厂元代砖雕壁画墓	元代	山东济南	砖雕、壁画	《济南柴油机厂元代砖雕壁画墓》，《文物》1992年第2期。
74	港沟乡大官村元代砖雕壁画墓	元代	山东济南	砖雕、壁画	《济南近年发现的元代砖雕壁画墓》，《文物》1992年第2期。
75	司里街元代砖雕壁画墓	元代	山东济南	砖雕、壁画	济南考古研究所：《济南市司里街元代砖雕壁画墓》，《文物》2004年第3期。
76	邢村砖雕壁画墓	元代	山东济南	砖雕、壁画	刘善沂：《济南市历城区宋元壁画墓》，《文物》2005年第11期。

第七章　以礼制俗：明初礼制与墓室壁画传统的骤衰

续表九

序号	墓葬名称	时　代	地　点	壁饰形式	资料来源
77	埠东村石雕壁画墓	元代	山东济南	仿木构石雕、壁画	刘善沂：《济南市历城区宋元壁画墓》，《文物》2005年第11期。
78	华龙路元代壁画墓	元代	山东济南	砖雕、壁画	徐光冀主编：《中国出土墓室壁画全集·山东》。
79	千佛山齐鲁宾馆元墓	元代	山东济南	砖雕、壁画	徐光冀主编：《中国出土墓室壁画全集·山东》。
80	王宿铺村石刻壁画墓	元代	山东长清	仿木构石刻、壁画	刘善沂：《山东长清、平阴元代石刻壁画墓》，《文物》2008年第4期。
81	南李山头石刻壁画墓	元代	山东平阴	仿木构石刻、壁画	刘善沂：《山东长清、平阴元代石刻壁画墓》，《文物》2008年第4期。
82	龙山元代壁画墓	元代	山东章丘	砖雕、壁画	李芳：《山东章丘龙山镇发现一座元代壁画墓》，《中国文物报》2005年12月2日。
83	茄庄元代砖雕壁画墓	至大以后	山东章丘	砖雕、壁画	《济南近年发现的元代砖雕壁画墓》，《文物》1992年第2期。
84	西酒坞村元代砖雕壁画墓	元代	山东章丘	砖雕、壁画	《济南近年发现的元代砖雕壁画墓》，《文物》1992年第2期。
85	相公庄镇小康村元墓	元代	山东章丘	砖雕、壁画	徐光冀主编：《中国出土壁画全集·山东》。
86	西沟头中基集团工地元墓	元代	山东章丘	砖雕、壁画	徐光冀主编：《中国出土壁画全集·山东》。

279

― 图像、观念与仪俗：元明时代的族群文化变迁

明　代

序号	墓葬名称	时　代	地　点	壁饰形式	资料来源
1	女郎山明代家族墓M60	明初	山东章丘	砖雕	济青公路文物考古队绣惠分队：《章丘女郎山宋金元明壁画墓的发掘》，《济青高级公路章丘工段考古发掘报告集》。
2	马庙村元明墓地M7	明初	山东阳谷	仿木构墓门	《山东阳谷县马庙村元明墓地发掘简报》，《华夏考古》1998年第3期。
3	石家庄市郊陈村壁画墓	弘治六年（1493）	河北石家庄	砖雕、壁画	石家庄市文物保管所：《石家庄市郊陈村明代壁画墓清理简报》，《考古》1983年第10期。
4	登封卢店明代壁画墓	嘉靖年间	河南登封	壁画	郑州市文物考古研究所：《登封卢店明代壁画墓》，《中原文物》1999年第4期。
5	猫儿岭明代壁画墓	嘉靖八年（1529）	山西榆次	壁画	黄增庆：《山西榆次猫儿岭发现明代砖墓》，《考古通讯》1955年第5期。
6	集店村明代壁画墓	嘉靖九年（1530）	山西壶关	壁画	徐光冀主编：《中国出土壁画全集·山西》。
7	张鹏墓	嘉靖二十四年（1545）	山西沁县	砖雕	山西省考古研究所：《沁县明朝张鹏墓》，《文物季刊》1992年第2期。
8	王忠墓	嘉靖三十三年（1554）	北京香山	壁画	《北京香山明太监王忠墓》，《文物》1986年第9期。
9	梁佩之墓	嘉靖四十一年（1562）	山西晋城	壁画	《晋城发现明墓》，《文物参考资料》1958年第9期。
10	原武温穆王墓	万历三十五年（1607）	河南荥阳	壁画	《荥阳二十里铺明代原武温穆王壁画墓》，《中原文物》1984年第4期。
11	济源东街明代壁画墓	万历四十年（1612）	河南济源	壁画	济源市文物工作队：《济源市东街明代壁画墓发掘简报》，《中原文物》2013年第1期。

续表

序号	墓葬名称	时代	地点	壁饰形式	资料来源
12	彬县东关村明代石室墓	万历四十二年（1614）	陕西彬县	壁画	《山西彬县东关村明代石室壁画墓的发掘》，《苏州文博论丛》，2010年第1辑。
13	晋裕王墓	崇祯五年（1632）	山西榆次	砖雕、壁画	《明晋裕王墓的清理工作》，《文物参考资料》1956年第6期。
14	获嘉明代线描壁画墓	天启之后	河南获嘉	壁画	李慧萍：《获嘉明代线描壁画墓》，《中原文物》2009年第5期。
15	北街村明墓	明代	河北临城	壁画	徐光冀主编：《中国出土壁画全集·河北》。
16	南阳市区明代壁画墓	明代	河南南阳	壁画	《南阳出土一座明代壁画墓，全国罕见》，《南阳晚报》2011年9月28日。

图版目录

第一章

18 图1-1 旧题胡瓌《出猎图》,台北"故宫博物院"典藏资料库。
18 图1-2 旧题胡瓌《回猎图》,台北"故宫博物院"典藏资料库。
23 图1-3 陈居中《观猎图》(局部),台北"故宫博物院"典藏资料库。
26 图1-4 陈居中《柳塘牧马图》,《宋画全集》第1卷第4册,浙江大学出版社,2008年。
28 图1-5 佚名《文姬图》,《宋画全集》第6卷第1册。
33 图1-6 元人《射雁图》,台北"故宫博物院"典藏资料库。
36 图1-7 宫素然《昭君出塞图》,日本大阪市立美术馆藏。
42 图1-8 仇英《秋原猎骑图》,朵云轩1961年木板水印本。

第二章

56   图2-1 《李演碑》拓片,孔夫子旧书网拍卖品。
100 图2-2、图2-3 《新刊指南录》,日本静嘉堂文库藏宋元之际刊本。
101 图2-4 元刊后印本《资治通鉴》,国家图书馆中华古籍资源库。
101 图2-5 元刊初印本《资治通鉴》,上海图书馆藏。
102 图2-6 《中华再造善本》影印元刊本《宋史全文续资治通鉴》卷三四,国家图书馆"中华再造善本数据库"。

第三章

113 图3-1 按檀不花家族世系与官职。

第四章

147	图4-1	蔽膝，元至顺刊《事林广记》续集卷六，《续修四库全书》第1218册，上海古籍出版社，1996年。
147	图4-2	《打双陆》，元至顺刊《事林广记》续集卷六，《续修四库全书》第1218册。
148	图4-3	《魁本对相四言杂字》插图，《和刻本中国古逸书丛刊》第15册，凤凰出版社，2012年。
148	图4-4	《新编对相四言》插图，上海书店出版社影印本，2015年。
149	图4-5	《盛贞介像》，《吴郡名贤图传赞》卷一六，复旦大学图书馆藏道光七年长洲顾氏刊本。
149	图4-6	曾鲸绘《张卿子像》，《中国历代绘画精品·人物卷》，山东美术出版社，2003年。
151	图4-7	《女真乐舞图》石刻线描图，《金代乐舞杂剧石刻的新发现》，《文物》1991年第12期。
152	图4-8	金董玘坚俫墓砖雕，《平阳金墓砖雕》，山西人民出版社，1999年。
152	图4-9	侯马金墓65H4M102砖雕，《平阳金墓砖雕》。
153	图4-10	陈居中《柳塘牧马图》（局部），《宋画全集》第1卷第4册。
153	图4-11	《醉归乐舞图》，《中国出土壁画全集·陕西》，科学出版社，2012年。
154	图4-12	武敬墓陶俑，《西安南郊皇子坡村元代墓葬发掘简报》，《考古与文物》2014年第3期。
154	图4-13	刘元振夫妇合葬墓陶俑，《蒙元世相：蒙元汉人世侯刘黑马家族墓的考古发现》，《收藏》2012年第8期。
156	图4-14	《习跪图》，《事林广记》（椿庄书院刊本）前集卷一一，《续修四库全书》第1218册。
159	图4-15	《虞集像》，《元画全集》第4卷第5册，浙江大学出版社，2013年。
159	图4-16	将乐元墓壁画，《中国出土壁画全集·福建》。
159	图4-17	明人摹周朗《天马图》，《故宫博物院藏品大系·绘画编》第5册，紫禁城出版社，2010年。

图版目录

162	图4-18	《郑李上疏》,《三纲行实图·忠臣》,朝鲜英祖二年重刊本。
162	图4-19	回鹘文刻本佛本生故事插图残片,《回鹘板刻佛本生故事变相》,《敦煌学辑刊》2000年第1期。
162	图4-20	柏林国家图书馆藏《史集》插图中的伊利汗国君主,https://commons.wikimedia.org/wiki/File:DiezAlbumsCelebration.jpg,2017年7月10日访问。
164	图4-21	《魁本对相四言杂字》插图,《和刻本中国古逸书丛刊》第15册。
169	图4-22	旧题宋佚名《百子图》,《宋画全集》第6卷第2册。
169	图4-23	旧题宋佚名《道子墨宝·地狱变相图》,《宋画全集》第6卷第2册。
169	图4-24	旧题宋佚名《百子图》,《宋画全集》第6卷第2册。
169	图4-25	登封王上元墓壁画《侍女图》,《中国出土壁画全集·河南》。
171	图4-26	《新编对相四言》插图:毡帽。
171	图4-27	《三才图绘》插图:大帽,《三才图绘·衣服》,《四库全书存目丛书》子部第191册,齐鲁书社,1997年。
171	图4-28	《大行散乐忠都秀在此作场》(重摹本),《中国古代服饰研究》,上海书店出版社,2011年。

第五章

181	图5-1	韩国密阳朴翊墓壁画人物(左)与福建将乐元墓壁画人物(中)、西安元墓陶俑(右),《中国出土壁画全集·福建》;《西安南郊元代王世英墓清理简报》,《文物》2008年第6期。
188	图5-2	明初皇太子远游冠,《大明集礼》卷四〇,《域外汉籍珍本文库》第3辑史部第28册,嘉靖内府刊本,西南师范大学出版社,2013年。
190	图5-3	鲁荒王朱檀墓出土明初亲王九旒冕,《鲁荒王墓》,文物出版社,2014年。
195	图5-4	明初官员常服,《大明集礼》卷四〇,《域外汉籍珍本文库》第3辑史部第28册。
198	图5-5	十四世纪末明鲜两国官员常服画像:郑梦周(左)与方孝孺(右),《圃隐集》卷首,《韩国文集丛刊》第5册,三省印刷株式会社,1991年;《逊志斋集》卷首,宁波出版社,2000年。

第六章

208　图6-1　《东照社缘起》绘卷（丙子使行），《大系朝鲜通信使》第二卷，明石书店，1996年。

222　图6-2　万历丁未使行朝鲜宣祖致将军秀忠国书，《大系朝鲜通信使》第一卷。

第七章

236　图7-1　淄博大武村元墓（1357）后壁砖雕，《山东临淄大武村元墓发掘简报》，《文物》2005年第11期。

237　图7-2　济南司里街元墓砖雕阁楼四铺作重栱（下层），《中国出土壁画全集·山东》。

237　图7-3　淄博大武村元墓砖雕阁楼重檐歇山顶，《中国出土壁画全集·山东》。

238　图7-4　《礼制集要》所载庶民房舍规范，史语所藏明嘉靖宁藩刊本。

246　图7-5　陕西甘泉袁庄金代壁画墓M1工匠题名，《中国出土壁画全集·陕西》。

246　图7-6　山西屯留工业园区元代壁画墓M1工匠题名，《山西屯留县康庄工业园区元代壁画墓》，《考古》2009年第12期。

参考文献

基本史料

《十三经注疏》，阮元校刻本，中华书局，1980年。

《旧五代史》，中华书局，1976年。

《辽史》，中华书局，1974年。

《宋史》，中华书局，1974年。

《元史》，中华书局，1976年。

《明实录》，史语所校印本，1962年。

郑麟趾：《高丽史》，文史哲出版社，2012年。

《朝鲜王朝实录》，韩国国史编纂委员会影印本，1968年。

《历代宝案》，冲绳县教育委员会刊，1992年。

蔡温：《中山世谱》，收入《琉球王国汉文文献集成》第4册，复旦大学出版社，2013年。

胡三省音注：《资治通鉴》，上海图书馆藏元刊初印本；国家图书馆藏元刊后印本。

胡坤点校：《建炎以来系年要录》，中华书局，2013年。

徐梦莘：《三朝北盟会编》，上海古籍出版社，1987年。

《宋史全文续资治通鉴》，国家图书馆"中华再造善本数据库"；景印《文渊阁四库全书》第330册。

汪圣铎点校：《宋史全文》，中华书局，2016年。

丘濬：《世史正纲》，《四库全书存目丛书》史部第6册，齐鲁书社，1997年。

确庵、耐庵编，崔文印笺证：《靖康稗史笺证》，中华书局，2010年。

（托）宇文懋昭撰，崔文印校证：《大金国志校证》，中华书局，1986年。

钱大昕：《元史氏族表》，《续修四库全书》第293册，上海古籍出版社，1996年。

钱谦益：《国初群雄事略》，中华书局，1982年。

杨学可:《明氏实录》,《四库全书存目丛书》史部第159册。
俞本撰,李新峰笺证:《纪事录笺证》,中华书局,2015年。
程敏政辑:《宋遗民录》,《四库全书存目丛书》史部第88册。
顾沅:《吴郡名贤图传赞》,复旦大学图书馆藏道光七年长洲顾氏刊本。
焦竑:《献征录》,《续修四库全书》第531册。
偰循等纂:《三纲行实图》,《域外汉籍珍本文库》第2辑子部第2册,西南师范大学出版社,2011年。
刘琳等点校:《宋会要辑稿》,上海古籍出版社,2014年。
陈高华等点校:《元典章》,中华书局,2011年。
万历《明会典》,中华书局,1989年。
朱元璋:《皇明祖训》,《四库全书存目丛书》史部第264册。
《礼制集要》,史语所藏明嘉靖宁藩刊本。
《大明集礼》,《域外汉籍珍本文库》第3辑史部第27—28册,西南师范大学出版社,2013年。
杨一凡点校:《皇明制书》,社会科学文献出版社,2013年。
《皇明条法事类纂》,杨一凡主编:《中国珍稀法律典籍集成》乙编第4册,科学出版社,1994年。
《国朝五礼仪》,信兴印刷株式会社,1982年。
《经国大典》,朝鲜总督府中枢院,1934年。
马端临:《文献通考》,浙江古籍出版社,2000年。
徐学聚:《国朝典汇》,北京大学出版社,1993年。
朱睦㮮:《圣典》,《四库全书存目丛书》史部第52册。
黄淮、杨士奇编:《历代名臣奏议》,上海古籍出版社,1989年。
《宋元方志丛刊》,中华书局,1990年。
嘉靖《茶陵州志》,《天一阁藏明代方志选刊续编》第63册,上海书店出版社,1990年。
嘉靖《常熟县志》,《北京图书馆古籍珍本丛刊》第27册,书目文献出版社,1987年。
嘉靖《江阴县志》,《天一阁藏明代方志选刊》第13册,上海古籍出版社,1981年。
嘉靖《仁和县志》,《四库全书存目丛书》史部第194册。
嘉靖《宣府镇志》,《中国方志丛书》影印本,成文出版社,1968年。
万历《杭州府志》,《中国方志丛书》影印本。

参考文献

万历《嘉兴府志》,《中国方志丛书》影印本。
崇祯《乾州志》,《美国哈佛大学哈佛燕京图书馆藏中文善本汇刊》第15册,广西师范大学出版社,2003年。
康熙《邹县志》,《中国方志丛书》影印本。
道光《巨野县志》,上海图书馆藏道光刊本。
光绪《鱼台县志》,上海图书馆藏光绪刊本。
民国《续修巨野县志》,《中国方志丛书》影印本。
刘应、李原编,詹有谅改编,郭声波点校整理:《大元混一方舆胜览》,四川大学出版社,2003年。
王继宗:《〈永乐大典·常州府〉清抄本校注》,中华书局,2016年。
陈镐:《阙里志》,《四库全书存目丛书》史部第76册。
徐兢:《宣和奉使高丽图经》,中华书局,1986年。
《四库全书总目》,中华书局,1965年。
陈振孙:《直斋书录解题》,上海古籍出版社,1987年。
陆心源:《仪顾堂书目题跋汇编》,中华书局,2009年。
傅增湘:《藏园群书经眼录》,中华书局,2009年。
毕沅:《山左金石志》,《续修四库全书》第910册。
胡聘之:《山右石刻丛编》,《续修四库全书》第907册。
黄瑞:《台州金石录》,复旦大学图书馆藏《嘉业堂丛书》本。
孙星衍:《寰宇访碑录》,《续修四库全书》第904册。
王昶:《金石萃编》,《续修四库全书》第891册。
徐宗幹:《济州金石志》,上海图书馆藏道光刊本。
蔡美彪:《元代白话碑集录》,科学出版社,1955年。
于安澜辑:《画史丛书》,上海人民美术出版社,1963年。
《故宫博物院藏品大系·绘画编》,紫禁城出版社,2010年。
《宋画全集》,浙江大学出版社,2008年。
《元画全集》,浙江大学出版社,2013年。
金维诺主编:《中国寺院壁画全集》,广东教育出版社,2011年。
山东省文物考古研究所编:《鲁荒王墓》,文物出版社,2014年。

山西省考古研究所编:《平阳金墓砖雕》,山西人民出版社,1999年。

四川省文物考古研究所编:《泸县宋墓》,文物出版社,2004年。

徐光冀主编:《中国出土壁画全集》,科学出版社,2012年。

《中国日用类书集成》,汲古书院,2003年。

《事林广记》(椿庄书院刊本),《续修四库全书》第1218册。

黄一正辑:《事物绀珠》,《四库全书存目丛书》子部第200册。

王圻:《三才图绘》,《四库全书存目丛书》子部第191册。

乐韶凤等纂:《洪武正韵》,景印《文渊阁四库全书》第239册,台湾商务印书馆,1986年。

古本《老乞大》,收入汪维辉主编:《朝鲜时代汉语教科书丛刊》第1册,中华书局,2005年。

《魁本对相四言杂字》,收入金程宇主编:《和刻本中国古逸书丛刊》第15册,凤凰出版社,2012年。

《新编对相四言》,上海书店出版社,2015年。

长谷真逸:《农田余话》,《四库全书存目丛书》子部第239册。

陈郁:《藏一话腴》,《丛书集成新编》第87册,新文丰出版公司,1985年;《丛书集成续编》第88册,上海书店出版社,1994年。

葛振家:《崔溥〈漂海录〉评注》,线装书局,2002年。

范成大:《揽辔录》,收入孔凡礼点校:《范成大笔记六种》,中华书局,2002年。

顾炎武著,黄汝成集释:《日知录集释》,上海古籍出版社,2006年。

郭若虚:《图画见闻志》,收入卢辅圣主编:《中国书画全书》第1册,上海书画出版社,2009年。

江万里:《宣政杂录》,收入上海师范大学古籍整理研究所编:《全宋笔记》第7编第8册,大象出版社,2015年。

孔克齐:《静斋至正直记》,《续修四库全书》第1166册。

李冗:《独异记》,中华书局,1985年。

楼钥:《北行日录》,收入顾宏义、李文整理、标校:《宋代日记丛编》第3册,上海书店出版社,2013年。

米芾:《画史》,收入卢辅圣主编:《中国书画全书》第1册。

彭大雅撰,许全胜校注:《黑鞑事略校注》,兰州大学出版社,2014年。

谈迁:《枣林杂俎》,中华书局,2006年。

参考文献

李志常撰，王国维注：《长春真人西游记注》，广文书局，1972年。
王明清：《挥麈后录》，上海古籍出版社，2001年。
王恽：《玉堂嘉话》，中华书局，2006年。
王瑞来：《钱塘遗事校笺考原》，中华书局，2016年。
吴荣光：《辛丑销夏记》，浙江人民美术出版社，2012年。
徐炖：《榕阴新检》，《续修四库全书》第547册。
叶廷秀：《诗谭》，《续修四库全书》第1696册。
叶子奇：《草木子》，中华书局，1959年。
杨瑀：《山居新语》，中华书局，2006年。
赵永春辑注：《奉使辽金行程录》，商务印书馆，2017年。
周密：《癸辛杂识》，中华书局，1988年。
周密：《云烟过眼录》《志雅堂杂钞》，收入上海师范大学古籍整理研究所编：《全宋笔记》第8编第1册，大象出版社，2017年。
曾枣庄主编：《全宋文》，上海辞书出版社，2006年。
张金吾：《金文最》，《续修四库全书》第1654册。
李修生主编：《全元文》，凤凰出版社，2004年。
苏天爵：《国朝（元）文类》，《四部丛刊初编》第329—331册，上海书店出版社，1989年。
杨镰主编：《全元诗》，中华书局，2013年。
臧懋循：《元曲选》，中华书局，1958年。
钱伯城主编：《全明文》，上海古籍出版社，1992年。
朱彝尊：《明诗综》，中华书局，2007年。
赵琦美：《脉望馆抄校本古今杂剧》，文学古籍刊行社，1957年。
《海行总载》，韩国民族文化推进会，1985年。
仲尾宏、辛基秀编：《大系朝鲜通信使》，明石书店，1994—1996年。
安鼎福：《顺庵先生文集》，收入韩国民族文化推进会编：《韩国文集丛刊》第230册，三省印刷株式会社，1991年。
贝琼：《清江贝先生文集》，《四部丛刊初编》第250册。
程钜夫：《楚国文宪公雪楼程先生文集》，《元史研究资料汇编》第26册，中华书局，2014年。
戴表元：《剡源戴先生文集》，《四部丛刊初编》第228册。

戴表元:《剡源文钞》,《丛书集成续编》第107册。

丁生俊编注:《丁鹤年诗辑注》,天津古籍出版社,1987年。

范成大:《范石湖集》,中华书局,1962年。

方凤:《存雅堂遗稿》,收入《存雅堂遗稿集成》第6册,学苑出版社,2015年。

方回:《桐江集》,《续修四库全书》第1322册。

方孝孺著,徐光大校点:《逊志斋集》,宁波出版社,2000年。

顾瑛辑,杨镰、祁学明、张颐青整理:《草堂雅集》,中华书局,2008年。

韩愈撰,刘真伦、岳珍校注:《韩愈文集汇校笺注》,中华书局,2017年。

郝经:《郝文忠公陵川文集》,《北京图书馆古籍珍本丛刊》第91册。

何中:《知非堂稿》,《北京图书馆古籍珍本丛刊》第94册。

胡翰:《胡仲子集》,《丛书集成初编》本,中华书局,1985年;《胡仲子集》,景印《文渊阁四库全书》第1229册。

黄溍:《金华黄先生文集》,《四部丛刊初编》第239册。

黄宗羲著,吴光主编:《黄宗羲全集》,浙江古籍出版社,2012年。

揭傒斯著,李梦生标校:《揭傒斯全集》,上海古籍出版社,2012年。

孔平仲:《朝散集》,《丛书集成续编》第179册。

李崇仁:《陶隐集》,《韩国文集丛刊》第6册。

李德懋:《青庄馆全书》,《韩国文集丛刊》第259册。

李东阳著,周寅宾点校:《李东阳集》,岳麓书社,1984年。

李俊民:《庄靖先生遗集》,《丛书集成续编》第107册。

李俊民:《庄靖集》,景印《文渊阁四库全书》第1190册。

李光庭:《讷隐集》,《韩国文集丛刊》第187册。

李穑:《牧隐稿》,《韩国文集丛刊》第5册。

林景熙著,陈增杰补注:《林景熙集补注》,浙江古籍出版社,2012年。

刘夏:《刘尚宾文续集》,《续修四库全书》第1326册。

陆颙:《颐光先生外集》,《北京图书馆古籍珍本丛刊》第97册。

梅尧臣著,朱东润编年校注:《梅尧臣集编年校注》,上海古籍出版社,2006年。

区仕衡:《九峰先生集》,《续修四库全书》第1320册。

欧阳起鸣:《欧阳论范》,《四库全书存目丛书》集部第23册。

参考文献

欧阳玄:《圭斋文集》,《四部丛刊初编》第242册。

潘音:《待清轩遗稿》,《宋集珍本丛刊》第88册,线装书局,2004年;《两宋名贤小集·待清轩遗稿》,景印《文渊阁四库全书》第1363册。

瞿佑撰,乔光辉校注:《瞿佑全集校注》,浙江古籍出版社,2010年。

权近:《阳村集》,《韩国文集丛刊》第7册。

宋濂著,黄灵庚编辑校点:《宋濂全集》,人民文学出版社,2014年。

沈梦麟:《花溪集》,《丛书集成续编》第110册。

苏天爵著,陈高华点校:《滋溪文稿》,中华书局,1997年。

陶安:《陶学士先生文集》,《北京图书馆古籍珍本丛刊》第97册。

汪炎昶:《古逸民先生集》,《续修四库全书》第1321册。

王宾:《光庵集》,《四库全书存目丛书》集部第28册。

王祎:《王忠文公文集》,《北京图书馆古籍珍本丛刊》第98册。

王冕:《竹斋诗集》,《丛书集成续编》第110册。

王冕:《竹斋集》,景印《文渊阁四库全书》第1233册。

王应麟:《四明文献集》,《丛书集成续编》第106册。

文天祥:《指南录》,日本静嘉堂文库藏宋元之际刊本。

文天祥:《文山先生文集》,国家图书馆藏明景泰刊本;《四部丛刊初编》第218册。

吴澄:《吴文正公集》,《元人文集珍本丛刊》第3、4册,新文丰出版公司,1985年。

萧立之:《萧冰崖诗集拾遗》,《续修四库全书》第1321册。

许月卿:《先天集》,《四部丛刊续编》第70册,上海书店出版社,1984年。

许有壬:《至正集》,《元人文集珍本丛刊》第7册。

杨维桢:《铁崖古乐府补》,景印《文渊阁四库全书》第1222册。

叶兑:《四梅轩集》,《明别集丛刊》第1辑第4册,黄山书社,2013年。

尹凤九:《屏溪先生集》,《韩国文集丛刊》第203册。

虞集:《道园学古录》,《四部丛刊初编》第235册。

元天锡:《耘谷行录》,《韩国文集丛刊》第6册。

赵秉文:《闲闲老人滏水文集》,《四部丛刊初编》第219册。

赵浚:《松堂集》,《韩国文集丛刊》第6册。

张孟兼:《白石山房逸稿》,《四库全书存目丛书》集部第26册。

郑经世：《愚伏集》，《韩国文集丛刊》第68册。
郑梦周：《圃隐集》，《韩国文集丛刊》第5册。
郑思肖著，陈福康校点：《郑思肖集》，上海古籍出版社，1991年。
郑元祐：《侨吴集》，《北京图书馆古籍珍本丛刊》第95册。
朱德润：《存复斋文集》，《四库全书存目丛书》集部第22册。
朱熹：《晦庵先生朱文公文集》，收入朱杰人主编：《朱子全书》第20册，上海古籍出版社，2010年。

研究论著、论文

包树棠：《谢翱〈西台恸哭记〉补注》，《福建师范学院学报》1962年第1期。
伯希和：《唐元时代中亚及东亚之基督教徒》，收入冯承钧译：《西域南海史地考证译丛》第1卷第1编，商务印书馆，1962年。
卜书仁：《论元末明初中国与高丽、朝鲜的边界之争》，《北华大学学报》2001年第3期。
蔡美彪：《〈元朝秘史〉与〈史集〉中的赵官》，《中国史研究》2009年第4期。
陈得芝：《论宋元之际江南士人的思想和政治动向》，《南京大学学报》1997年第2期。
陈高华：《略谈元代的壁画》，《美术研究》1980年第4期。
陈高华：《元代的哈剌鲁人》，《西北民族史研究》1988年第1期。
陈高华：《元史研究论稿》，中华书局，1991年。
陈高华：《元史研究新论》，上海社会科学院出版社，2005年。
陈晓伟：《图像、文献与文化史：游牧政治的映像》，河北大学出版社，2017年。
陈垣：《陈垣学术论文集》，中华书局，1980年。
陈垣：《通鉴胡注表微》，收入氏著《陈垣全集》第21册，安徽大学出版社，2009年。
陈垣：《元西域人华化考》，上海古籍出版社，2008年。
池內宏：《滿鮮史研究》，吉川弘文館，1979年。
邓菲：《关于宋金墓葬中行孝图的思考》，《中原文物》2009年第5期。
刁书仁：《洪武时期中朝外交中的表笺风波》，《明史研究》第10辑（2007年）。
董新林：《蒙元壁画墓的时代特征初探——兼论登封王上等壁画墓的年代》，《美术研究》2013年第4期。

董新林:《蒙元时期墓葬壁画题材及其相关问题》,收入中国社会科学院考古研究所编:《二十一世纪的中国考古学——庆祝佟柱臣先生八十五华诞学术文集》,文物出版社,2006年。

范永聪:《事大与保国——元明之际的中韩关系》,香港教育图书公司,2009年。

方震华:《夷狄无百年之运——运数论与夷夏观的分析》,《台大历史学报》第60期(2017年12月)。

冯恩学:《北京斋堂壁画墓的时代》,《北方文物》1997年第4期。

夫马进:《明清时期中国对朝鲜外交中的"礼"和"问罪"》,《明史研究论丛》第10辑(2012年)。

傅乐焕:《辽代四时捺钵考五篇·广平淀考》,《史语所集刊》第十本(1948年4月)。

盖山林:《元"耶律公神道之碑"考》,《内蒙古大学学报》(汉文版)1981年第1期。

葛兆光:《朝贡、礼仪与衣冠——从乾隆五十五年安南国王热河祝寿及请改易服色说起》,《复旦学报》2012年第2期。

葛兆光:《大明衣冠今何在》,《史学月刊》2005年第10期。

葛兆光:《"唐宋"抑或"宋明"——文化史和思想史研究视域变化的意义》,《历史研究》2004年第1期。

葛兆光:《思想史研究课堂讲录》(增订版),生活·读书·新知三联书店,2019年。

葛兆光:《宋代"中国"意识的凸显——关于近世民族主义思想的一个远源》,《文史哲》2004年第1期。

葛兆光:《文化间的比赛:朝鲜赴日通信使文献的意义》,《中华文史论丛》2014年第2期。

葛兆光:《中国思想史》,复旦大学出版社,2010年。

宫纪子:《新发现的两种〈事林广记〉》,《版本目录学研究》第1辑,国家图书馆出版社,2009年。

宫崎市定著,张学锋等译:《宫崎市定亚洲史论考》,上海古籍出版社,2017年。

谷春侠:《玉山雅集研究》,中国社会科学院2008年博士学位论文。

韩刚:《〈宣和画谱〉宣和二年成书补证》,《美术学报》2016年第2期。

贺西林、李清泉:《永生之维:中国墓室壁画史》,高等教育出版社,2009年。

洪金富:《从"投下"分封制度看元朝政权的性质》,《史语所集刊》第五十八本第四分(1987年12月)。

洪丽珠:《元代镇江路官员族群分析——江南统治文化的一个样本》,《元史论丛》第10辑（2006年）。

侯新佳:《蒙元墓葬研究》,郑州大学2009年硕士学位论文。

黄能馥、陈娟娟编著:《中国服装史》,中国旅游出版社,1995年。

黄清连:《元初江南的叛乱（1276—1294）》,《史语所集刊》第四十九本第一分（1978年3月）。

黄修志:《书籍外交:明清时期朝鲜的"书籍辨诬"述论》,《史林》2013年第6期。

近藤一成:《文天祥的"自述"与"他述"——以文天祥全集的编纂为中心》,《暨南学报》2018年第10期。

景李虎:《金代乐舞杂剧石刻的新发现》,《文物》1991年第12期。

郭嘉辉:《明洪武时期"朝贡制度"之研究（1368—1398）》,香港浸会大学2016年博士学位论文。

李树伟:《〈方孝美墨谱〉版本考》,《图书馆学刊》2016年第4期。

李治安:《两个南北朝与中古以来的历史发展线索》,《文史哲》2009年第6期。

李治安:《元初华夷正统观念的演进与汉族文人仕蒙》,《学术月刊》2007年第4期。

李治安:《元代汉人受蒙古文化影响考述》,《历史研究》2009年第1期。

梁启超:《中国近三百年学术史》,上海古籍出版社,2014年。

刘复生:《宋代"衣服变古"及其时代特征——兼论"服妖"现象的社会意义》,《中国史研究》1998年第2期。

刘海威:《谶谣所见之"达达""回回"和"汉儿"——〈元典章〉"乱言平民作歹"条解读》,《清华元史》第4辑,商务印书馆,2018年。

刘浦江:《松漠之间——辽金契丹女真史研究》,中华书局,2008年。

刘浦江:《宋辽金史论集》,中华书局,2017年。

刘浦江:《正统与华夷:中国传统政治文化研究》,中华书局,2017年。

刘未:《尉氏元代壁画墓札记》,《故宫博物院院刊》2007年第3期。

刘迎胜:《蒙元时代中亚的聂思脱里教分布》,《元史及北方民族史研究集刊》1983年第7期。

刘子健:《中国转向内在——两宋之际的文化内向》,江苏人民出版社,2002年。

罗世平:《古代壁画墓》,文物出版社,2005年。

马晓林:《元代景教人名学初探——以迁居济宁的阿力麻里景教家族为中心》,《北京大学学报》(哲学社会科学版) 2016年第1期。

马晓林:《巨野元代景教家族碑历史人名札记》,《中山大学学报》(社会科学版) 2020年第5期。

缪哲:《以图证史的陷阱》,《读书》2005年第2期。

牟润孙:《注史斋丛稿》,中华书局,2009年。

內藤雋輔:《朝鮮史研究》,京都東洋史研究會,1961年。

彭慧萍:《台北"故宫"藏〈出猎图〉〈回猎图〉之成画年代暨意涵析探》,台湾师范大学美术研究所2001年硕士学位论文。

朴元熇:《靖难之役与朝鲜》,《明史研究》第1辑(1991年)。

漆永祥:《"一样心事的为谁":宋人咏王昭君诗论析》,《宋代文化研究》第16辑(2009年)。

钱穆:《中国学术思想史论丛》,生活·读书·新知三联书店,2009年。

申万里:《元代江南儒士游京师考述》,《史学月刊》2008年第10期。

申万里:《元上都的江南士人》,《史学月刊》2012年第8期。

沈从文:《中国古代服饰研究》,上海书店出版社,2011年。

孙机:《仰观集:古文物的欣赏与鉴别》,文物出版社,2015年。

孙克宽:《元代汉文化之活动》,台湾中华书局,1968年。

孙卫国:《大明旗号与小中华意识——朝鲜王朝尊周思明问题研究》,商务印书馆,2007年。

陶晋生:《宋辽金史论丛》,联经出版事业股份有限公司,2013年。

特木勒:《北元与高丽的外交:1368年—1369年》,《中国边疆史地研究》2000年第2期。

王崇武:《明太祖与红巾》,收入周保明选编:《东方杂志·学术编》第7册,国家图书馆出版社,2010年。

王汎森:《权力的毛细管作用:清代的思想、学术与心态》,北京大学出版社,2015年。

王玉冬:《蒙元时期墓室的"装饰化"趋势与中国古代壁画的衰落》,《古代墓葬美术研究》第2辑(2003年)。

王毓铨:《王毓铨史论集》,中华书局,2005年。

夏鼐:《两种文字合璧的泉州也里可温(景教)墓碑》,《考古》1981年第1期。

萧启庆:《九州四海风雅同:元代多族士人圈的形成与发展》,联经出版事业股份有限公司,2012年。

萧启庆:《元朝史新论》,允晨文化实业有限公司,1999年。

萧启庆：《元代进士辑考》，史语所，2012年。

萧启庆：《元代史新探》，新文丰出版公司，1983年。

谢一峰：《"佛道"与"道释"——两宋画目、画论中佛道次第之变迁》，《二十一世纪》第150期（2015年8月）。

熊鸣琴：《金人"中国"观研究》，上海古籍出版社，2014年。

岩井茂树：《明代中国的礼制霸权主义与东亚的国际秩序》，收入《日本中国史研究年刊（2006年度）》，上海古籍出版社，2007年。

阎步克：《服周之冕——〈周礼〉六冕礼制的兴衰变异》，中华书局，2009年。

杨讷：《徐寿辉、陈友谅等事迹发覆——刘尚宾文集读后》，《中华文史论丛》2008年第2期。

杨洁：《陕西关中蒙元墓葬出土陶俑的组合关系及相关问题》，《考古与文物》2015年第4期。

姚大力：《蒙古人最初怎样看待儒学》，《元史及北方民族史研究集刊》1983年第7期。

姚大力：《蒙元制度与政治文化》，北京大学出版社，2011年。

姚大力：《追寻"我们"的根源——中国历史上的民族与国家意识》，生活·读书·新知三联书店，2018年。

叶泉宏：《"明初濮真征高丽"传说探原——明清野史谬误剖析之一例》，《东吴历史学报》2007年第17期。

叶泉宏：《明代前期中韩国交之研究，一三六八——四八八》，台湾商务印书馆，1991年。

叶新民：《弘吉剌部的封建领地制度》，收入《内蒙古大学学报》编委会编：《内蒙古大学纪念校庆二十五周年学术论文集》，内蒙古大学印行，1982年。

殷小平：《马氏汪古由景入儒的转变历程》，收入林中泽主编：《华夏文明与西方世界》，博士苑出版社，2003年。

殷小平、林悟殊：《〈幢记〉若干问题考释——唐代洛阳景教经幢研究之二》，《中华文史论丛》2008年第2期。

余辉：《金代人马画考略及其他——民族学、民俗学和类型学在古画鉴定中的作用》，《美术研究》1990年第4期。

余辉：《南宋宫廷绘画中的"谍画"之谜》，《故宫博物院院刊》2004年第3期。

余辉：《人马画史刍议》，《美术》1993年第5期。

袁泉：《继承与变革：山东地区元代墓葬区域与阶段特征考》，《考古与文物》2015年第1期。

张佳：《新天下之化——明初礼俗改革研究》，复旦大学出版社，2014年。

张鹏:《勉世与娱情——宋金墓葬壁画中的一桌二椅到夫妇共坐》,《美术研究》2010年第4期。

张志公:《试谈〈新编对相四言〉的来龙去脉》,《文物》1977年第11期。

张志云:《重塑皇权:洪武时期的冕制规划》,《史学月刊》2008年第7期。

赵刚等:《中国服装史》,清华大学出版社,2013年。

赵永春:《试论金人的"中国观"》,《中国边疆史地研究》2009年第4期。

郑岩:《魏晋南北朝壁画墓研究》,文物出版社,2002年。

周良霄:《元和元以前中国的基督教》,《元史论丛》第1辑(1982年)。

周清澍:《从牟巘〈陵阳集〉看南宋的地方官》,《中华文史论丛》2012年第4期。

周锡保:《中国古代服饰史》,中国戏剧出版社,1983年。

Henry Serruys (司律思), "Remains of Mongol Customs during the Early Ming", *Monumenta Serica*, vol. XVI, 1957.

Nicolas Standaert ed., *Handbook of Christianity in China*, Brill, 2001.

Patricia Buckley Ebrey (伊沛霞), *Accumulating Culture: The Collections of Emperor Huizong*, University of Washington Press, 2008.

Patricia Buckley Ebrey and Maggie Bickford eds., *Emperor Huizong and Late Northern Song China: The Politics of Culture and the Culture of Politics*, Harvard University Asia Center, 2006.

后 记

"华夷"更迭、"胡汉"融会,或曰"汉去胡来,胡来汉去"[1],是中国近世历史的基本特征。由统治族群变动而引发的社会文化变迁,是笔者一直关注的问题,这本小书便是笔者近年来相关话题论文的结集。

回首这些论文的写作,从发现问题、阅读文献到最终成文,多数经历了漫长时间,得到过许多师友的指正。《"胡元"考》一章,源于笔者初学明史时的疑惑,逐渐积累史料,最终写定成文,经历十年之久。文史研究院较为宽松的环境,使笔者暂可不必汲汲于"短平快"的题目,可以有较多的时间积累和思考。不过,一个题目延宕太久,也可能会消磨掉研究热情。书中第七章,原本是预备结合族群和地域文化变动来"大作"的题目,前期花了相当多的功夫整理资料,然而临到下笔,却突然觉得"兴尽",只匆匆写成了目前的样子。唯愿这一部分的史料梳理,能对后来研究有所助益。

本书以思想文化史作为落脚点,却使用了较多的考古图像资料,甚至有一部分名物考证的内容。在学科分工精细的今天,这无疑显得"僭越",或者在专业学者看来属于"外行"。但史料上的"越界",始终对我有莫大的诱惑,因为这些资料展示了文化史更加多元与鲜活的面向。相较文字资料,图像史料可能更为复杂,其解读更需要寻绎恰当的语境和脉络。书中很多篇章在写作时信心百倍,自

---

[1] 借用禅籍《碧岩录》语,其本义并非指胡汉政权变动。

认为规避了不少陷阱，弥缝了不少罅漏，如今复读书稿，却有步步惊心之感。这是笔者拓展史料的初步尝试，资料解读是否得当，研究结论能否成立，还需等待日后史料的进一步检验。

笔者赋性疏懒，寡于交际，却幸运地得到了学界许多师长、朋友的鼓励和帮助。纸短情长，在此不一一列名申谢。这些情谊笔者铭之在心，对自己长加鞭策。本书编辑陈雯女史，做了大量核校工作，让笔者有"书非校不能刊"的感慨；本书研究受到贵州省哲学社会科学规划国学单列课题（批准号18GZGX32）支持，谨此一并致谢。

张　佳

2021年1月18日